4차 산업시대의
관광정보론

Tourism Information Technology

Preface

최근 몇 년 동안 기술 발전이 증가하고 있다. 18세기 말, 증기기관을 사용하면서 시작된 1차 산업혁명 이후 기술 발전은 빠르게 진행되었다. 이전 산업혁명의 세 가지 특징이 기계화, 높은 전기 에너지 사용, 자동화 및 전자 장치라고 한다면 오늘날 경제는 사이버 시스템과 지능형 공장 그리고 스마트 서비스 혁신으로 정의되는 4차 산업혁명으로 전환하고 있다. 4차 산업혁명은 기술과 디지털의 변화에 따라 제품과 생산 방법이 모두 달라지고 컴퓨터와 자동화가 산업에 활용되는 과정이다.

4차 산업혁명의 영향으로 다른 산업뿐 아니라 관광산업에서도 변화와 혁신이 극적으로 가속화되고 있다. 사물인터넷, 빅데이터, 인공지능, 가상현실, 증강현실 등 4차 산업혁명의 중요한 기술이 관광산업 전반에 적용될 수 있는 새로운 패러다임이 열렸다. 4차 산업혁명 시대에 관광은 지역 주민, 지자체, 관광객, 서비스 제공자와 정부가 참여하는 공통 생태계를 생성해 물리적 세계와 디지털 세계 모두 풍부한 관광 생태계를 창출할 수 있게 되었다.

한편, 정보통신기술ICT 사용은 관광산업 내 소비자와 공급자 모두에게 중요한 역할을 했다. 정보통신기술 이용 경험이 많은 여행자가 재구매가 높았고, 정보통신기술은 관광 공급자에게 예약, 마케팅, 게스트 서비스, 운영관리, 인력, 보안 등의 편리한 혜택을 주었다.

관광산업에 4차 산업혁명의 정보기술을 적용하면 정교한 카탈로그 상품을 시뮬레이션으로 구현할 수 있으며, 정보 활용을 통해 관광 상품의 특성인 '무형성', '분리성', '가변성', '불확실성'을 제거할 수 있다. 정보통신기술은 데이터 분석 애플리케이션을 통해 특정 음식점의 속도 문제를 해결할 수 있고, 불만 사항에 대한 체계적인 기록을 유지할

수 있다. 또한, 데이터의 작업 속도와 오류 등급을 관찰할 수 있으며, 정보를 동시에 공유하고 클라우드 시스템으로 배포할 수 있다. 이러한 발전은 소비자의 기대에 부응하는 혁신적 관광산업이 널리 퍼지면서 매우 중요한 변화를 가져올 것이다.

다양한 산업에서 4차 산업혁명이 가속화되고 있는 시점에서 관광산업이 생존·발전하기 위해서는 4차 산업혁명의 본질을 이해하는 것이 중요하다. 따라서 본서에서는 '4차 산업혁명 시대에 어떻게 관광산업을 발전시킬 수 있을 것인가?'와 '정보시스템의 이해'에 관한 기본적인 내용을 담고자 했다.

본서는 총 12장으로 구성했다. 제1장에서 제3장까지는 정보통신기술 사회 및 비즈니스와 관광, 마케팅과 관광을 조망했다. 제4장부터 제7장까지는 정보시스템에 관련된 기본적인 내용으로 구성했다. 제8장에서 제12장까지는 4차 산업혁명 기술과 관광산업이 향후 나아가야 할 방향에 관한 내용을 다루었다.

본서를 통해 독자들이 4차 산업혁명 기술과 관광산업에 관련된 내용을 이해할 수 있으리라 기대한다. 본서가 출판되기까지 애써주신 많은 분께 감사드린다. 특히 저술과 출판에 도움을 주신 한올출판사 임직원분들께 깊은 감사의 마음을 전한다.

저자 노영, 김재석

Contents

Chapter 01 정보기술 / 3

Chapter 02 인터넷, e-Business와 관광 / 35

Chapter 03 마케팅·CRM과 관광 / 61

Chapter 04 항공예약시스템 / 95

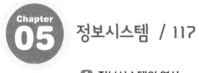

Chapter 05 정보시스템 / 117

Chapter 09 M-커머스와 관광 / 253

Chapter 10 유비쿼터스 컴퓨팅과 관광 / 277

웹의 발전과 관광 / 315

뉴노멀 시대와 관광 / 353

정보기술

Chapter 01. 정보기술

정/리/노/트

단서

· 질문 1

· 질문 2

· 토의문제 제시 1

· 토의문제 제시 2

Case Study

Summary

·

Key Words

예습

복습

참고: cornell note

1 정보화 사회

정보기술의 발전은 컴퓨터의 발전과 직접적인 관계가 있으며, 지식 중심의 산업구조와 의식구조의 변화로 이어져 21세기가 고도의 정보화 사회, 디지털 경제 시대로의 변화를 예측할 수 있다. 정보화 사회의 토대를 이루고 있는 인터넷 및 모바일 산업의 급속한 확산은 국경을 초월한 서비스 제공을 통해 국가 간의 새로운 경쟁 체제로 향하고 있으며 사회경제적 패러다임paradigm 1을 근본적으로 변화시키고 있다.

정보화 사회란 지식과 정보가 사회의 중요한 자본이 되어 정보의 창출과 유통이 사회의 중심이 되는 지식 중심 사회이다. 즉, 지식과 정보가 창출의 원천이 된다.

세계미래학회World Future Society는 미래의 20대 기술을 예측하면서 다음과 같은 변화에 대비할 것을 강조하였다.

- 3D 프린터의 생산 혁명 유발
- 10년 내 간병 로봇의 현실화
- 클라우드 컴퓨터가 일상의 조언자로 등장
- 클라우드 기술의 적용으로 로봇 가격이 90% 저렴해짐
- 사물 인터넷IoT; Internet of Things 시대의 본격화
- SNS 관리 전담 CEO의 등장
- 스마트폰이 아프리카 정치 개혁을 촉진하게 됨
- 주식의 가치 대신에 인터넷 평판이 기업 가치를 좌우하게 됨

---

1 패러다임paradigm은 미국의 과학사학자이자 철학자인 토마스 쿤Thomas Kuhn이 그의 저서 『과학혁명의 구조The Structure of Scientific Revolution, 1962』에서 처음 제시한 개념이다. 패러다임은 사례·예제·실례 등을 뜻하는 그리스어에서 유래한 것으로, 언어학에서 빌려온 개념이다. 쿤은 패러다임을 한 시대를 지배하는 과학적 인식·이론·관습·사고·관념·가치관 등이 결합된 총체적인 틀 또는 개념의 집합체로 정의하였다.

2 정보화 사회의 변천

① 디지털 사회로 변천

인류사회는 수렵사회, 농업사회, 산업사회를 거쳐 디지털 사회인 정보화 사회, 유비쿼터스[2] 사회로 진화하고 있다. 디지털 사회의 탄생은 1969년 인터넷기술과 컴퓨터의 결합으로 급속하게 산업사회에서 변화되었다. 현재는 우리의 일상이 디지털이 지배하는 세상인 디지털 패러다임의 시대라 할 수 있다. 이러한 '디지털 패러다임은 무엇인가?'에 대하여 다음과 같이 설명할 수 있다.

1) 시공간을 초월한 상거래

산업사회에서는 소비자와 생산자가 같은 시간, 같은 장소에서만 상거래가 가능했지만, 디지털 환경에서는 공간(국경, 지역)과 시간을 초월한다. 생산자와 소비자가 서로 원하는 시간에 정보통신망을 통하여 교류할 수 있다.

2) 글로벌한 경쟁 환경

인터넷의 글로벌한 특성상 디지털 패러다임이 지배하는 새로운 사회에서는 모든 상행위가 글로벌한 경쟁이다.

3) 산업 간 장벽의 해체

디지털 컨버전스(digital convergence)란 컴퓨팅(computing), 커뮤니케이션(communication), 콘텐츠(contents)가 하나로 합쳐진 복합기기의 등장을 의미한다. 이러한 복합기기의 등장으로 산

◉2 유비쿼터스는 사용자가 네트워크나 컴퓨터를 의식하지 않고 장소에 상관없이 자유롭게 네트워크에 접속할 수 있는 정보통신 환경이다.

업 간 벽이 허물어지고 산업 간 정보를 공유하는 형태로 발전되고 있다.

4) e-Business 탄생의 원동력

인터넷의 기하급수적인 성장은 인터넷과 관련된 새로운 산업인 전자상거래를 포함한 e-Business를 탄생시켰다.

5) 부의 재분배

인터넷의 발달은 부의 재분배를 이루었다. 새롭게 등장한 디지털 기업들(마이크로소프트, 시스코, 구글 등)이 전통적인 기업보다 능가하는 부를 축적하였다.

6) 부익부 빈익빈

인터넷은 시간과 공간의 제약이 없기 때문에 e-Business 동종 기업 간의 차별화가 없을 경우 1위 기업이 그 산업의 독점적 지위를 누린다.

디지털 사회를 움직이는 디지털 경제(digital economy)[3]는 디지털 패러다임이 지배하는 경제사회이다. 디지털 경제는 디지털 통신, 컴퓨터, 소프트웨어 및 그 밖의 관련된 정보기술 등을 포함하는 디지털 기술을 기반으로 하는 경제이다. 디지털 사회에 나타나는 소비자의 행동 중 하나는 디지털 장비를 소유하고, 활용하는 데 있다.

디지털카메라를 가지고 경제의 변화를 살펴보자. 디지털카메라가 등장하기 전에는 필름으로 인화하는 과정을 거쳐야 비로소 사진을 볼 수 있었다. 지금은 실시간으로 사진뿐만 아니라 동영상을 원하는 사람들에게 전송할 수 있는 디지털 통신 환경이 조성되었다.

① 아날로그 경제　필름, 현상소에서 인화
② 아날로그와 디지털 경제　필름, 현상소에서 인화, 스캔, e-메일

---

[3] 디지털 경제는 인터넷 경제(internet economy), 신경제(new economy) 또는 웹 경제(web economy)로 해석된다.

③ 디지털 경제 1세대　디지털카메라, e-메일, PDA, 휴대전화

④ 디지털 경제 2세대　무선기능 디지털카메라, 실시간 동영상 전송

위의 한 가지 사례만 보더라도 디지털은 사람들의 생활에 많은 변화를 주었다. 디지털 사회에 등장한 UCCUser Created Contents: 사용자 제작 콘텐츠는 아날로그 사회에서 상상하지도 못하는 사회적 변화를 일으키며 지금의 유튜브 전성시대를 만들었다.

콘텐츠를 단순히 보고 느끼는 것이 아니라 UCC를 만들고 표현하는 나 자신이 하나의 콘텐츠 생산자로 존재하는 것이다. 이러한 변화는 누구도 예상하지 못했지만, 경제학자 콘트라체프는 50년 파동설⁴에서 컴퓨터 시대 다음으로는 인터넷과 UCC 시대를 예언했다. 콘트라체프에 의하면 인터넷과 멀티미디어 시대 이후 새로운 혁명이 50년 뒤에 나타날 것으로 예상된다. 우리가 즐겨보는 공상영화에서 일어나는 일들이 점차적으로 현실화될 것이다.

출처: 디지털 관광론

🌙 그림 1-1_ UCC 시대로의 전환

◉4 콘트라체프의 50년 파동설은 산업혁명 이후 50년마다 새로운 기술이 소개되면서 급격한 혁신이 발생하는 것을 도식화하였다. 1814년 증기기차를 시작으로 50년마다 전화, TV, 컴퓨터, 인터넷과 멀티미디어 등의 등장으로 사회가 크게 변화됨을 설명하고 있다.

2 디지털 사회를 설명하는 법칙들

아날로그 사회에서는 해석할 수 없고 디지털 환경에서 나타나는 몇 가지 법칙으로 디지털 사회를 이해할 수 있다. 이러한 법칙들에는 메트칼프의 법칙, 무어의 법칙, 길더의 법칙, 롱테일의 법칙 등이 있다.

1) 메트칼프 법칙

메트칼프의 법칙Metcalfe's Law은 3Com의 창업자 밥 메트칼프Bob Metcalfe가 제안하였다. 네트워크의 가치는 네트워크 내의 사람 수의 제곱 비례로 증가하는 것으로 설명하고 있다. 어떤 기술이나 제품은 사용자의 수가 증가함에 따라 효용이 감소하는 것이 아니라 사용자에게 더욱더 많은 가치를 제공하는 네트워크의 외부성을 갖고 있다. 예를 들면, 여러분이 핸드폰을 구입했다고 가정하자. 친구 중 혼자만 핸드폰을 가지고 있다면 그 핸드폰은 쓸모없는 기계일 것이다. 반면에 친구들이 하나둘 핸드폰을 사기 시작하면 핸드폰이 여러분에게 주는 효용가치는 기하급수적으로 증가하게 될 것이다.

〈그림 1-2〉는 메트칼프의 법칙을 보여주고 있다. 그림에서 볼 수 있듯이 네트워크는

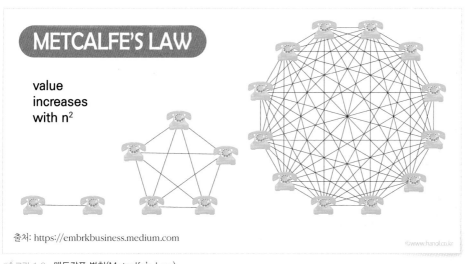

출처: https://embrkbusiness.medium.com

🌙 그림 1-2_ 메트칼프 법칙(Metcalfe's Law)

새로운 사용자마다 급격히 증가한다. 따라서 두 명의 사용자가 있으면 하나의 연결이 있다. 5명의 사용자는 10명과 연결, 12명의 사용자는 66명과 연결 등 메트칼프Metcalfe 네트워크와 거의 동일한 두뇌의 정보를 시각화할 수 있다.

2) 무어의 법칙

무어의 법칙Moore's Law은 인텔 창업자 중 한 사람인 무어Moore가 주장한 것으로 컴퓨터 반도체 칩이 18개월마다 성능은 2배로 증가하고, 가격은 반으로 줄어든다는 법칙이다. 컴퓨터 반도체의 집적도가 비약적으로 향상됨을 실증한 일종의 경험법칙으로 볼 수 있다.

1980년대 1Gbyte의 하드디스크는 5억 원이었다. 그러나 2006년도 100배인 100Gbyte는 10만 원에 불과하다. 집약성이 더 높은 USB 메모리 1Gbyte의 가격과 비교하면 가치의 변화는 이해할 수 없는 가격이 된다.

한편 무어의 가격법칙은 무어의 법칙을 가격 측면에서 정의한 것이다. 같은 용량의 디지털 세품가격이 매년 30~40% 내려간다는 법칙이다. 최근 출시된 디지털 제품의 가격이 시간이 지날수록 떨어진다는 것은 이미 많은 사람들이 체감하고 있다.

3) 길더의 법칙

길더의 법칙Gilder's Law은 디지털 분야의 석학 중 한 명인 조지 길더George Gilder가 1990년대부터 정보지식사회를 예견하고 길더 효과를 일으켰을 만큼 유명하다. 그는 『마이크로코즘』과 『텔레코즘telecosm』의 저서에서 인터넷의 연결성을 기업혁신과 사회발전의 중요한 핵심요인이라고 주장했다. 텔레코즘은 개개의 컴퓨터 속에 개개의 CPU보다는 컴퓨터끼리 연결되었을 때 발생하는 힘이 더욱더 중요하다는 뜻으로, 길더가 내놓은 차세대 기술 패러다임이다.

길더는 향후 10년 동안 통신 시스템의 대역폭이 12개월마다 3배씩 증가한다고 하였다. 이를 길더의 법칙이라고 한다. 길더의 법칙에 따르면 인터넷을 통한 정보 전달의 대역폭이 매년 세 배씩 증가하고 있기 때문에, 인터넷 사용자 증가와 DVD 등 많은 용량을 차지하는 정보재의 증가가 인터넷 속도를 저하시키지 않을 것이고, 오히려 관련 산업이 발달할 수 있다는 것이다.

이러한 사례로 디지털 통신의 핵심인 대역폭을 보면, 무선전화나 케이블 TV의 동축케이블에 대역폭을 2배로 늘리면 정보량은 4배 정도가 증가하는 것을 들 수 있다. 동일한 대역폭(한정된 환경)에 정보량을 많이 보내는 기술이 점차적으로 개발되어 더 많이 활용되게 된다는 것이다.

구글이 이 법칙을 가장 잘 실천하고 있는 회사이다. 구글은 가장 비싼 자원인 인력을 아끼기 위해 가장 저렴한 자원인 컴퓨터 전력을 엄청나게 사용하고 있다.

4) 롱테일의 법칙

매출의 80%는 20%의 충성 고객에 의해 이루어진다. 파레토의 법칙이라고도 불리는 '80 대 20'법칙은 그동안 비즈니스 세계의 황금률로 인정되었다. 따라서 기업들은 우수고객이나 핵심제품에 모든 자원과 노력을 집중하는 전략으로 우량고객을 더욱 우대함으로써 이들이 다시 상품을 찾게 하는 구조를 구축해 왔다. 그런데 최근 들어서 이러한 법칙을 깨고 20%의 핵심고객이 아닌 나머지 80%의 '사소한' 고객이 더 큰 가치를 창

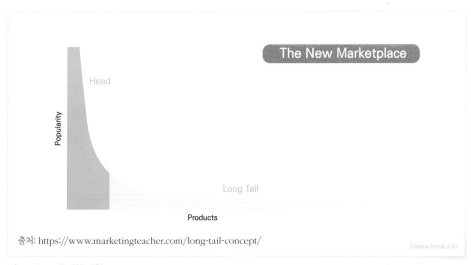

출처: https://www.marketingteacher.com/long-tail-concept/

그림 1-3_ 롱테일 법칙

출해 내는 사례가 늘고 있다. 즉, 지금까지 버림받던 고객이 매출의 중심축으로 등장한 것이다. 지금까지 의도적으로 무시당하던 80%가 점차적으로 중요하게 부각되는 현상이 바로 '롱테일Long tail'이다.

롱테일의 법칙Long Tail's Law은 미국의 인터넷 비즈니스 잡지 와이어드의 크리스 앤더슨Chris Anderson 편집장이 처음 사용했다. 한 기업이나 한 상점이 판매하는 다양한 상품을 많이 팔리는 상품부터 적게 팔리는 상품의 순으로 가로축에 길게 늘어놓고 그 각각의 판매량을 세로축으로 표시한다. 판매량을 선으로 연결하면 마치 공룡의 꼬리와 같이 긴 꼬리 모양을 이루는데, 바로 이 꼬리 부분에 해당하는 상품의 판매량이 많이 팔리는 상품들의 판매량을 압도하게 된다. 결국, 시장의 중심이 20%의 소수에서 80%의 다수로 이동하게 된다. 왜 이런 현상이 일어날까? 백화점에서는 상품을 진열하는 공간에 한계가 있다. 결국, 수익이 높은 진열상품의 수를 한정하고 상품 구매자인 고객도 제한되었다. 그러나 웹은 진열할 수 있는 상품의 종류에 한계가 없다. 머리와 꼬리의 차이는 극단적으로 나뉘어 있다 하더라도 꼬리부분은 점점 더 길어진다. 그리하여 꼬리의 합계가 머리를 넘어설 수 있게 되는 것이다.

즉, 롱테일이란 사소해 보이는 부스러기라도 무수히 많이 모으면 커다란 성과가 발생한다는 말이다. 커다란 머리 부분 못지않게 길게 늘어진 꼬리 부분도 중요하다는 뜻을 담고 있다. 롱테일은 일반인의 참여와 공유를 바탕으로 급속히 성장하는 웹 시대의 비즈니스를 상징하는 패러다임 중 하나이다. 〈그림 1-3〉은 롱테일 법칙을 보여주고 있다.

5) 앤디와 빌의 법칙

앤디와 빌의 법칙Andy and Bill's Law은 앤디가 만든 것을 빌이 가로챈 법칙이라고 한다. 인텔의 CEO인 앤디 글로브가 새 반도체를 내놓을 때마다 마이크로소프트의 CEO인 빌 게이츠가 소프트웨어를 업그레이드해 새로 나온 반도체의 용량을 모두 흡수한다는 것이다. 글로브는 인텔 하드웨어에 대한 마이크로소프트웨어의 지배력에 대한 비판에서 나온 법칙이라고 볼 수 있다.

6) 리카도의 법칙Ricardo's Law

19세기 영국 경제학자 데이비드 리카도는 비교우위 이론을 주장했다. 각 국가는 자신들이 다른 나라에 비해 싸게 생산할 수 있는 상품을 주력 생산해 수출하고 그렇지 않은 제품은 수입하는 것이 서로 이익이 된다는 것이다. 이 이론은 인터넷이 발달하면서 더욱 강력한 힘을 발휘하고 있다. 인터넷을 통한 전자 무역 등이 활발해지면서 인터넷을 통해 전 세계 시장의 제품 정보가 공개되기 때문이다. 가격 대비 상품가치가 떨어지는 제품은 시장에서 살아남기 힘들다.

7) 리스턴의 법칙Wriston's Law

미국 금융계의 대부로 불리는 월터 리스턴 전 씨티은행 최고경영자는『통치권의 종말』이라는 책에서 디지털 시대의 도래와 정보혁명을 예견했다. 또한, 그는 지식 자본intellectual capital은 수익이 높은 곳을 따라 어디든 이동하고 이 이동은 빛의 속도만큼 빠르게 이루어진다고 말했다. 즉, 이 법칙은 정보화가 진행될수록 지식자본은 국경을 뛰어넘어 빠르게 이동하고 이와 더불어 정보, 중앙은행 등의 통치권이 약화한다는 의미를 담고 있다.

3 정보화 시대의 응용 분야

빠른 처리속도, 대용량의 저장기능, 시간과 공간 제약의 해소 등으로 컴퓨터는 생활 전반에 활용되고 있다. 과학 계산과 공학 분야에서 사용되던 컴퓨터는 컴퓨터 기술과 통신 기술의 발달로 의학, 예술, 관광, 경영 등으로 응용 분야가 확산되었다.

컴퓨터는 자연과학이나 공학 분야에서 복잡한 과학계산의 신속한 처리, 비용절감과 위험성을 제거할 수 있는 모의실험simulation, CAD/CAM/CAE 등에서 유용하게 활용된다. 의료 분야에서도 컴퓨터 기술을 적용함으로써 단층촬영Computerized Tomograph이나 자기공명영상Magnetic Resonance Imaging이 가능하게 되었다. 또한, 전문가 시스템expert system을 이용함으로써 일반인이 의사의 전문지식을 이용할 수 있다.

인문사회과학 분야에서도 필요한 정보의 수집, 데이터의 통계분석, 멀티미디어를 이용한 교육 등에 컴퓨터가 활용된다. 인터넷과 통신기술의 발달로 원격교육, 화상회의, 재택근무 등이 가능하게 되었다. 예술 분야에는 컴퓨터 음악, 그래픽과 애니메이션을 이용한 영화, 게임 분야 등에서 다양한 변화가 진행되고 있다. 관광 영역에서는 다양한 콘텐츠의 활용, 실시간 길 찾기 서비스 이용, 날씨·안전·환율 등의 정보 제공, 교통편·숙박·식당 등의 관광서비스가 제공되고 있다.

 ## 스마트 시대로의 변천

정보기술의 발달과 스마트 시대의 도래는 비즈니스 패러다임의 변화를 주도하고 있다. 정보기술의 끊임없는 진화, 소비패턴의 변화, 플랫폼의 다양화, 기업의 혁신요구 증대 등 기업 경영활동의 대내·외 환경변화를 가속화하고 있다.

스마트 시대의 정보기술 혁명은 스마트 경제를 이끄는 촉매제 역할을 하며, 기업 환경의 변화를 주도하고 있다. 정보기술의 발달은 편리성, 효율성의 추구를 넘어 새로운 가치 창출을 통해 경제성장의 견인차 역할을 하고 있다. 지능화된 기술, 소비 증가, 융합기술의 활용, SNS 등 스마트는 새로운 경제 키워드이다.

관광산업도 이러한 변화에 편승하여 환경변화를 극복하고 경쟁력을 확보하기 위한 수단으로 정보기술을 비즈니스에 전략적으로 활용하고자 하는 스마트 투어 체제로 개편 중이다. 스마트 시대의 비즈니스 트렌드의 변화는 다음과 같다.

1 소셜 네트워크 서비스 기반 시대

소셜 네트워크 서비스Social Network Service는 기존의 친구나 사회에서 새롭게 맺어진 사람들과의 관계를 형성시켜 주는 서비스를 의미한다. 즉, 사람과 사람 사이의 관계를 보다 원활하게 형성시켜 주는 것이라고 할 수 있다. 이러한 소셜 네트워크 서비스를 통해 SNS 마케팅을 한다. SNS 마케팅은 자신이 관계를 형성하고 있는 그룹에서 공유한 정보가 같은 그룹의 구성원을 통해 또 다른 경로로 속해 있는 그룹에 입소문을 전해 순식간에 정보가 퍼지는 원리를 토대로 전개된다. 가장 대표적인 것이 페이스북Facebook인데 페이스북에는 친구의 소식을 받는 '뉴스피드'라는 메뉴가 있다. 이곳에서는 친구가 올린 소식을 실시간으로 볼 수 있다. 만약 페이스북에서 소통하는 친구가 100명이라면 내가 올린 글이 100명 친구의 '뉴스피드'에 보여지게 되고 내 글을 읽다가 마음에 들어 1,000명의 친구를 가지고 있는 페이스북 친구가 자신의 페이스북에서 공유하기를 클릭하면 1,000명의 '뉴스피드'에 소식이 등록되어 나오는 친구가 아닌 사람들도 내용을 확인할 수 있게 된다. 따라서 잘 관리되어 있는 페이스북 친구 100명만 있으면 순식간에 내 글이 알려질 수 있다.

사람들 간에 소셜 네트워크에 기반하여 관계 형성, 스마트 쇼핑 및 SNS 마케팅이 확산되었으며 클라우드 소싱Cloud Sourcing의 활성화 등 소비 트렌드를 반영한 신개념의 비즈니스가 등장하였다. 블로그, 미니 홈피 등 개인 웹 미디어를 상업적 수단으로 이용하는 1인 기업이 확산되었으며, 소비자의 다양한 욕구에 부합하는 새로운 소비 트렌드가 선도하기 시작하였다.

2 고객 및 가치 지향 시대

고객 지향적 마케팅 활동이 활발하며 사회 공헌 비즈니스 등 지속 가능 경영활동을 위한 가치 지향적 비즈니스가 확산되었다. 소셜 네트워크 서비스를 통해 개선사항을 적극적으로 수렴하는 등 쌍방향 커뮤니케이션 노력이 활발해졌다.

고객 만족도 및 기업 이미지 제고를 위한 모바일 앱 기반의 무료서비스가 제공되었다. 또한, 지속 가능한 성장을 위해 정보기술을 고객감동 경영을 실천하는 감성 마케팅 채널로 활용하였다. 그러나 정보기술을 통한 고객과의 관계 지향적 고객 경험은 COVID-19가 대대적으로 확산되면서 완전히 뒤집혔다. '디지털 채널'을 통해 고객들과 상호작용해야 할 필요성이 증폭되었다.

팬데믹이 장기화되면서 이제 기업들은 애널리틱스, 인공지능, 증강현실 등의 첨단 기술을 활용하여 새로운 형태의 비대면 상호작용을 구현해내며 고객들이 있는 곳에서 고객들과 만나는 새로운 디지털 모델로 혁신하고 있다.

팬데믹으로 인해 비대면 쇼핑 및 결제를 선호하게 되면서 제품, 서비스, 정보에 쉽게 접근해야 할 필요성과 함께, 디지털 채널에 대한 고객의 편의 수준을 높여야 할 필요성이 증가했고, '고객 중심 정보기술customer-focused IT'이 더욱 중요해졌다.

③ 빅데이터 기반 시대

빅데이터Big Data는 최근 몇 년간 사람들의 관심을 받는 최첨단의 해법으로 주목받고 있다. 다양한 채널로 수집한 많은 양의 데이터를 특정 관점에 따라 선별하고 패턴을 해석하여 필요한 정보를 추출한다. 웹페이지, 커뮤니티 게시판, SNS 메시지, POS[5]를 통해 축적된 판매 동향 데이터 등 기술 발전 덕분에 다양한 목적으로 축적된 정보들을 유기적으로 통합하고 해석해 특정 주제를 입체적으로 파악할 수 있다. 빅데이터는 중요한 의사결정 순간에 합리적인 판단을 할 수 있도록 돕는 해법이다.

빅데이터 활용 사례의 하나인 구글 독감 동향 서비스www.google.org/flu trends는 독감 관련 검색어 빈도 분석을 통해 독감 환자 수 및 유행 지역을 예측히며 미국 질병 통제 본부보다 예측력이 뛰어난 것으로 나타났다. 구글은 이 외에도 조직의 미래를 예측하기 위해 빅데이터를 활용한 OPTOrganization Planning Tool가 있다. OPT는 '지금과 같은 채용 정책 및 인원, 승진율이 지속된다면 몇 년 후의 조직 인력구조는 어떤 모습이 될까?'라는 이슈에 대한 해답을 찾기 위한 새로운 분석 방법이다. 빅데이터를 활용한 아마존의 도서 추천 시스템은 고객의 도서 구매 데이터를 분석하여 추가로 구매할 것으로 예상되는 도서를 추천하며 할인쿠폰을 지급한다.

미국의 이동 통신사 T-Mobile은 자사가 보유한 빅데이터를 분석해 고객의 통신사 이동 위험을 감지하는 시스템을 운영하고 있다. 빅데이터 분석으로 다른 통신사로 회선을 옮긴 고객들의 공통적인 특징 패턴을 발견하였고, 이를 활용해서 이탈가능성이 있는 고객을 조기에 발견하여 맞춤형 추가 혜택을 제안함으로써 고객 이탈을 방지하고 있다.

리츠칼튼 호텔에서는 전 세계 고객 100만 명의 고객 데이터베이스를 활용하여 고객

⊙5 POSPoint Of Sales는 판매, 회계에서 컴퓨터 단말기를 설치해 판매 정보 등을 실시간으로 관리하는 방법을 말한다.

의 정보와 취향에 관한 정보를 종합 분석하여 고객의 요구사항을 파악하고 그에 맞는 서비스를 제공하는 지능형 친절 시스템을 운영하고 있다. 이베이는 명절이나 기념일처럼 선물 구입이 증가하는 시점에 맞춰 고객의 SNS 활동 내역과 과거 구매 이력을 분석하여 고객이 선물한 만한 지인의 프로파일을 추정하고 적합한 선물을 추천하는 시스템을 운영하고 있다.

위 사례 이외에도 다양한 분야에서 빅데이터 기술의 가능성을 주목하고 활용 사례를 개발하고 있다. 정보의 가치를 높여주는 빅데이터 기술은 스마트 기술 시대를 이끌어갈 촉망받는 기술로 인식되고 있다.

한편, SNS의 사용, 콘텐츠의 증가, 스마트기기 사용의 확산 등으로 미래 인터넷의 정보와 데이터 전송량은 폭발적으로 증가하게 된다. 이러한 빅데이터 처리와 트래픽 문제는 미래 해결해야 할 과제이다. 빅데이터의 효율적인 관리를 통해 다양한 영역에서 더 가치 있는 정보와 서비스를 제공할 수 있고, 기업의 새로운 비즈니스 모델 개발, 국가의 공공분야 서비스 강화와 경쟁력 확보 등이 이루어질 수 있다.

5 인터넷 기술 및 스마트 기술의 영향

인터넷 기술과 스마트 기술이 보편화되면서 세상은 많이 바뀌었다. 신속한 뉴스 전달을 하던 방송과 언론은 국내 정보뿐 아니라 전 세계에서 일어나는 각종 사건 사고 뉴스를 실시간으로 전달하는 인터넷 기술에 의해 어려움을 겪고 있다. 대부분의 사람들이 인터넷 포털과 같은 사이트를 통해서 원하는 정보를 실시간으로 접근할 수 있게 되어 오프라인 형태의 신문과 방송은 매력을 잃고 있다.

1 도서관

도서관의 역할에 있어서도 자료를 찾으려면 도서관에 가야 했지만, 웹이나 스마트폰을 통해 전 세계 최신 자료를 언제든지 찾을 수 있게 되었다. 종이로 된 서적보다는

e-book과 같은 전자 서적이 많이 보급되고 있으며, 스마트 정보기기의 보급으로 전자 서적의 선호도가 급증하고 있다. 디지털 시대가 도래하면서 각종 디지털 미디어에 접속할 수 있는 '디지털 도서관'은 더 이상 낯설지 않다. 국립중앙도서관의 800만권 가량의 도서는 수십 개의 CD롬으로 압축해 보관할 수 있다.

한편 스마트폰 등 디지털 미디어를 통해 손 안에서 전자책을 읽는 사람들도 우리 주위에서 쉽게 찾아볼 수 있다. 디지털이 지배하는 도서관의 미래에 대해 혹자는 도서관이 더 이상 존재하지 않을 것이라고 말하기까지 한다. 종이를 대체해 디지털 미디어에 정보를 전달하기 때문에 더는 공간적 의미가 없어질 수 있다.

물론 이에 대한 반박도 존재한다. 디지털을 비롯한 과학기술이 아무리 발전해도 도서관이 갖는 물리적 특성은 변할 수 없다는 주장이다. 도서관이 소장한 책은 그러한 물리적 특성 가운데 하나이다. 책의 가치를 다른 전자매체가 전적으로 대체할 수 없다는 것이다.

2 교육

교육에 있어서도 정보기술의 영향은 예외가 아니다. 인터넷을 활용한 사이버 강의가 급격하게 성장하여 이미 많은 학교나 기업에서는 웹을 통한 강의가 활발하게 활용되고 있다. 미국의 MIT Massachusetts Institute of Technology를 비롯한 전 세계 많은 대학에서 대학 강의를 무크 MOOC: Massive Open Online Courses를 통해 무료로 공개하고 있어, 누구나 언제든지 수준 높은 강의를 들을 수 있게 되었다. 한국에서는 KOCW Korea Open Course Ware를 통해 각 대학이 강의를 공개하고 있다.

ICT Information & Communication Technology를 기반으로 새로운 형태의 교육이 등장하고 있다. 이미 잘 알려진 '칸 아카데미 Khan Academy', '무크 MOOC' 등의 인터넷 동영상 교육뿐 아니라 강의실 없는 대학으로 유명한 '미네르바 스쿨 Minerva School', 개별화 교육, 메이커 교육 등이 대표적인 사례다. 최근에는 '에듀테크 Education Technology'라는 명칭을 통해 어댑티브 러닝 Adaptive Learning[6], 소셜 학습 플랫폼, 태블릿 PC를 이용한 증강학습, 교육용 게임, 빅데이터 기반의 맞춤형 학습 코칭 등 배움의 형태도 다양해지는 추세이다.

ICT 기반의 기술은 교육이 반드시 학교에서만 일어난다는 생각을 깰 수 있는 좋은 기폭제가 될 것이다. 예를 들면, 악보를 전혀 볼 줄 몰라도 악보를 시각화하여 피아노 건반 위에 차례대로 보여주는 애플리케이션으로 피아노를 배우는 스마트폰 앱 덕분에 독학으로 피아노를 잘 치게 될 수 있다. 이 사례는 앞으로 얼마든지 여러 분야에서 보편화될 가능성이 있다고 볼 수 있다. 또한, 개별 맞춤형 교육도 가능해질 것이다.

지금의 교육에서 개별 맞춤이 어려운 이유는 과밀한 학급당 학생 수의 영향이 클 것이다. 하지만 빅데이터 기반의 미래 교실에서는 자신의 속도와 개성, 적성에 맞는 개별 맞춤형 교육이 가능해질 것이다. 예를 들면, 벽 전체가 터치스크린으로 둘러싸인 원통형 교실에서 가상현실을 매개로 각 학생들에게 맞춤화된 인공지능 선생님을 만나는 모습을 생각해 볼 수 있다. 각자의 속도에 맞게 교육을 받을 수 있음은 물론이거니와, 그동안 축적된 개인별 데이터를 기반으로 자신의 개성과 적성에 맞는 최적화된 학습을 제공받을 수 있을 것이다. 또한, 증강현실 및 가상현실, 교육 게이미피케이션Gamification[7] 등으로 효과적인 몰입과 체험 교육도 가능해진다. 시공간의 한계를 벗어나 교육 주제에 맞는 효과적인 학습이 가능해지는 것이다.

가상현실 기기를 머리에 쓰는 순간 전 세계는 물론 가상세계까지 오가며 다채로운 간접경험을 할 수 있고, 증강현실 기술은 현실세계 위에 다양한 가상 이미지를 덧붙여주어 책이 가진 이차원 평면이라는 한계를 벗어나 효과적인 배움과 상호작용이 가능하게 해준다. 〈그림 1-4〉는 게이미피케이션의 영향력을 보여준다. 구성원들은 게이미피케이션의 활용으로 더 생산적으로 일할 수 있고, 게이미피케이션 시스템을 선호하며 더 열심히 일할 수 있는 동기를 갖게 된다.

⊙6 어댑티브 러닝Adaptive Learning: 사용자 데이터와 머신 러닝을 기반으로 사용자의 수준에 맞춘 문제와 풀이를 제공하는 기술

⊙7 교육 게이미피케이션Gamification: 게임의 스토리, 다양한 미션, 재미 요소를 교육에 접목해 학습을 게임처럼 즐기게 하는 방법

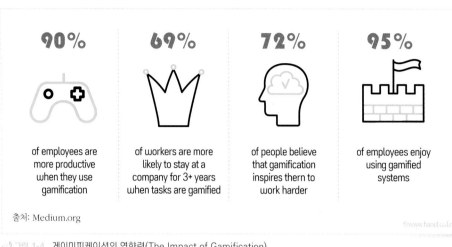

출처: Medium.org

그림 1-4_ 게이미피케이션의 영향력(The Impact of Gamification)

③ 온라인 쇼핑

스마트폰을 활용한 온라인·모바일 시장이 급격히 커졌다. 대형마트가 제자리걸음하는 사이 온라인 쇼핑은 한국 특유의 '빠른 배송' 서비스도 장착했다. 대부분 온라인 주문 물량은 2~3일 내 배송됐고, 쿠팡 등 후발 온라인 업체들이 주문 다음 날 배송이나 당일배송, 새벽배송 등을 펼치면서 '온라인 쇼핑이 편리하다'는 인식을 심었다.

온라인 쇼핑몰에서는 웹과 스마트 기술을 활용하여 원하는 모든 것을 다 구입할 수 있다. 가격 비교 사이트를 통해서 소비자의 구매 교섭력이 높아졌으며, 상대적으로 공급자들의 구매 교섭력의 약화를 가져왔다.

롯데홈쇼핑은 TV, 온라인 등을 통해 단순히 상품을 판매하던 기존 방식에서 벗어나 정보통신기술ICT을 이용해 서비스 차별화에 나서고 있다. 인공지능Artificial Intelligence, 빅데이터, 생체 인증 등 새로운 IT 기술과 쇼핑을 접목하는 것이다. 한편, 검색한 상품을 기반으로 연관성 있는 상품과 스타일을 추천하는 '상품 추천 서비스'를 도입하였으며, 일본 업체가 개발한 의류 사이즈 개발 솔루션 '유니사이즈Unisize'를 도입한다. 유니사이즈는 온라인에서 옷을 살 때 신장·연령·체중·팔다리 길이 등에 맞춰 사이즈를 추천해 주는 서비스다. 국내외 다양한 의류 브랜드의 사이즈 정보를 기반으로 고객에게 최적화된 사이즈를 추천해 준다. 유니사이즈를 통해 롯데홈쇼핑은 의류 교환이나 반품률이 10% 이상 줄어들 것으로 기대하고 있다.

빅데이터 기반 인공지능 대화 서비스인 '챗봇'도 도입한다. 챗봇은 고객에게 맞춤형 상품을 추천해주고 전문성 있는 쇼핑 조언까지 해준다. 이외에 TV 홈쇼핑 매출에 큰 영향을 끼치는 편성에도 빅데이터 기술을 적용할 계획이다. 날씨 등 외부 요인을 고려해 시간대별 상품 매출을 예측한 뒤 상품을 배정하는 방식이다.

모바일 앱은 지문·홍채 인증을 통한 로그인 시스템을 도입했다. 홍채 인증의 경우 휴대폰 전면 카메라에 눈을 가져다 대면 1초 만에 로그인할 수 있다. 생체 인식 기능을 지원하는 모바일 기기, 삼성패스를 사용하는 고객 누구나 이용할 수 있으며, 결제 시스템에도 생체 인증을 적용할 수 있다.

④ 금융

경제활동의 중심인 은행 업무도 대부분 웹과 스마트 기술을 활용할 수 있게 되었다. 은행에 가지 않고도 송금이나 계좌이체업무, 보험업무, 증권업무 등을 할 수 있게 되었고 각 은행마다 제공되는 애플리케이션을 활용한다면 손쉽게 금융업무를 할 수 있다. 세계 1위의 투자은행인 골드만삭스Goldman Sachs는 인공지능과 IT 기술에 투자하며 변화하고 있다.

골드만삭스는 주식 트레이딩에 있어 인공지능인 '켄쇼'를 활용하며 2000년대 초반 600여 명에 달했던 트레이더들을 현재 2명까지 줄인 바 있다. 금융산업의 패러다임이 변화함에 따라 인공지능은 주식, 채권, 외환 등에 대한 투자 결정뿐만 아니라 대출 승인, 자산 배분, 금융 컨설팅 등 주요 의사결정까지 인간의 영역을 대체하고 있다. 이미 해외의 선진 금융사들은 인공지능을 도입하여 새로운 기회를 모색하고 있다.

씨티그룹은 IBM의 인공지능 '왓슨'을 도입하여 신용평가에 활용하고 있으며, 일본의 미쓰비시도쿄 은행은 20개 언어를 구사하고 인간의 감정을 분석할 수 있는 인공지능 로봇 '나오'를 통해 안내, 환전, 송금 등에 활용하고 있다. 중국 텐센트의 위뱅크는 인공지능을 통해 대출심사를 2.4초 만에 마무리하고 40초 안에 통장으로 돈이 들어가는 서비스를 제공하고 있다.

현재 금융산업은 인공지능을 바탕으로 투자자문 및 트레이딩, 신용평가, 개인금융 비서, 이상 금융거래 탐지, 챗봇 등의 분야에서 활용되고 있다. 인공지능은 비용 절감, 생산성 증대, 리스크 감소, 맞춤 서비스 강화, 신규 사업 모델 개발 등과 같이 금융산업에 긍정적인 효과를 가져올 것으로 기대하고 있다. 향후 인공지능의 딥러닝Deep Learning 기술이 개발되고 있는 가운데 보험의 언더라이팅, 콜센터 대체 등 고도화된 지식기반의 서비스가 가능할 것으로 전망된다.

한편, 최근 모바일 금융거래가 보편화되고 핀테크가 확산되면서 금융 분야에서 비대면 거래가 급증하는 추세이다. 비대면 거래의 인증방법으로 그간 널리 사용되던 공인인증서와 일회용 비밀번호, 보안카드를 생체인증기술이 대체할 것으로 보인다. 생체인증기술은 인간의 고유한 신체적, 행동적 특징에 대한 생체정보를 자동화된 장치로 추출하여 개인을 식별하거나 인증하는 기술로 정의할 수 있다. 생체정보는 크게 신체적 정보와 행동적 정보 특징으로 분류된다. 생체인증기술의 대표적인 장점은 별도의 보관이나 암기가 필요 없고, 분실 우려가 없으며, 양도나 위조가 불가능하다는 점이다.

5 관광

'소규모·비대면'이 여행의 흐름을 주도하고 있다. 이런 현상은 COVID-19 이후 더욱 가속화하고 있다. 그간 여행산업은 정보통신기술의 활용을 통해 발전해왔다. 한국관광공사가 10년째 진행 중인 관광벤처 공모전에서 '체험관광, 관광플랫폼, 공유경제'는 이미 몇 년 전부터 주요 키워드였다. 초창기 관광벤처가 자신의 해외여행 경험을 살린 수준에 그친 데 비하면, 새로운 기술을 상당히 빨리 흡수한 결과로 평가된다. 증강현실, 가상현실에 이어 인공지능과 여행서비스를 결합한 기업도 꾸준히 늘고 있는 추세다.

가이드라이브는 현지 가이드가 온라인 참가자와 실시간으로 소통하며 외국 관광지를 소개하는 상품을 판매하고 있다. COVID-19의 세계적 대유행으로 어느 때보다 '랜선여행' 서비스가 주목받고 있다. ㈜가이드라이브는 사실상 해외여행이 불가능한 상황에서 현지 가이드가 온라인으로 여행자와 직접 소통하는 실시간 랜선 여행을 선보이고 있다. 유튜브, 네이버프리즘, 아프리카TV와 화상회의 시스템을 결합해 파리의 에펠탑이나 홍콩의 특색 있는 골목을 실제 여행하듯 설명을 곁들여 중계하는 형식이다. 외국의 유명 박물관과 미술관을 도슨트의 해설로 둘러보는 강의도 제공한다. 현지 가이드가 진행하고 있는 랜선 투어는 현재까지 3,000명 넘게 이용했다. COVID-19 이후를 대비해 마이 리얼 트립과 공동으로 가이드가 직접 기획한 여행 상품도 소개하고 있다.

정보통신기술을 기반으로 여행을 돕는 서비스도 진화를 거듭하고 있다. ㈜더블유 에스비팜은 서핑, 요트, 스킨스쿠버, 바다낚시 등 해양 레저를 즐기려는 이들을 위해 바다날씨를 실시간 영상과 함께 제공하고 있다. 예를 들어, 속초 해변을 클릭하면 웹캠 영상과 함께 "오늘의 파도, 초보자 서핑하기 적당해요. 바다에서 해변으로 다소 약한 바람이 불며 무릎~허리 높이 파도가 예상돼요."라는 친절한 문구가 뜬다. 10일간의 파도 예측 서비스도 제공해 일정을 짜는 데 도움을 준다. 실시간 영상으로 인파가 몰리는 것을 피할 수 있다는 것도 장점이다.

사람 간 접촉을 최소화하는 언택트 여행도 점점 다양화하고 있다. 이브이패스는 제주전역과 순천 일부 지역에서 관광객을 위한 공유 전동킥보드를 운영하고 있다. 지난 1년간 31개의 '아름다운 제주의 길'을 자체 개발했고, 위치 정보를 기반으로 비대면 무인 공유 서비스도 출시했다. 빅데이터를 기반으로 제주의 숨은 관광지를 소개하는 전동킥보드 여행 코스도 안내한다. 편리한 것도 좋지만 무엇보다 안전이 최우선이다. 모든 전동킥보드는 시속 25km 이상 달릴 수 없고, 헬멧을 착용해야 움직이도록 설정돼 있다.

최근, "이런 것도 관광업으로 부를 수 있을까?" 싶은, 업종 간 경계가 모호한 스타트업이 꾸준히 증가하는 추세다. 미래의 여행과 관광산업은 참신한 콘텐츠와 새로운 기술이 결합해 점점 세분화·다양화되고 있다.

News! AI의 미래

2030년, 현재 직업의 3분의 1이 AI로 대체
선진 12개국, "AI로 생산성 40% 높이고 수익성 개선"
윤리·공정성·정의·자유 등에 미칠 '부정적 영향' 우려

인공지능은 도입에 따른 혜택도 있지만 엄청난 혜택에도 윤리·공정성·정의·자유 등에 미칠 부정적 영향의 우려가 엄존하는 게 사실이다. 정부가 AI(Artificial Intelligence) 기술 지배 기업들의 데이터 부정 활용가능성에 대응할 대책을 마련해야 한다.

오늘날 인공지능(AI)은 우리 주변에 존재하며, 많은 사람들이 그것을 망각하고 있음에도 우리의 일상생활에 통합돼 있다.

맥킨지 연구 보고서에 따르면 "오는 2030년까지 현재 직업의 3분의 1이 지능형 에이전트나 로봇과 같은 AI 기술로 대체될 것이며, 장기적으로는 거의 모든 인간의 직업을 대체해 모든 이에게 AI가 만든 보물이 제공된다."

AI는 개인화·맞춤화로 교육을 향상시키지만 최근 COVID-19 팬데믹(세계적 대유행)으로 학생들은 직접 대면을 통한 교육 경험을 원하고 있으며 새로운 직접 대면 규범을 찾게 될 것으로 보인다. AI는 전 세계 도시들의 범죄·교통·테러위협·자연재해 등에 대응하게 하며 개인을 삶의 질을 향상시킬 것이라는 데엔 의심의 여지가 없다.

최근 선진 12개국 대상 조사 결과 기업에 도입된 AI는 생산성을 40%까지 높일 수 있는 것으로 드러났으며 수익성 개선과 소비자 서비스 강화까지 기대할 수 있는 등 AI 도입은 대세다. 그러나 AI는 일자리에 큰 영향을 미치면서 일상적이고 반복

👋 AI의 미래는?

적인 일자리를 대규모로 로봇에 떠넘기게 한다.

이미 스위스나 핀란드 같은 나라에서는 모든 국민에게 기본소득, 무상교육, 헬스케어 보장 등을 고려하고 있지만 모든 나라가 이런 사회정책을 받아들이기에는 갈 길이 멀고, 우리는 의심의 여지없이 'AI를 넘어선 고용 확대'라는 새로운 규범을 진화시켜야 한다.

AI 기술이 제공하는 엄청난 혜택에도 불구하고 AI가 윤리, 공정성, 정의, 자유에 미칠 몇 가지 부정적 영향에 대한 우려가 있다. 일각에서는 AI 기술을 지배하는 기업들이 확보한 데이터를 부정적으로 활용해 다른 사람들을 설득하고 영향력을 행사하고 조작할 것을 우려하고 있다. 따라서 정부가 AI 기술을 효과적으로 규제하고 필요한 경계를 정할 필요가 있다.

기술은 인류의 미래다. 수년 동안 이 분야의 발전은 우리가 살고 있는 세상을 계속 변화시켰고, 지금도 멈추지 않고 있다. 매일 개발자들은 사람들이 의사소통하고, 환자를 치료하고, 사업을 하고, 범죄와 싸우고, 일반적으로 존재하는 방식을 바꿀 새로운 소프트웨어와 알고리즘을 만들기 위해 끈질기게 노력하고 있다. AI는 기술 미래의 핵심이다. AI 덕분에 공상과학(Science Fiction)

영화에 투영된 판타지(환상) 세계의 일부가 곧 현실이 될 것이다.

오토마톤의 어원은 자동기계라는 뜻의 그리스어다. 일반적으로 기계에 의하여 동작하는 자동인형이나 동물, 나아가서 자동장치를 말한다. 주류 환경에서 새로운 현상인 AI 기술은 이집트, 중국 기술자들이 오토마톤(자동인형)을 발명한 초기 문명시대로 거슬러 올라간다. 현대 AI의 시작은 공식적으로 AI가 확립된 1956년 다트머스 콘퍼런스로 거슬러 올라간다. 이 모임 조직자는 마빈 민스키, 존 매카시, 그리고 IBM의 두 선임 과학자인 클로드 섀넌과 네이선 로체스터였다. 콘퍼런스 제안서에는 "학습의 모든 측면이나 지능의 다른 특징을 매우 정확하게 기술할 수 있기 때문에 기계는 이를 시뮬레이션 할 수 있다."는 주장이 포함됐다. 이후 AI는 여러 발전 단계를 거쳤다. 현재 AI는 사람 같은 활동을 수행하고 어려운 문제를 풀고 의사결정 과정을 강화할 수 있는 능력을 갖춘 기계를 가리킨다. 이 기술은 또한, 인간을 압도할 수 있는 고급 기능과 임무를 수행할 수 있다. AI는 데이터 수집과 분석·기업 운영·제조 과정·정치·가사 등을 획기적으로 개선할 준비가 돼 있다.

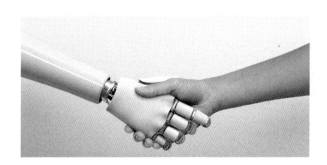

News! AI의 미래

미래 AI는 가정·직장 보안·생산성 향상에 맞춤형 솔루션 제공

빈번한 주류 언론과 온라인 매체의 AI 기술에 대한 보도에도 불구하고, 특히 미국의 많은 사람들은 이 기술이 무엇이고 그들의 세계를 혁신하고 있는 방법에 대해 명확히 이해하지 못하고 있다.

기술적으로 AI는 인간의 지능을 복제하고 시뮬레이션할 수 있는 스마트 기계 개발에 관련된 광범위한 컴퓨터 과학이다. 즉, AI는 인간의 개입이나 입력 없이도 인간처럼 생각하고 행동하며 일을 수행할 수 있는 기계의 총칭이다. 때로는 더 높은 정밀도, 정확도, 효율성을 가진 모든 AI 기기가 서로 다른 수준의 기계와 딥러닝 기술을 이용해 작동하기도 한다.

페이스북은 AI이다. 오늘날 일상에 통합된 AI를 보여주는 대표적인 예로 페이스북을 들 수 있다. 오늘날 AI는 우리 주변에 존재하며, 많은 사람들이 그것을 망각하고 있음에도 우리의 일상생활에 통합돼 있다. 페이스북은 어디서든 모든 사람들을 연결하고, 실시간으로 커뮤니케이션을 용이하게 하며, 특정 소비자 요구에 맞는 기능과 패키지를 제공한다. 이 모든 것은 AI 소프트웨어를 적용함으로써 가능해졌다. 페이스북은 기계학습 기술을 통해 행동 패턴, 취향, 라이프스타일, 관심사 등과 같은 사용자의 개인 데이터를 가져와 터무니없는 이득을 얻는 데 활용한다.

AI 기술은 애플(시리), 아마존(알렉사), 테슬라(자율주행차), 네스트, 판도라, 넷플릭스 등과 같은 인기 기업들도 채택하고 있다. 이러한 광범위한 AI 수용은 AI 소프트웨어의 현 시장 가치에도 반영된다.

미래에는 AI 기술이 가정과 직장 보안을 향상시키고 사이버 범죄와 다른 사기 행각을 지능적으로 막아낼 것이다. 또한, 직원 생산성을 크게 높이고 기업이 개별 소비자 요구에 맞는 맞춤형 솔루션을 제공할 수 있도록 도울 것이다. 전문가들도 AI 기기가 관찰된 상관관계보다는 인과적 추론 접근법을 적용한 문제해결능력을 갖출 것으로 기대하고 있다.

기업 비용절감·생산성 향상 금융권 AI로 업계 평균보다 10% 높은 이윤

비용 절감, 최적화된 운영, 데이터 중심 의사결정, 고객서비스 개선, 생산성 향상 등은 오늘날 비즈니스 세계에서 AI로 누릴 수 있는 혜택의 일부다. 맥킨지 보고서에 따르면 금융서비스는 AI 관행을 엄청나게 많이 도입한 산업 중 하나이다. 그 결과 일부 기업들은 업계 평균보다 10%가 넘는 높은 이윤을 누렸다. 선진 12개국에서 AI가 기업에 미치는 영향에 관한 연구에서 AI가 생산성을 40%까지 높일 수 있다는 결과가 나왔다. AI로 생산성 외에도 수익성 개선과 소비자 서비스 강화도 기대할 수 있다.

AI가 기업에 미치는 가장 큰 영향 중 하나는 일상적이고 반복적인 일자리가 대규모로 로봇에 떠넘겨진다는 점이다. 이러한 변화는 제조업과 조립라인 산업에서뿐만 아니라 많은 기업들의 창고에서도 목격되고 있다. 예를 들어, 아마존은 현재 몇 개의 자동화된 물류배송 창고를 가지고 있으며, 수천 대의 모바일 로봇이 재고물품을 한 지점에서 다른 지점으로 옮기고 있는데, 이는 이전에는 사람이 하던 일이었다.

기계학습 AI 기기는 인터넷 통신으로 연결된 기기와 사물인터넷을 통해 방대한 양의 데이터를 수집하고 합성할 수 있다. 제조업체는 이런 데이터를 자산 기능을 모니터링하고 개선하는 데 활용할 수 있다.

2022년까지 AI가 7,500만 명 대체하는 동시에 133개의 새로운 일자리 창출

수년간 AI 기술이 노동력에 미칠 영향에 대한 논란이 있었다. 일부 전문가들은 사업의 자동화가 엄청난 일자리 감소와 대량 실업으로 이어질 것이라고 강하게 믿고 있다. 여러 연구들은 또한, AI 기술이 앞으로 몇 년 안에 엄청난 수의 직원을 대체할 것이라는 것을 보여주었다.

옥스포드 이코노믹스에 따르면, 오는 2030년에 2,500만 명의 생산직 근로자들이 로봇에 이러한 일자리를 잃게 될 것이라고 한다. 한편, 다른 분석가들은 이러한 영향에 대해 낙관적이며, AI가 일자리에 높은 위험을 불러올 수 있지만, 또한, 많은 새로운 일자리를 창출할 수 있는 잠재력을 가지고 있다고 말한다.

같은 맥락에서 오는 2022년까지 AI가 7,500만 명을 대체하는 동시에 133개의 새로운 일자리를 창출한다는 연구 결과가 나왔다. AI는 직무 교체·일자리 기회와 별개로 더 고급 업무를 다루는 일자리로 이끌게 될 것이다.

맥킨지 연구 보고서에 따르면 오는 2030년까지 현재 직업의 3분의 1이 지능형 에이전트나 로봇과 같은 AI 기술로 대체될 것이며, 장기적으로는 거의 모든 인간의 직업을 대체할 것으로 예상하였다.

정부가 AI 기술 지배 기업들의 데이터 부정 활용 대응책 마련해야

AI 기술이 제공하는 엄청난 혜택에도 불구하고, AI가 윤리, 공정성, 정의, 자유에 미칠 몇 가지 부정적 영향에 대한 우려가 있었다.

현재 AI 기술과 장치는 인간의 삶에 엄청난 힘과 통제력을 발휘하고 있다. 그들은 우리가 따라야 할 규칙을 정하고, 사람들의 삶에 대한 데이터를 모니터링하고 수집하는 데 사용된다. 일부는 앞으로 AI 기술을 지배하는 이들 기업이 확보한 데이터를 부정적으로 활용해 다른 사람들을 설득하고 영향력을 행사하고 조작할 것을 우려하고 있다. 따라서 정부가 AI 기술을 효과적으로 규제하고 필요한 경계를 정할 필요가 있다.

Cases & Practice
기업 사례 & 실습

아마존 마켓플레이스 Amazon Market Place

아마존 마켓플레이스는 물건을 자유롭게 팔거나 살 수 있는 온라인상의 마켓을 제공한다. 실제 오프라인 시장에서와 마찬가지로 물건을 팔려는 이는 팔고자 하는 가격에 물건을 내놓고, 이것을 사려는 사람은 여러 물건들을 비교한 후에 구입을 결정할 수 있다. 아마존 마켓플레이스는 말 그대로 마켓이라는 플랫폼만 제공하기에 사용자들 간 거래에 간섭하지 않는다. 물건을 판매하려는 이들은 아마존이 보유한 많은 회원들을 접할 기회를 얻을 수 있기에 이득이 된다.

아마존 마켓플레이스는 물건을 팔려는 이들로부터 건당 수수료 혹은 월별 이용료를 통해 수익을 올린다. 40건의 물건 판매를 기준으로 그보다 더 많은 양의 물건을 판매하려는 이에게는 월 39,99달러의 금액을 받고 자유롭게 물건을 판매할 수 있도록 한다. 또한, 아마존 마켓플레이스는 온라인 장터 공간에 대한 일종의 자릿세인 수수료를 매긴다.

 아마존 기업사례를 읽고 아마존의 핵심 자원이 무엇인지 약술해 보세요.

 아래 참고 사이트와 유튜브 영상을 시청한 후 문제를 풀어보세요.

 참고사이트
www.amazon.com

 유투브 아마존 고 한글자막
https://www.youtube.com

아마존은 최근 스마트 기술의 활용을 통한 '아마존 고' 매장을 활용하고 있습니다. 참고 사이트 및 관련 자료를 토대로 아마존 고는 어떤 원리로 물건을 팔고 사는지 간략하게 설명해 보세요.

향후 아마존의 미래를 예측해 보세요.

연구문제

문제 1　오늘날 우리가 디지털 관광을 이해해야 할 필요성이 있다면 그것은 무엇인가요?

문제 2　스마트 시대의 특징은 어떤 것들이 있나요?

문제 3　디지털 사회를 설명하는 법칙 중에서 가장 적합하다고 판단되는 법칙을 선택하여 이유가 무엇인지 약술하세요.

문제 4　롱테일의 법칙을 관광산업항공사, 호텔, 여행사 등에 적용하여 설명해 보세요.

문제 5　디지털 패러다임을 설명할 수 있는 것이 있다면, 사례를 중심으로 설명해 보세요.

Team-based
토론 문제

 문제 1 　IBM은 미래에는 인간처럼 오감을 갖는 컴퓨터가 나올 것으로 전망하였습니다. 컴퓨터 및 스마트폰이 오감을 갖는다면 hospitality 영역호텔, 관광, 항공 등에서는 각 오감 영역별로 어떤 일을 할 수 있는지 아래 글을 참조하여 팀원들끼리 토의한 후 내용을 정리해 보세요.

- 시각: 컴퓨터는 사물 등 시각 정보를 미세한 단위로 분석하고 해석할 수 있다.
  - 예 미술관에서 스마트폰에 그림을 보여주면 그 그림에 대한 정보를 얻을 수 있다.

- 청각: 소리의 진동과 주기 등을 분석해서 인간이 알아채지 못하는 정보를 파악할 수 있다.
  - 예 소리의 변화를 측정해서 산사태나 건물 붕괴의 조짐을 읽을 수 있다.

- 후각: 컴퓨터 등의 센서가 인간의 호흡에서 냄새와 분자를 분석해 건강 상태를 알아낼 수 있다.
  - 예 냄새로 유해 박테리아를 감지하고 하수시스템의 오염도를 측정할 수 있다.

- 미각: 컴퓨터가 인간이 선호하는 맛을 내는 조리법을 개발하는 것이 가능하다.
  - 예 당뇨병 환자가 일정 혈당량을 유지할 수 있는 식단을 짤 수 있다.

- 촉각: 컴퓨터의 촉각능력이 특정 촉각의 인식뿐 아니라 표현도 가능할 정도로 발전한다.
  - 예 자외선, 압력, 센서 등을 통해 비단, 면 등 다양한 천의 질감을 인식할 수 있다.

문제 2 다음 상황은 미래에 일어날 수 있는 일상생활의 단면을 보여주고 있습니다. 스키장으로 여행가는 가족의 모습을 설명하였는데, 이와 같이 인터넷 및 스마트 환경에서 나타날 수 있는 다양한 상황들을 팀원들과 함께 토의해 보고 세 가지 이상 요약정리해 보세요.

- 가족들의 스키 장비에 달린 초소형 카메라가 주변 사진 및 동영상을 자동 캡처하여 개인의 디지털 메모리에 저장하고, 이를 디스플레이로 확인한다.
- 스키복은 체온 조절 및 바이오리듬에 따라 색상이 변경되며, 장갑은 약속 시각이나 상태를 알려준다.
- 호텔의 오락 시스템은 가족의 운동 이력과 지능형 센서가 보낸 슬로프 상태 예측 정보를 바탕으로 스키 코스를 제안한다.

Question

 참고문헌

· 강오한, 정보기술응용, 생능출판, 2015
· 김성준, 빅데이터, 인재를 말하다, 인더비즈, 2013
· 김재석, 디지털 관광론, 새로미, 2008
· 남대일 외, Business Model Story, 한스미디어
· 노영희, "차세대 디지털 도서관의 발전 방향 논의에 관한 연구", 정보관리학회지, 31(2), 2014
· 문희경 외 3명, 정보기술과 미래사회, 와이북스, 2016
· 박정준, 나는 아마존에서 미래를 다녔다, 한빛비즈, 2019
· 삼성KPMG 경제연구원, "금융 산업, 4차 산업혁명과 만나다", 삼정, 53, 2017
· 이승윤, 한 권으로 끝내는 디지털 소셜미디어 마케팅, 시그마프레스, 2015
· 이정희 외, 관광정보론: 스마트 관광을 중심으로, 새로미, 2012
· 장종희, 콕콕 집어주는 친절한 소셜마케팅, 데듀웨이, 2015
· 최재봉 · 오기자, 페이스북 & 카카오스토리의 마케팅 비법, 예문사, 2015

· "AI의 미래", AI 타임즈, 2020.9.2.
· "AI · 빅데이터 · 생체 인증 등 새 IT 기술, 쇼핑에 접목", 조선비즈, 2017.11.30.
· "정보기술과 이색 콘텐츠의 결합, 관광벤처 여행의 미래가 보인다", 한국일보, 2020.10.14.

· http://egloos.zum.com/feellover/v/9356595
· http://Medium.org
· http://www.amazon.com/
· https://embrkbusiness.medium.com/knowledge-and-metcalfes-law-f0bc13a33db3
· https://www.elec4.co.kr/article/articleView.asp?idx=20212
· https://www.marketingteacher.com/long-tail-concept/
· https://www.pressian.com/pages/articles/158604?no=158604
· https://www.youtube.com/watch?v=1qr6B5PeaD4

4차 산업시대의
관광정보론

인터넷,
e-Business와
관광

Chapter 02. 인터넷, e-Business와 관광

정/리/노/트

단서

· 질문 1

· 질문 2

· 토의문제 제시 1

· 토의문제 제시 2

Case Study

Summary

Key Words

예습

복습

참고: cornell note

인터넷

1 인터넷의 이해

세상의 모든 일은 인터넷을 떠나서는 생각할 수 없게 되었으며, 지금까지 없었던 상황을 만들기 시작했다. 이렇듯 인터넷은 삶의 새로운 패러다임으로 자리 잡았다. 새로운 뉴스를 신문 지면으로 보기보다는 인터넷으로 보고, 쇼핑, 정보탐색, 예약 등 생활에 필요한 모든 정보를 인터넷을 활용한다.

인터넷을 한마디로 표현하는 일은 그리 쉽지 않다. 정보서비스를 중시하는 사람들은 인터넷을 '1,000만 대에 가까운 정보를 제공하는 컴퓨터들이 하나로 연결된 세계 최대의 정보통신 네트워크'라고 정의한다. 또한, 신세대 네티즌들은 인터넷을 '현실과 다른 또 하나의 가상공간Cyber Space'이라고 정의를 내리고, 인터넷으로 새로운 친구를 만나고 게임을 하며, TV를 보고 논쟁하며, 또한 세상을 여행하는 공간으로 사용하고 있다. 이들은 네트워크를 통하여 시간과 공간의 물리적인 제약을 뛰어넘고 있다.

인터넷은 '사이' 또는 '중간'을 의미하는 Inter와 '통신망'을 의미하는 Network의 합성어이다. 전 세계의 컴퓨터들을 연결하고 있는 하나의 거대한 통신망, 즉 '네트워크들의 네트워크Network of Networks'로 유일성의 개념을 가진 고유명사이다. 따라서 Internet의 'I'는 반드시 대문자로 표시해야 한다. 인터넷에서 사용되는 TCP/IPTransmission Control Protocol/Internet Protocol은 프로토콜protocol을 사용하는 글로벌global 네트워크network의 프로토콜이다. 이러한 인터넷의 특성을 요약하면, TCP/IP 기반의 개방적 네트워크, 자율성에 입각한 네트워크, 실시간 양방향의 멀티미디어 네트워크, 무궁무진한 정보를 지닌 정보의 바다, 누구나 저렴하게 이용할 수 있는 대중적 네트워크, 무한한 잠재력과 활용가능성을 지닌 네트워크로 볼 수 있다. 인터넷은 다음과 같은 특징을 가지고 있다.

❶ 인터넷은 개방적인 네트워크로 누구나 사용할 수 있다.
❷ 인터넷은 소유자나 운영자, 권력자가 없는 네트워크이다.
❸ 인터넷은 실시간으로 접속된 다방향의 멀티미디어 네트워크이다.

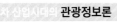

④ 인터넷은 대중적인 네트워크이다.

⑤ 인터넷은 네트워크 중에서 저렴한 비용으로 사용한다.

⑥ 계속 발전하고 팽창하는 네트워크이다.

인터넷의 혁명적 발전에 따른 정보사회로의 급속한 진전은 모든 산업에 큰 변화를 가져왔으며 이는 경제활동 인구의 대부분이 인터넷을 이용하고 있다는 의미이다.

2 인터넷의 역사

인터넷의 역사는 전쟁 이야기로 시작된다. 1957년 당시 소련의 세계 최초의 인공위성 스코프니크 발사는 미국으로 하여금 새로운 전환점을 요구하게 하였다. 아이젠하워Ei-senhower 대통령의 지시로 국방성 산하 최첨단 조직인 ARPAAdvanced Research Project Agency가 신설되었다. 이후 미국은 18개월 만에 인공위성 발사에 성공했다. 미국은 중앙집중식 통신체계를 구축한 시스템이 핵 공격 한방에 미국의 모든 정보통신시설이 무력화되는 것을 우려하게 되었다. 1964년 미국은 전문컨설팅 업체에 이 문제를 의뢰했고, 얼마 후 '분산시스템'이라는 제목의 보고서가 제출되었다. 이 보고서에 의하면 모든 컴퓨터가 중앙통제 없이 동등하게 동작해 마치 그물처럼 연결되어 모든 컴퓨터가 파괴되지 않는 한 계속 동작하는 새로운 체계의 통신망이 제안되었다. 이를 바탕으로 인터넷의 원조라 할 수 있는 알파넷ARPANET이 탄생하였다. 인터넷은 원래 미국 내에서 군사적 목적으로 개발된 네트워크이다.

1969년 미국 국방성이 군납 업체와 연구기관 사이의 정보교환을 위해 미국의 4개 대학과 시작한 ARPA 프로젝트를 통해 알파넷ARPANET이 탄생하였다. 알파넷ARPANET은 원격 시스템 접속telnet, 파일전송FTP, 전자우편email 및 정보공유가 가능한 컴퓨터 통신망으로 구성되었다. 이후 미 국립 과학재단NSF: National Science Foundation의 전격적인 지원을 받아 CSNET으로 개발되었고, 이것은 그 후 과학연구망인 NSFNET으로 확대 발전되었다. 1990년대 들어 알파넷ARPANET이 해체되면서 그 주된 기능들이 전국적인 과학연구망인 NSFNET에 이양되면서 좀 더 빠르게 발전하였으며, 인터넷이 전 세계로 확대되고 상용화되었다. 한편, 웹은 거미줄이라는 의미로서, 1989년 스위스 원자연구소의 팀 버너스리Tim Berners-Lee라는 연구원이 만들었다. 당시 인터넷은 하나의 정보를 수집하려면 그 나라의 중앙컴퓨터에 접속해야만 하는 불편한 체계를 구성하고 있었다. 1993년 오늘날 우리가 편리하게 쓰고 있는 월드와이드웹World Wide Web; WWW 또는 웹 Web 또는 W3 브라우저가 등장함에 따라 인터넷의 대중화와 상업화에 획기적인 전기가 마련되었다. 이후 인터넷 이용자 수는 폭발적으로 증가하기 시작하였다.

인터넷은 정보의 바다이지만, 초기에는 수많은 정보 중에서 원하는 정보를 찾기란 쉽지 않았다. 이런 문제를 해결하기 위하여 탄생한 것이 검색엔진이었다. 검색엔진이 얼마나 필요했는지 1994년 스탠퍼드 대학의 제리 양Jerry Yang이 만든 검색엔진에 붙인 이름만 봐도 알 수 있다. 그 이름은 즐거운 탄성을 의미하는 단어 '야후Yahoo'라 명명하였다. 검색엔진의 핵심은 검색 로봇이다. 검색 로봇이란 정보를 수집하고 정리하는 프로그램이다. 지금 사용되고 있는 구글의 검색 로봇은 성능이 좋아서 웹 페이지 깊숙한 정보까지 수집하는 것이 종종 사회적 문제가 될 정도이다.

구글google은 1997년 스탠퍼드 대학교의 대학원생이었던 래리 페이지Larry Page와 세르게이 브린Sergey Brin에 의해 만들어졌다. 검색사이트로 출발한 구글은 세계에서 가장 강력한 검색엔진이 되었고, 구글은 검색엔진뿐만 아니라 자율자동차, 인공지능기술 등의 영역에 사업을 확장하고 있다. 최근에는 스마트폰 시장 진출을 위해 모토로라 모빌리티 등의 기업들을 인수하여 불과 10년 만에 세계에서 가장 거대한 정보기술 기업이 되었다.

인터넷이 글로벌 네트워크라 하면, 웹은 글로벌 네트워크 내의 정보 콘텐츠라 할 수 있다. 인터넷과 함께 웹 기술은 지속적으로 발전하고 있다. 월드와이드 웹이 탄생한 시점에서는 정보조회에 어려움이 있었다. 이러한 문제를 해결하기 위해 만들어진 것이 브라우저 프로그램이다. 미국의 마크 안드리슨Marc Lowell Andreessen은 대학 시절 처음 접한 인터넷이 너무 어려웠다. 그래서 웹에서 쉽게 정보를 찾을 수 있고 접근할 수 있는 모자이크를 개발하고, 이듬해 짐 클라크와 함께 넷스케이프라는 회사를 설립하여 넷스케이프라는 브라우저 프로그램을 발표했다. 이들은 시장의 90% 이상을 석권하면서 독점체계를 유지했다. 이러한 독점체계에 경쟁자로 등장한 마이크로소프트의 빌 게이츠Bill Gates가 1996년 후반 익스플로러를 세상에 내놓으면서 시장이 변화하기 시작했다. 당시

넷스케이프의 기술력이 월등하였지만, 마이크로소프트가 윈도우 OS에 무상으로 익스플로러를 함께 제공하면서, 넷스케이프와 마이크로소프트의 경쟁이 심화하였다. 결국, 마이크로소프트가 브라우저를 윈도우 OS에 무료로 제공하여 넷스케이프Netscape는 몰락하였고, 반면에 인터넷의 확산에는 결정적인 역할을 하였다.

국내의 인터넷 역사를 보면, 1982년 서울대와 KIET한국전자통신연구소인 ETRI의 전신 사이를 1,200bps 모뎀을 사용하여 연결한 SDN System Development Network에서 시작한 연구망이 시초이다. 미국과 거의 비슷한 시기인 1994년 6월 한국통신이 최초로 인터넷 상용서비스KORNET service를 개시한 이후 상용 인터넷 서비스가 제공되기 시작하여 수많은 인터넷 서비스업체 ISP가 치열한 서비스 경쟁을 벌이고 있다. 현재 국내 대표적인 인터넷 서비스업체ISP는 KT, SK브로드밴드, LG유플러스 등이 있다.

③ 인터넷의 주소체계

1) 계정

여러 사람이 하나의 컴퓨터를 공유해 사용하는 다중 사용자 시스템multi-user system에서 사용자를 구별하고 이용 권한 부여를 목적으로 한다. 이러한 계정Account은 사용자 번호와 비밀번호라 불리거나 Account ID, Login Name, User ID 등으로도 불린다.

2) IP 주소

인터넷에 연결된 컴퓨터를 연결하기 위해서는 컴퓨터 고유의 숫자로 표현된 주소로 접속한다. 이때 고유의 숫자를 IP 주소Internet Protocol Address라 한다.

❶ IP 주소 체계　인터넷 주소로 인터넷에서 사용되는 컴퓨터의 주소이며, 해당하는 컴퓨터를 찾을 때 필요하다.

❷ IP 주소 구조　Class A, B, C의 IP 주소 체계이며, 예를 들어, Class C의 IP 주소는 233. 255. 255. 0 으로 최소 3단위인 IP가 고정되어 할당되며, 해당 네트워크는 256개의 IP를 자유롭게 사용 가능하다.

3) 도메인 이름

숙자로 된 IP 주소를 외우기 힘들어서 '도메인 이름Domain Name'이라고 불리는 영어 단어로 된 이름을 별도로 가진다. 이를 위해 도메인은 숫자로 된 IP 주소를 대체한 것으로 결국 IP 주소와 도메인 이름은 같은 것이다.

예를 들어, ○○○.com/○○○.co.kr은 기업체, ○○○.edu/○○○.ac.kr은 교육기관, ○○○.gov/ ○○○.go.kr은 정부 부처, ○○○.org/○○○.or.kr은 공공기관, ○○○.net은 인터넷 관련 회사, ○○○.biz는 e-Business 기업 등이 사용하는 대표적인 도메인 이름 구성이다.

4) 도메인 네임 서버 DNS

도메인 네임 서버DNS: Domain Name Server는 도메인을 IP 주소로 연결해 주는 역할 또는 그 반대의 작업을 처리해 주는 시스템이다. 즉, IP 주소와 도메인 이름을 상호 변환시키는 작업을 한다. 예를 들어, 각 사이트에서 운영되는 웹Web 서버는 고유의 IP 주소를 가지고 있으므로 사용자가 문자로 된 주소를 입력하면, DNS 서버를 통해 웹 서버의 IP 주소로 변환하여 접속을 가능하게 한다.

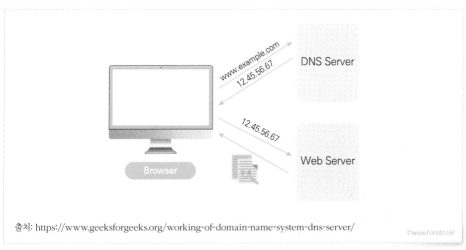

출처: https://www.geeksforgeeks.org/working-of-domain-name-system-dns-server/

©www.hanol.co.kr

🌙 그림 2-1_ 도메인 네임 서버 DNS

4 인터넷과 관광

20세기 말 인터넷의 보급으로 관광기업은 마케팅과 운영비용에 많은 영향을 받았다. 특히, 국내 및 글로벌 항공사는 인터넷 환경을 적극적으로 도입하였다. 그 이유는 다음과 같다.

1) 운영비용의 감소

항공사의 인터넷을 통한 운영은 항공권 발권전자항공권, 판매유통, 고객 채널 운영비용을 많이 감소시킬 수 있다. 기존에 항공사의 업무를 고객에게 전가함으로써 상당 부분에 달하는 고정비용을 줄일 수 있다.

2) 고객 서비스 수준의 제고

인터넷을 통하여 항공상품에 대한 정보를 광범위하고, 신속하게 고객들에게 제공하고, 고객이 직접 구매함으로써, 고객들 각각을 위한 개별 서비스personalized service를 제공하여 항공사 서비스 수준을 향상할 수 있다. 특히 항공사에 대하여 충성도가 높거나 반복구매율이 높은 고객들을 효율적으로 발굴한 후, 더 나은 수준의 차별화된 서비스를 제공함으로써 수익 향상을 꾀할 수 있다.

3) 판매량의 증가

24시간 전 세계 어디에서든 항공상품을 쉽고 빠르게 구매하도록 하고, 나아가 각 항공기의 탑승률을 높이기 위한 여러 방법해 초과예약을 보다 탄력적으로 운영함으로써 전반적인 판매량을 증가시킬 수 있다. 이와 같은 판매량의 증가는 운영비용의 감소와 결부됨으로써 항공사의 가격경쟁력을 개선할 수 있다.

4) 유통구조의 혁신

인터넷 도입 이전에는 여행사를 통하여 항공권의 판매가 이루어졌다. 이는 높은 수수료 지불을 발생시켰을 뿐만 아니라 여행사 등 중간 유통 채널의 서비스 수준에 대한 통제가 쉽지 않았다는 문제가 있었다.

인터넷의 등장으로 인해 중간 유통 채널을 생략하고 직접 고객과 거래를 할 수 있으며 이는 고객 서비스 수준의 개선과 비용의 감소 효과를 동시에 가져올 수 있다.

예를 들어, 대한항공의 인터넷 마케팅에서 "오프라인의 모든 서비스와 판매는 온라인에서도 가능하다."라는 문구로 요약했었다. 이를 실행하기 위해 저비용 유통체제의 구축, 가치 체인의 변화, 그리고 미래에 요구되는 새로운 시장 위치 정립에 관한 준비들이 필요하였다.

국내 대표 항공사인 대한항공의 변화만 보더라도 인터넷은 중요한 역할을 하였다. 항공사는 항공권의 인터넷 판매 비중이 급속도로 증가함에 따라 온라인 판매에 관심을 가지게 되었다. 항공권 판매가 웹사이트로 대체되면서 마케팅 전략도 온라인으로 전환되었다. 항공사의 인터넷 판매가 급증하면서 그간 운영된 노동집약적인 서비스와 항공권 발권 수수료가 축소되어 운영비용을 절감할 수 있었다.

대표적으로 항공권만 판매하던 대한항공의 홈페이지는 '여행 포털'로 변신하였다. "비자 발급 안내부터 비즈니스 정보까지 없는 게 없네!"라고 말할 수 있는 이유는 항공권 구매부터 비자 발급, 여행지 날씨정보, 일반 관광정보, 인터넷 항공권 구매까지 원스톱 여행정보를 제공받을 수 있기 때문이다. 기존 여행사 홈페이지에서 따라올 수 없는 다양한 정보를 제공하는 웹사이트로 탈바꿈하였다. 대한항공은 고객 지향적 웹사이트의 성향을 안내 코너에서 보여주었다. 예를 들어, 예약, 발권, 공항서비스, 기내서비스에 이르기까지 대한항공의 모든 서비스와 정보를 체계적으로 모아 놓았다. 항공권을 구입하기 위한 예약과 발권에서부터 공항을 이용하거나 기내에서 제공받을 수 있는 서비스를 체계적으로 설명함으로써 고객들이 유용하게 활용할 수 있도록 했다. 또한, 'e-할인 항공권' 코너는 항공권을 저렴하게 구매하려는 알뜰 여행객들을 위해 항공권을 저렴하게 판매하는 장으로 다양한 노선의 할인항공권을 상설 판매해 인기를 끌었다. 이후, 익스피디아, 부킹닷컴, 스카이스캐너, 트립닷컴 등 대형 온라인 여행사(OTA: Online Travel Agency 등장으로 새로운 비즈니스 모델(예) 항공권 비교 사이트 등)을 추구하는 경쟁상대가 나타나면서 항공권 유통 플랫폼 시장으로 급속하게 변화하였다.

인터넷 마케팅은 호텔에서도 중요한 역할을 한다. 고객으로서도 호텔에서 제공하는 풍부한 정보로 자유로운 의사결정이 가능하게 되었고 다양한 호텔 상품이 인터넷을 통하여 경쟁하게 됨으로써 호텔의 홈페이지 수준에 따라 위상이 결정되는 경우도 나타났다. 이러한 이점은 호텔에도 대리점이나 광고의 수수료가 절감되는 효과를 발생시킨다. 인터넷 예약을 통하여 직접 고객정보를 확보함에 따라 효율적인 고객관리가 가능하게 되었다.

인터넷으로 인하여 전통적인 호텔에도 위협적이거나 동반적인 비즈니스 모델이 등장하게 되었다. 대표적으로 에어비앤비, 아고다, 야놀자, 여기어때 등의 플랫폼 사업이 이에 해당되며, 심지어는 네이버, 카카오 같은 대형 플랫폼 기업도 참여하고 있다.

그 외 여러 관광산업도 인터넷으로 인하여 혁신적인 변화의 전환점을 맞이하게 되었다.

 ## 2 e-Business와 관광

1 e-Business의 이해

e-Business는 전자상거래, 인터넷 비즈니스, 웹 비즈니스 등과 같은 용어와 혼용하여 사용되고 있다. e-Business에서 'e'의 어원적 의미를 보면 '전자electronic'이지만, 현재 e-Business는 '강화된enhanced'이 적합하다. e-Business라는 용어는 1997년 IBM에서 전자상거래보다 확장된 개념으로 사용하기 시작했다.

e-Business는 기업의 업무 프로세스에 IT와 인터넷을 이용하는 것이다. e-Business, 전자상거래, 인터넷 비즈니스, 인터넷 상거래 등 수많은 용어가 만들어지고 있다. e-Business, 전자상거래 등을 네트워크의 관점에서 보면 최근 인터넷과 웹이 매우 중요한 비중을 차지하게 되었다. 이렇듯 인터넷이 차지하는 비중이 절대적인 만큼 각 영역을 구분하는 것은 설득력이 없다.

위와 같은 여러 정의를 종합하여 볼 때, e-Business는 '기업의 업무 프로세스에 정보기술과 인터넷 기술을 사용하는 것'이라고 할 수 있다. 기업 e-Business는 내부적으로 공급망 관리SCM, 전사적 자원관리ERP, 고객관계관리CRM 등 기업 내부 및 외부업체와 고객을 하나로 연결하는 통합적인 가치사슬의 구축을 통해 시장 변화에 민첩하게 대응하고 경쟁력을 확보하는 것이다. 기업 e-Business는 전통적인 비즈니스에 IT가 결합된 형태로 기업과 외부적인 고객과의 거래를 일반적으로 전자상거래로 해석한다.

디지털 용어가 보편화되면서 '디지털 비즈니스'라는 용어도 나오기 시작했다. 디지털 비즈니스는 디지털 기술을 이용하여 사업하는 것이라 할 수 있다. 이렇게 정의되는 디지털 비즈니스는 1996년 이후에서야 나타나기 시작하여 21세기가 시작되면서 급속하게 일상화되었다. 초기 디지털 비즈니스의 대표적인 기업으로는 델 컴퓨터Dell Computer, 아메리카 온라인America Online, 야후Yahoo, 이베이eBay 등이 해당된다.

🌐 델 컴퓨터의 디지털 비즈니스 사례

다른 C 제조 회사들은 판매를 거의 전적으로 소매상점에 의존하고 있다. 따라서 PC 제조 회사들은 시장 수요가 어느 정도 될 것인지를 추측을 통해 결정할 수밖에 없다. 고객이 구매할 것으로 예상하는 만큼 제품을 만든 후, 유통망을 통해 판매하는 것이다. 하지만 델 컴퓨터는 온라인으로 고객으로부터 주문을 받은 다음, 주문한 컴퓨터를 고객이 전액 지불한 다음에야 비로소 해당 PC를 만든다. 즉, 고객들은 온라인 주문을 통해 각 사양에 대하여 자신이 원하는 컴퓨터를 직접 디자인할 수 있다. 그리고 몇 차례의 마우스 클릭으로 주문한 제품 가격을 신용카드로 지불할 수 있다. 그렇게 함으로써 델 컴퓨터는 생산 효율을 높이고 유통 비용을 절감할 수 있었으며, 이로 인하여 고객은 원하는 사양을 저렴하게 구매할 수 있게 되었다.

앞선 사례를 보듯이 디지털 비즈니스는 몇 년 전만 해도 성취하기 불가능한 것으로 여겨졌던 것들을 가능하게 하고 고객에게 혜택을 제공하여 성장률을 높였다. 삼성 또한 변화의 핵심이 디지털 비즈니스이다.

1938년 설립된 삼성은 건어물과 채소를 수출하다가 1950년대 후반에 전자 관련 제조업을 시작하였다. 1978년도에 계열사로 독립한 삼성반도체는 국내 시장을 겨냥하여

64K DRAM_{Dynamic Random Access Memory}, VLSI칩_{Very Large Scale Integration electronics chips}을 개발하여 성장하였다. 1997년도의 IMF 금융위기로 삼성은 200억 달러의 부채를 안게 되었고 구조조정 과정에서 100개 이상의 비주력 사업을 정리하여 규모를 줄여야만 했다. 삼성은 47개의 계열사만을 유지했고 이 중 전략적으로 다음의 4가지 기술 부문, 즉 디스플레이, 저장 미디어, 램_{RAM} 및 프로세서에 집중하였다. 이러한 구조조정 과정을 거쳐 삼성은 4개의 전략적 비즈니스 영역으로 재구성했다. 이후 삼성은 "디지털 컨버전스 혁명을 주도할 것이고 디지털 e 비즈니스 기업으로 지향한다."에 중점을 두었다. 지금의 삼성전자는 반도체, 전자제품, 통신장비 등을 제조하는 세계 브랜드 가치 6위의 대한민국 기업으로 성장하였다.

② e-Business의 모습

e-Business 기업의 몇 가지 대표적인 사례로 살펴보면, 미국의 대표 IT 기업인 IBM은 일찍이 인터넷의 중요성을 인식하였다. IBM은 인터넷을 중대한 사업도구로써 활용하는 일에 적극적으로 나서기 시작하였으며, 1995년 루이스 거스너_{Louis Gerstner}는 내부 인터넷 구축 작업을 주도하는 한편 전자상거래 전담반을 출범시켰다. 이것은 전자상거래로 IBM이 다시 성장할 수 있는 계기가 되었으며 신경제를 주도하는 기업들 중 하나로서 IBM의 지위가 재설정되는 계기가 되었다. 이와 관련해 루이스 거스너_{Louis Gerstner}는 이렇게 설명한다.

"인터넷은 궁극적으로 혁신과 통합이다. 혁신은 비용구조에 있어서나 판매, 마케팅, 판촉 또는 공급 체인에 있어서나 목적하는 모든 것에 필요하다. 그러나 웹 기술을 일상적인 사업운영의 개별 공정에 통합해 넣지 못한다면 혁신 따위는 없다."

🌐 루이스 거스너_{Louis Gerstner}의 몇 가지 사례

① 디지털 조달   전자조달 시스템의 도입으로 수억 달러가 절약

② 디지털 교육   웹을 통한 전자 강좌로 연간 1억 2,000만 달러 절약

③ 디지털 판매 및 서비스 판매는 300% 성장, 고객 지원 비용도 7억 5,000만 달러 절약

④ 디지털 연구개발 전 세계 연구개발 설비들을 글로벌 네트워크로 연결함으로써, IBM 독일 지사의 소프트웨어 개발자들이 만든 소프트웨어 코드는 뉴욕에서 수정되고, 실리콘밸리와 도쿄에서도 동시에 테스트하여, 나흘씩 걸렸을 일들이 24시간 안에 완결됨

그럼에도 불구하고 IBM은 몰락하였다. 그 이유로 대형 컴퓨터로 성공을 맛본 IBM은 기업용 대형 컴퓨터 생산만을 고집했고, 이로 인해 마이크로소프트와 인텔이 개인용 컴퓨터 시장을 장악하였다. 이후 IBM은 변화하는 시장에 적응하지 못하고 과거 성공에 집착하다 몰락한 기업의 대표 사례가 되었다.

IBM에서 컴퓨터 시장을 빼앗은 마이크로소프트는 이후 구글과 애플에 모바일 시장을 빼앗겼다. 마이크로소프트 역시 IBM처럼 되었다. IBM과 마이크로소프트는 컴퓨터의 절대강자였지만 그 성공은 소형 컴퓨터 시장 또는 모바일 시장에서 그다지 큰 영향력을 발휘하지 못했다. 미래의 e-비즈니스 모습에서 어느 기업이 성공한다는 것은 그 누구도 예측하기가 쉽지 않다.

여행사에서 e-Business 도입으로 변화된 모습을 보면 다음과 같다.

한 여행사의 동남아 패키지 팀장은 오늘도 고객에게 걸려오는 문의 전화를 받느라 아침부터 정신을 못 차릴 지경이다. 팀장은 견디다 못해 전화기와 팩스의 플러그를 아예 빼놓고 싶은 심정이다. 이메일도 확인하지 않은 지가 벌써 2일이 지나가고 있다. 3일 전 회사에서 대대적인 패키지 여행상품에 대하여 신문광고를 한 이후이다. 너무 저렴하게 내놓은 동남아 상품이 광고 첫날에 이미 예약이 완료되었다. 요즘 같은 성수기에는 고객들의 수요에 맞게 패키지 상품을 공급해 주기가 쉽지 않다. 이미 팀원들은 알고 지내던 고객들의 눈치 보랴 이리저리 항공사, 호텔, 랜드사에 전화를 걸다 보면 입에 침이 마를 정도다. 세상 살다 보면 별의별 인간을 다 만난다지만 특히 사장과 임원의 인척관계라고 해서 무턱대고 상품을 요구하거나 기존 예약자를 취소하라면서 한바탕 소란을 피우는 경우도 보게 된다.

한편 비수기에는 손님이 없어 힘든 하루를 보내고 성수기에는 여행상품이 공급되지 않아 고객들에게 핀잔을 듣는다. 가장 문제가 되는 것은 공급과 수요를 실시간으로 일치시키지 못해서 일일이 전화로 확인한 후에 작업이 진행되기 때문에 더욱 힘들다.

그로부터 6개월 후 팀장은 예전과 달리 유유자적 휘파람을 불고 다닌다. 성수기임이 틀림없는데 여유로워졌다. 팀장은 요즘 사무실에 편안히 앉아 컴퓨터 화면에 나타나는 항공사, 호텔, 랜드사의 공급 물량을 시시각각 체크하는 일에 한창 재미를 붙여가고 있다. 그는 이제 예전처럼 부서의 팀장들을 닦달하지도 않는다. 모든 상품정보와 고객 예약정보가 자신의 컴퓨터 화면에 실시간으로 제공되어 직접 확인만 하면 되기 때문이다. 이 모든 것이 업무에 e-Business를 도입한 결과이다.

③ e-Business의 기술 방향

정보기술로 언제, 어디서, 어느 기기로, 미디어에 구애받지 않고, 경제적이며 편리한 커뮤니케이션이 가능하게 되었다.

○ 1단계: Communication의 전자화 단계80~90년대

커뮤니케이션 도구인 전화, 휴대폰, PC, 인터넷 등의 보급을 확산시키고, 고객에게 값싸게 '정보통신 사용 경험'을 제공하는 것이다.

○ 2단계: Communication의 질적 향상 단계enriching service, ~2005년 전후

소비자들은 단순히 '커뮤니케이션을 한다.'는 것에 만족하지 않고 빠르고, 신뢰성이 높으며, 다양한 기능들이 통합된 IT 서비스를 요구한다.

○ 3단계: IT 생활화 단계IT everywhere, IT inside, ~2010년경

IT 기술이 전자 영역 이외의 기술들과 접목되면서 사람과 유사한 사고능력을 갖추게 된다. IT 기기나 기술이 사물에 내재embedded되어 사용자들이 'IT의 존재를 의식하지 않는 상태에서의 IT를 사용'하는 것이 실현된다.

4단계: e-Business의 확산 단계 e-Business의 diffusion, ~2020년

웹 이용자가 증가하면서 웹 기술뿐만 아니라 마케팅 및 광고 분야의 전문성이 요구된다. 고객 지원 및 교육, 직원 교육 훈련, 전략 계획을 위한 핵심 정보 수집 등에 빅데이터 분석 방법이 활용된다.

정보기술의 4차 혁명으로 점점 '딥러닝'과 '빅데이터'를 기반으로 한 인공지능AI이 적용된 e-Business가 일상화되는 시대가 되고 있다.

News! 스마트폰 든 밀레니얼 세대, 여행 개념을 송두리째 바꿔

영국의 여행 결제 솔루션 회사 '트래블포트 Travelport' 고든 윌슨 CEO는 향후 여행 개념의 변화를 다음과 같이 예측하였다. 20세기 이전까지 여행은 결코 '즐겁다'라는 개념이 아니었다. 영어 'travel'의 어원은 고대 프랑스어인 'travail'에서 파생된 것으로 추정되는데, 이 단어는 현대 영어에서 고생이라는 뜻을 담고 있다. 동양에서도 자주 여행하는 운명을 뜻하는 '역마살'은 종종 흉살 凶煞로 여겨졌다. 19세기 여행 가이드북에는 관광지가 아닌 '등산법', '야만인 퇴치법' 등 객지에서의 생존법이 주로 담겨 있다.

여행을 떠나 즐거움을 만끽했던 것은 일부 상류층에 불과했다. 그러나 21세기의 여행은 중산층의 취미로 진화했다. 특히 최근 몇 년 새 국내외 여행시장은 폭발적으로 성장하고 있다. 지난해 한국의 출국자는 2,800만 명에 달했다. 여행시장의 급성장은 한국만의 현상이 아니다. 2000년대 중반부터 전 세계 여행시장 성장률은 경제성상률보다 평균 1% 포인트 높았다. 항공, 숙박 등을 제외한 레저·관광 분야의 올해 전 세계 매출액은 1,200억 달러 141조 원에 달할 것이라는 전망도 나온다 포커스라이트. 소프트뱅크, 구글 등 전 세계 주요 대기업이 여행시장에 뛰어들 정도로 경쟁이 치열해지는 배경이다.

여행업계의 '빅데이터'를 보유한 영국 트래블포트의 고든 윌슨 최고경영자는 여행업계의 성장을 주도하는 핵심 키워드 세 가지로 모바일 Mobile, 아시아 Asia, 경험 Experience을 꼽는다. 트래블포트는 여행사가 소비자에게 항공사·호텔·렌터카 업체의 상품을 팔 수 있도록 연결해주는 예약·결제 시스템 GDS; Global Distribution System을 운영하는 회사다. 최근 한국을 찾은 고든 CEO를 만나 최

근 여행업계의 경영 환경 변화와 최신 트렌드에 관해 물었다. 스마트폰 이후 여행 마케팅 격변을 겪은 트래블포트는 매출의 66%가 비행기 예약 결제에 따른 수수료다. 나머지는 렌터카·호텔 등 다른 여행상품의 예약 수수료다. 400개 항공사와 65만 개 호텔, 3만 7,000곳의 렌터카 센터 등이 주된 거래처다. 하루에도 수억 건의 검색 요청이 들어오고, 1년에 약 1조 건의 예약을 성사시킨다. 이 과정에서 차곡차곡 쌓은 데이터는 여행사 등이 소비자의 여행 패턴을 분석하고 인공지능 AI Artificial Intelligence 등을 통해 수요 예측을 할 때 쓰인다.

최근 여행시장에서 가장 눈에 띄는 변화를 꼽는다면 저가 항공 LCC의 등장부터 인터넷의 발달 등 여러 가지 기술과 추세가 여행업계에 영향을 미쳤다. 최근 가장 큰 변화를 이끄는 요인은 스마트폰이다. 스마트폰 생태계가 여행업계의 구조를 송두리째 뒤바꿔놓고 있다. 여행업계에 첫발을 디뎠을 때만 해도 여행사들은 비행기 출발·도착 시각이 빼곡히 적힌 책자를 꺼내 보이며 영업을 했다. PC나 책자로 여행 정보를 제공할 때는 가능한 한 많은 정보를 제공하는 게 관건이었다. 그러나 모바일 시장은 다르다. 손바닥만 한 화면에 정보를 보여줘야 하므로 각종 AI 기술을 활용해 소비자가 꼭 필요한 정보만 화면에 띄워야 한다. 디자인부터 데이터 처리 방식까지 많은 것이 달라졌다. AI를 동원해 '맞춤형 여행 추천'을 통해 여행시장이 빠르게 커지고 있지만, 기존 여행사는 좀처럼 고전을 면치 못하고 있다. 점점 많은 소비자가 자유여행으로 눈길을 돌리는 반면, 전통 여행사의 캐시 카우cash cow인 단체여행 수요는 격감하고 있기 때문이다. 기존 사업자가 놓쳐버린 시장은 글로벌 온라인 여행사가 최저가 항공, 이색 현지 투어 상품을 앞세워 블랙홀처럼 빨아들이고 있다.

얼마나 많은 사람이 모바일로 여행 예약을 하고 있나

"지금은 그 어떤 수단보다 스마트폰으로 여행 일정을 예약하는 게 일반적이다. 예를 들어, 아시아 시장의 경우 여행객의 절반이 모바일 기기로 항공, 호텔 등을 예약한다. 이뿐만 아니라 여행객의 61%가 여행 전에 여행 앱을 다운로드하고, 여행객의 88%가 여행 중에 디지털 정보에 접근한다. 밀레니얼 세대의 경우 10명 중 9명이 스마트폰으로 여행을 예약한다는 설문 조사 결과도 있다." 스마트폰을 쓰는 밀레니얼 세대의 특징은 이전 세대보다 여행에서 경험을 중시한다. X세대 등 과거 세대보다 물욕이 적다 보니 여행에서 본인만의 개성 있는 경험을 하는 것을 중시한다. 여행객 중 70%는 본인의 경험을 온라인에서 공유하고, 5명 중 1명은 지인이 소셜 미디어에 올린 게시물에서 직접적인 영향을 받는다고 한다. 이러한 추세 속에서 단체여행 대신 개인여행 수요가 늘어나는 것은 자연스러운 현상이다. 이러한 변화는 여행업계에 다양한 영향을 주고 있다. 여행사들이 고객에게 다가가는 방식이 진화하고 있다. 예를 들어, 과거 여행사는 고객 대신 항공권을 구매해 주는 게 주 업무였다. 그러나 지금은 한 발짝

더 나아가 고객에게 '여행 경험'을 추천해 줄 수 있는 능력이 필수 요건이 되고 있다. 과거 검색 데이터 등을 토대로 특정 고객에게 특정 시점에 여행사의 AI 서비스가 "런던에 크리켓 경기를 보러 가세요."라고 권유하는 식으로 서비스가 정교해지고 있다.

빅데이터 활용을 통해 성장한 기업들

지난해 기준 전 세계에서 하루 생성되는 데이터양은 2.5엑사 바이트EB·1EB는 약 10억 기가바이트에 달했다. 해리포터 책 6,500억 권에 육박하는 양이다. 방대한 양의 데이터를 수집·보관·분석하는 일은 기업의 핵심 과제로 부상했다. 빅데이터의 중요성을 인지한 기업들은 데이터 전략을 책임지는 최고 데이터 책임자Chief Data Officer를 임명하고 데이터 전문가를 고용하는 등 관련 투자를 확대하고 있다.

영국 저비용 항공사 이지젯EasyJet은 지난 8월 데이터 전문가 28명을 영입하면서 빅데이터 사업에 박차를 가했다. 요한 룬드그렌Lundgren 이지젯 최고경영자 CEO는 "데이터를 잘 활용해야 항공사가 다음 단계로 나아갈 수 있다."라고 말했다. 이지젯은 승객 정보, 노선 운항 정보 등의 데이터를 분석해 항공기 지연 횟수를 줄이고 핵심고객에게 더 많은 혜택을 제공해 매출을 늘릴 계획이다. 이지젯은 데이터를 활용해 항공기 유지·보수, 고객 서비스 등의 부문에서 비용을 절약할 수 있을 것으로 보고 있다.

영국 유통회사 M&S도 최근 실적 부진에 시달리자 '디지털 우선' 전략을 내세워 조직 개편에 들어갔다. M&S는 최고 데이터 책임자 직책을 신설하고 중국 유통회사 출신 제레미 피를 영입했다. 지난 7월에는 사내 교육기관인 '리테일 데이터 아카데미'를 설립했다. 1,000여 명의 직원을 대상으로 빅데이터, 머신러닝, 인공지능 등에 대해 교육할 예정이다. 스티브로 M&S CEO는 "디지털 우선 기업으로 거듭나려면 직원들부터 디지털 역량과 지식을 갖추는 게 중요하다."라고 말했다.

Cases & Practice
기업 사례 & 실습

스타벅스Starbucks의 고객 만족 경영

• 고객 이름 불러주며 감성 소통

스타벅스는 1971년 미국의 시애틀 작은 동네 카페로 출발하여 현재는 직원 수가 29만 명을 넘어서고 있다. 1987년 하워드 슐츠가 스타벅스를 인수하면서 정보기술 기반 혁신, 직원 복지 및 교육, 공정 무역을 통한 커피 판매 등 다양한 분야에서 선도하고 있으며, 고객 만족 경영의 대명사가 되었다. 특히 최근에는 정보기술을 활용한 '사이렌오더' 및 '마이 DTDrive Through 패스'와 같은 서비스 제공으로 스타벅스가 식료품 업체가 아니라 정보기술Information Technology 기업이란 이야기가 나올 정도로 기술 혁신에 기반한 서비스 혁신에 관심이 많다.

사이렌오더는 스마트폰 앱으로 메뉴를 미리 주문하면 매장에서 줄 서지 않고 바로 받아 갈 수 있는 서비스다. 스마트폰으로 커피를 미리 주문한 다음 매장에 들러 바로 받아가는 '사이렌오더' 서비스는 스타벅스 코리아가 2014년 세계 최초로 한국에서 선보였다. 점심시간처럼 손님이 너무 몰려 대기 시간이 길어지는 불편을 해소하기 위해 마련했다. 매장 반경 2km 이내에서 스타벅스 앱으로 주문·결제하면 실시간으로 메뉴 준비 상황을 알려주고 편한 시간에 매장을 찾아가 제품을 받으면 된다. 한국에서 시작, 미국과 중국 및 일본까지 확대했다. 한국에선 전체 주문의 20%가 사이렌오더로 이뤄진다.

스타벅스는 차에 탄 채 주문하는 드라이브스루 서비스를 내놓았다. 여기서 한발 더 나아가 지난해엔 진화한 드라이브스루 서비스 '마이 DTDrive Through 패스'를 공개했다. 외부 기기를 눌러 주문하는 전통 방식을 개선, 스마트폰 앱을 통해 차 번호를 설정한 뒤 원하는 메뉴를 주문하면 차 번호 인식기가 차량을 자동으로 알아본 다음 주문 메뉴를 내놓는다. 차창 밖으로 일부러 손을 뻗어 기기 화면을 누를 필요가 없는 셈이다. 이를 통해 드라이브스루 대기 시간을 평균 2분 40초에서 1분 40초로 단축했고 이용자도 1년 만에 65만 명을 돌파했다는 설명이다.

소통은 스타벅스가 지향하는 또 다른 가치. 스마트폰 앱으로 주문하면 설정해 놓은 닉네임별명을 불러주는 '콜 마이 네임' 서비스는 그 고민의 산물이다. 미국 스타벅스에서는 주문을 받으면 보통 고객 이름을 물어보고 컵에 이름을 적는다. 그리고 나중에 이름을 불러 제품을 건네준다. 그런데 한국은 실명 밝히기를 꺼리는 손님이 많아 원하는 별명을 등록할 수 있도록 만들었다. 감성적 소통 문화를 디지털로 한 단계 차별화한 것이다. 보통 진동벨로 준비 완료를 전하는 커피 전문점이 대부분이지만 스타벅스는 여전히 아날로그식 소통 문화를 고집하고 있다.

드라이브스루 매장에서도 이런 소통에 대한 집착은 잘 나타난다. 스타벅스는 드라이브스루에 대형 화면을 설치해 바리스타나 직원 얼굴을 보면서 대화할 수 있도록 한 것이 맥도널드를 비롯한 다른 업체 드라이브스루 매장과는 다른 점이다. 하워드 슐츠 전 회장은 '스타벅스는 단순히 커피를 파는 곳이 아니라 감성이 소통하는 경험을 제공하는 공간'이라는 점을 강조한다.

스타벅스는 정기적으로 스마트폰 설문 조사도 벌여 고객 반응과 의견을 제품 개선과 개발에 적극적으로 반영한다. 슈크림라테, 자몽 허니 블랙 티, 바닐라 크림 콜드 브루, 제주 감귤 치즈 케이크 등은 이런 과정을 거쳐 나온 신제품이다.

컨설턴트 조셉 미첼리는 저서 「스타벅스 웨이」에서 스타벅스 경쟁력을 '음미하고 고양하라', '사랑받기를 사랑하라', '공통 기반을 향해 나아가라', '연결을 활성화하라', '전통을 간직하면서 전통에 도전하라'라는 5가지 원칙으로 압축했다.

한편 스타벅스는 2008년 3월 처음으로 마이 스타벅스 아이디어 웹사이트를 처음 론칭하여 고객들에게 귀 기울이고 노력하고 있다는 사실을 알리는 노력에 앞장섰다. 온라인 아이디어 사이트 가운데 가장 초기에 등장했고 성공적이었던 MyStarbucksIdea.com은 그런 배경에서 탄생하였다. 마이 스타벅스 아이디어의 회원들은 제품, 경험, 참여 아이디어를 공유하고 투표하며 그를 주제로 토론할 수 있다. 아이디어가 공유되는 사이, 사이트 방문자들은 그 아이디어에 투표할 뿐 아니라 아이디어를 평가하고 변화를 일으킬 수 있는 스타벅스 파트너들과도 직접 소통한다.

문제 1 스타벅스 기업 사례를 읽고 스타벅스 사이렌오더의 장점이 무엇인지 약술해 보세요. 또한 사이렌오더와 유사한 서비스를 제공하고 있는 기업 사례를 찾아보세요.

문제 2 스타벅스는 최근 마이 DT_{Drive Through} 패스를 활용하고 있습니다. 참고 사이트 및 관련 자료를 토대로 마이 DT_{Drive Through} 패스는 어떤 원리로 운영되는지, 장단점은 무엇인지 간략하게 설명해 보세요.

문제 3 향후 스타벅스의 미래를 예측해 보세요.

research question
연구문제

문제 1 관광산업은 인터넷에 많은 영향을 받았습니다. 인터넷 환경으로 인하여 관광객에게 어떠한 이익을 주었다면, 그것은 무엇인가요? 항공, 여행상품, 호텔, 외식 중 하나의 사례를 중심으로 설명하세요.

문제 2 1번과 반대로 인터넷 환경으로 관광기업에 손해가 있다면, 그것은 무엇인가요?

문제 3 인터넷으로 인하여 고객의 구매 형태도 많은 변화가 있었습니다. 이러한 변화에 관광산업의 기업들이 어떻게 대처하고 있는지를 하나의 사례로 설명하세요.

문제 4 팬데믹 시대에 인터넷으로 성공한 관광기업이 있다면, 그 기업에 대하여 설명하세요.

문제 5 여행사에서 일어날 수 있는 e-Business 업무가 있다면 그 사례를 중심으로 설명하세요.

토론 문제

　　인공지능기술이 적용되는 분야는 배송이나 물류, 우주탐사, 노인의료 분야, 동물치료 등 다양한 분야에 활용되고 있다. 로봇들은 오락적인 용도로 활용된다. 일반적으로 컴퓨터 프로그램이 설치되어 있으며 디즈니랜드 같은 놀이공원에서 흔히 볼 수 있는 것처럼 동물이나 사람의 형상을 하고 있지만, 그보다 훨씬 다양한 환경에 적응하고, 상호작용도 더 잘한다.

　　알데바란 로보틱스와 소프트뱅크 모바일에서 만든 페퍼pepper는 사람의 의도를 알고 그에게 맞게 대응한다. 이 로봇은 현재 일본 소프트뱅크 대리점에서 고객들을 맞이하고, 제품과 서비스에 관한 몇 가지 간단한 질문에 답하기도 하지만, 이 로봇의 주요한 가치는 고객과 어울리고 고객을 기쁘게 하는 것이다. 상호작용이 가능한 장난감 로봇은 하스브로에서 만든 말하는 인형 퍼비Furby에서, 최근 생산이 중단된 소니의 로봇 강아지 아이보AIBO까지 이미 여러 세대에 걸쳐 발전해 왔다. 아이들의 호기심을 자극하고 어른들을 매료시키기 위해 만들어진 이런 로봇들은 갈수록 정교해지고 반응성이 높아지고 있다.

　　한편 도쿄의 도심지 아카사카미츠케赤坂見附 쪽에 위치한 '무인無人' 호텔로, 이름마저 특이한 '헨나 호텔変なホテル=이상한 호텔'은 프런트 데스크에서 로봇이 일하고 있다. 로봇은 고개를 좌우로 돌리거나 미소를 짓는 등 흡사 진짜 사람과 같은 움직임을 선보이기도 한다. 프런트에 설치된 체크인 기계 화면을 터치하면 '일본어', '영어', '한국어', '중국어' 등 다양한 언어를 선택할 수 있게 되어있는데, 이 중 한국어를 선택하면 로봇 또한, 이에 맞춰 한국말로 "안녕하세요"라고 말해 외국어 대응도 가능하다. 프런트 스태프 로봇 외에도 로비에는 주변 관광지나 관내 시설에 대해 안내해 주는 로봇 '유니보ユニボ'가 있어, 실제 사람이 없어도 일본인이든 외국인 관광객이든 시설을 이용하는 데 큰 불편이 없다.

　　'헨나 호텔'은 일본의 종합 여행사 H.I.S가 2015년에 론칭한 호텔로, 로봇이 호텔 직원으로서 일하는 세계 최초의 호텔로 기네스북에도 등재되어 있다. 수도권 지역에는 아카사카 이외에도 도쿄 디즈니랜드가 있는 마이하마舞浜, 하네다 공항, 도쿄 도심부인 긴자銀座, 하마마츠쵸浜松町 등 8곳, 그 외 중부지방과 규슈·오키나와 등 남부지방까지 합치면 전국 16개 지역에 퍼져 있다. 특이한 콘셉트 덕에 입소문을 타고 인기몰이 중이다.

　　얼핏 로봇 등을 내세운 무인無人 호텔이라는 타이틀에 그칠 수 있지만, 헨나 호텔은 로봇을 적극적으로 활용한 덕에 인건비를 줄인 만큼 호텔의 편의시설에 투자해 투숙객들이 좀 더 쾌적한 시간을 보낼 수 있도록 한 것이 인기의 비결이라 할 수 있다. 이렇게 인건비를 줄이기 위해 두었던 로봇 직원은 지금은 역으로 헨나 호텔의 특별한 가치를 창출하는 마스코트가 되어 고객을 모집하는 데도 큰 역할을 하고 있다.

　　H.I.S는 일본을 방문하는 인바운드 관광객 증가에 힘입어 2019년에도 간사이関西지역을 중심으로 추가로 4곳에 '헨나 호텔'을 오픈하고, 뉴욕과 터키 등 해외로의 진출을 모색하는 등 호텔 사업 확대에 박차를 가하고 있다. 헨나 호텔 관계자는 "헨나 호텔의 '헨変'은 '이상하다'라는 의미가 아니라, 변화変化의 헨変이다."라고 말하며 최신의 IoT나 AI 기술을 접목하며 변화해 갈 '헨나 호텔'의 진화에 주목할 것을 당부했다.

　　중국의 호텔도 로봇을 통해 진화하고 있다. 중국 청두成都의 한 호텔에서 로봇이 스스로 엘리베이터를 타고 물품을 객실로 옮긴다. 음식 배달원이 음식물을 로비에 가져다 놓으면 호텔의 로봇이 이 음식을 들고 지정된 객실로 옮겨주는 것이다. 전화를 걸어 객실 주인에게 '음식을 가져가세요'라고 통지도 한다. 중국의 음식 배달업이 매우 빠르게 발전하고 있지만, 안전에 대한 우려로 직접 객실까지 음식이 배달되진 않는다. 매번 음식 주문자가 로비로 내려가 음식을 받아야 하므로 번거로울 수밖에 없다. 배달원의 대기로 낭비되는 시간 역시 적지 않다. 이 '마지막 10mlast mile' 문제를 해결한 것이 바로 로봇이다.

이 로봇을 개발한 기업은 2014년 설립된 베이징 윈지 테크놀로지Yunji Technology, 北京云迹科技有限公司다. 이미 500여 개의 호텔에 이 서비스를 제공하고 있다. 중국 100여 개 도시에서 이 로봇이 운영되고 있다. 한국, 일본, 싱가포르, 태국, 사우디아라비아, 북미 등 시장에도 진출했다.

최근 로봇 산업 경쟁이 치열해지면서 지난해 알리바바의 인공지능 실험실은 로봇 운반원 '스페이스 에그Space Egg'를 발표하기도 했다. 이 로봇은 알리바바가 운영하는 호텔에 적용되고 있다.

문제 1 세계 다수의 호텔에 로봇이 도입되고 있으나 실제로 일본의 헨나 호텔의 로봇들은 인공지능과 빅데이터를 장착하지 못해서 여러 가지 오작동을 일으켜서 사람들의 도움을 받아야 여러 가지 문제들을 해결할 수 있게 되었습니다. 2015년부터 만들어진 호텔이지만 로봇을 기계적인 측면으로만 적용한 결과 효율성 면에서 큰 문제가 발생하게 되어 헨나 호텔은 오작동이 많은 로봇 시스템을 축소하고 사람들을 고용하겠다고 선언하였습니다. 이러한 측면에서 향후 호텔에서의 로봇 역할의 미래를 주제로 토론해 보세요.

문제 2 한국에서 로봇 시스템을 도입한 호텔들을 찾아보고, 향후 한국 호텔산업에서의 로봇의 역할을 예측해 보세요.

참고문헌

· 김재석, 디지털 관광론, 새로미, 2008
· 문희경 외 3명, 정보기술과미래사회, 와이북스, 2016
· 제리카플란, 인공지능의미래, 한스미디어, 2017
· 조셀 미첼리, 스타벅스웨이, 현대지성, 2019
· 홍일유, 디지털 시대의 이비즈니스와 이커머스, 법문사, 2017

· "스마트폰 든 밀레니얼 세대, 여행 개념을 송두리째 바꿔", 조선일보, Weekly Biz, 2019.6.21.
· "스타벅스 고객 만족 경영", 조선 weekly biz, 2019.7.30.
· "중국 호텔에 로봇 도입 확산 추세", 로봇 신문사, 2019.7.3.
· "헨나 호텔의 '헨(変)'은 '이상한' 게 아니라, 변화(変化)의 '헨(変)'이다", 프레스맨, 2019.6.

· http://220.75.238.132/smc/smartreport/service_04_client.do, 초고속 인터넷 가입자수
· http://startup-wiki.kr/archives/1397, ISP 업체
· https://www.msn.com/ko-kr/money/topstories, 대한항공-작년-매출

마케팅·CRM과 관광

Chapter 03. 마케팅 · CRM과 관광

정/리/노/트

단서

· 질문 1

· 질문 2

· 토의문제 제시 1

· 토의문제 제시 2

Key Words

예습

복습

Case Study

Summary

참고: cornell note

1 마케팅의 역사와 개념

마케팅marketing은 '고객의 욕구충족을 위한 교환활동', '고객의 욕구충족을 위한 기업의 제반활동'으로 정의할 수 있다. 미국 마케팅학회의 정의에 의하면 '개인과 조직의 목표를 충족할 수 있는 교환을 창조하기 위해 제품, 서비스, 그리고 아이디어의 개념화 및 가격, 촉진, 유통을 계획하고 수행하는 과정'으로 볼 수 있고, 한국 마케팅학회가 제정한 정의에 의하면 "마케팅은 조직이나 개인이 자신의 목적을 달성시키는 교환을 창출하고 유지할 수 있도록 시장을 정의하고 관리하는 과정이다."라고 정의를 내릴 수 있다.

마케팅의 정의를 '1차적 욕구와 2차적 욕구를 획득하도록 하는 사회적, 관리적 과정'으로 정의하기도 한다. 1차적 욕구란 인간이 갖는 기본적인 욕구로서 의·식·주에 대한 욕구이고, 2차적 욕구란 문화나 개성에 의해서 차별화되는 욕구이다.

마케팅은 1930년대 미국의 대공황으로 '소비가 미덕'이라는 말이 나올 정도로 구매력이 저하되어 수요가 급격하게 감소한 시기에 시작되었다. 그 후 1945년에 2차 세계대전이 종결되면서 전쟁 중에 급속히 발달한 기술과 군수산업의 생산시설이 일반 소비자 시장으로 전환되면서 공급능력의 증가로 인해 공급이 수요를 크게 초과하게 되었다. 그 결과 구매자 파워buyer's power가 생산자 파워seller's power를 넘어 시장지배력market power를 갖게 되었다. 구매자가 지배하는 시장에서는 수요량보다 제품의 공급량이 많으므로 판매자는 구매자의 욕구와 니즈를 충족시켜 주기 위해 노력해야만 한다.

1952년에 미국의 가전회사인 제너럴 일렉트릭General Electric에서 마케팅 개념을 처음으

표 3-1_ **학자 및 단체에 의한 마케팅의 정의**

학자/단체명	정의
김범종 외	고객의 욕구충족을 위한 교환활동, 고객의 욕구충족을 위한 기업의 제반활동
미국 마케팅학회	개인과 조직의 목표를 충족할 수 있는 교환을 창조하기 위해 제품, 서비스, 그리고 아이디어의 개념화 및 가격, 촉진, 유통을 계획하고 수행하는 과정
한국 마케팅학회	조직이나 개인이 자신의 목적을 달성시키는 교환을 창출하고 유지할 수 있도록 시장을 정의하고 관리하는 과정

로 도입한 이래 많은 다수의 기업에서는 마케팅 활동이 필요하게 되었다.

마케팅의 목적은 '고객을 창조하고, 고객을 만족시키며, 고객으로부터 얻을 수 있는 생애가치lifetime value를 극대화하는 것'이다. 생애가치는 고객으로부터 평생 동안 얻을 수 있는 이익 흐름의 현재가치를 말한다. 고객의 획득, 유지와 관리를 위해 투입되는 기대비용과 고객으로부터 얻을 수 있는 기대수익의 차이를 현재가치화하여 평가된다.

2 마케팅의 변천사

전통적인 시장에서는 기존의 마케팅 활동을 통해 기업의 목표를 달성하기에 충분하였다. 그러나 인터넷을 활용한 e-business 경쟁이 심화하면서 인터넷 마케팅이 핵심적인 성공요인으로 대두되었다. 기업에 가장 큰 이익을 가져다줄 수 있는 목표시장을 달성하기 위해서 고객 중심의 다양한 마케팅이 계속해서 개발되고 보완되었다.

1 CMP

Coviello, Brodie, Danaher 및 Johnston은 CMPCharacterizes Marketing as multiple and complex Processes 프레임워크를 개발하였다. CMP는 마케팅을 여러 개의 복잡한 프로세스로 특성화하고, 마케팅 실무의 네 가지 유형 또는 측면을 구별하였다.

거래 마케팅Transaction Marketing

전통적인 4P 접근 방식을 사용하여 광범위한 시장 또는 특정 부문에서 고객을 유치하는 것으로 정의된다. 예 광고를 포함한 외부 활동에 중점을 둔 전통적인 소비재 회사

데이터베이스 마케팅Database Marketing

데이터베이스 도구를 사용하여 시장의 특정 세그먼트 또는 마이크로 세그먼트에서

고객을 대상으로 하는 것으로 정의된다. 예 소비재 회사가 고객의 데이터베이스를 개발하고, 이를 외부 마케팅 활동과 통합하는 것

⭕ 상호작용 마케팅Interaction Marketing

직원과 개인 고객 간의 개인 상호작용을 개발하는 것으로 정의된다. 예 서비스 제공이 대면 상호작용을 기반으로 하는 법률 사무소 및 의료 클리닉과 같은 전문 서비스

⭕ 네트워크 마케팅Network Marketing

네트워크 내 고객 및 회사와의 관계를 개발하는 것으로 정의된다. 예 고객이나 환자에게 더 광범위한 서비스를 제공하기 위해 법률 사무소가 금융서비스를 제공하는 조직과 비즈니스 관계를 발전시키거나 의료 클리닉이 병원과 관계를 발전시키는 것

TM, DM, IM 및 NM의 실행 방법은 분명히 다르지만, 이것이 각각의 마케팅이 서로 독립적이라는 것을 의미하지는 않는다. CMP의 TM, DM, IM 및 NM은 상호 보완하거나 대체할 수 있는 마케팅이라고 할 수 있다.

② 인터넷 마케팅

1) 정의

인터넷 마케팅 e-Marketing은 인터넷과 기타 고객과의 상호작용 기술을 사용하여 회사와 식별된 고객 간의 대화를 작성하고 중재하는 것으로 정의된다. 예 소비재 회사 또는 전문 서비스 조직이 활발한 의사소통을 위해 인터넷 기반 시스템을 개발하고 이를 통해 고객 또는 환자와 상호작용하는 것 인터넷 마케팅은 고객과 상호작용을 하기 때문에 CMP 프레임워크의 다른 마케팅 방식과 다르다.

인터넷 마케팅을 통해 기업은 개별 고객에게 정보에 대한 액세스를 제공하는 전자 대화를 설정하고 대화형 기술을 사용하여 비즈니스에 정보를 제공할 수도 있다. 또한, 인터넷 마케팅은 고객관계관리, 영업활동, 연구, 분석 및 계획과 관련된 기타 대화식 기술을 포함하고 지원한다.

인터넷 마케팅의 보급으로 기업은 고객과의 피드백 향상 및 고객 서비스 비용 절감의 이점을 갖게 되었으며 정보기술에 의해 활성화되고 중재되는 실시간 대화에 중점을 두므로 데이터베이스를 기반으로 고객과의 커뮤니케이션을 향상할 수 있다. 마찬가지로 인터넷 마케팅을 사용하면 고객과 회사를 온라인 커뮤니티, 제휴 파트너 등의 형태로 전자적으로 네트워크화할 수 있고 기술의 대화형으로 인해 고객정보를 개별적으로 사용할 수 있기 때문에 인터넷 마케팅은 네트워크 마케팅을 구축하고 향상할 수 있다.

2) 인터넷 마케팅의 특징

전통적인 마케팅은 대중을 대상으로 무차별적으로 마케팅 활동을 수행하는 대중마케팅mass marketing 혹은 목표 고객을 선별하여 이들을 대상으로 하는 타깃 마케팅target marketing이었다. 그러나 인터넷의 등장으로 고객 개개인의 정보 수집과 상호작용이 수월해지면서 고객 개개인에게 특화된 서비스를 제공할 수 있는 일대일 마케팅one-to-one이 인터넷 마케팅의 중심 개념으로 등장하게 되었다. 이러한 일대일 마케팅을 중심으로 하는 인터넷 마케팅의 특징을 살펴보면 다음과 같다.

⚙ 정보기반 마케팅

인터넷 마케팅은 고객과 관련된 정보를 인터넷에서 쉽게 획득할 수 있다. 즉, 인터넷의 웹사이트를 방문하는 고객의 접속 시간과 자주 방문하는 서비스 부문에 대한 정보를 자동으로 수집할 수 있기 때문에 고객의 요구나 욕구에 부응할 수 있는 정보나 서비스를 즉시 제공할 수 있게 된다. 따라서 기업은 다양한 고객 정보를 중심으로 마케팅을 전개할 수 있다.

⚙ 개인화

인터넷은 일방적인 의사소통 매체가 아니라 쌍방향 의사소통 매체로서 웹사이트를 방문하는 고객 개개인의 욕구와 선호도를 고려하는 정보나 서비스를 개별적으로 제공해 줄 수 있다. 또한, 고객과의 대화나 게시판을 통해 고객과의 상호작용이 가능하다.

따라서 인터넷을 통하여 개인화된 서비스가 가능해진 것이다. 개인화는 개인의 기호와 관심이 같은 개인 정보를 바탕으로 개인화 마케팅 전략을 추구하는 것이다. 이를 위한 고객 DB 마케팅이 필요하다. DB 마케팅이란 기업이 갖고 있는 고객의 정보기본 정보, 구매 물품 내역, 방문 기록 등를 토대로 전개하는 일대일 마케팅을 의미한다.

측정의 용이성

인터넷에서는 광고가 고객에게 얼마나 노출되었는가와 어느 정도 효과가 있었는지가 측정 가능해진다. 광고주들은 '고객이 배너 광고를 몇 번이나 보았는가?'와 관련된 통계 정보를 손쉽게 얻을 수 있으며 방문 횟수, 이동 경로 등 기본적인 고객의 정보를 획득하기가 수월하다.

저렴한 마케팅 수단

인터넷은 기존의 상당한 비용을 수반했던 TV, 라디오 매체상의 광고와 같은 진입 장벽을 허물었다. 이제 중소기업도 인터넷을 통하여 전 세계의 고객을 상대로 저렴한 비용으로 자사의 제품과 서비스를 광고하고 판매할 수 있게 된 것이다.

가격 비교의 용이성

고객은 인터넷을 통하여 단 몇 번만의 클릭으로 동일한 제품에 대한 가격을 비교할 수 있게 되었다. 특히, 가격을 비교해 주는 사이트도 등장함으로써 고객의 가격에 대한 비교 용이성은 더욱 높아지고 있으며, 이로 인해 고객의 위치는 상대적으로 높아졌다.

3) 인터넷 마케팅의 6C 전략

전통적인 마케팅 전략으로는 4P를 들 수 있다. 4P란 제품product, 가격price, 유통place, 촉진promotion을 말한다. 인터넷 마케팅의 6C는 콘텐츠Contents, 커뮤니티Community, 커넥션Connection, 커머스Commerce, 커스터마이징Customizing, 커뮤니케이션Communication을 가리키며, 포털Portal의 기본 구성요소이다.

포털은 웹브라우저를 열고 가장 먼저 접하게 되는 관문 사이트 혹은 인터넷 이용자가 웹에 접속했을 때 반드시 한 번 방문하게 되는 사이트를 의미한다. 이러한 포털을 지향하는 기업들은 무료 이메일 서비스, 무료 홈페이지 서비스, 검색 서비스, 채팅 서비스 등 다양한 인터넷 서비스를 제공해야 한다.

포털 사이트의 수입은 광고를 통해 이루어지며, 대표적인 기업으로는 검색 엔진 서비스를 제공하는 네이버, MSN, 다음 등을 들 수 있다. 포털은 전문 포털과 포털의 포털이란 형태로 확대되고 있다. 전문 포털은 특정 고객층을 상대로 포털을 형성하는 유형으로서 게임 전문 포털, 음악 전문 포털 등이 있다. 포털의 포털은 포털들을 연결해 주는 중심 사이트를 의미한다.

◯ 콘텐츠 전략contents strategy

콘텐츠는 정보의 내용과 홈페이지의 디자인, 상호작용을 뒷받침해 줄 수 있는 기술로 구성된다. 기업은 고객과의 상호작용을 잘할 수 있는 콘텐츠를 제공하기 위해서 내용, 디자인, 기술의 구성요소들이 적절하게 조화를 이루도록 콘텐츠를 설계해야 한다. 콘텐츠의 유형으로는 교육원격 교육, 정보검색 서비스, 오락영화, 비즈니스사이버 쇼핑 등이 있다.

◯ 커뮤니티 전략community strategy

인터넷 마케팅의 핵심은 앞서 언급했듯이 일대일 마케팅이다. 고객들은 자신의 관심 영역과 동질적인 집단에 대한 공동체적 의식을 함께 공유하기를 원한다. 이를 위해 기업은 웹 게시판, 메일링 리스트, 뉴스 그룹, 채팅 등을 활용하여 공동체의 형성을 지원할 수 있다. 이러한 공동체의 형성을 통하여 기업은 보다 적극적인 마케팅을 전개할 수 있으며, 고객의 욕구나 요구를 쉽게 파악할 수 있게 된다.

◯ 커머스 전략commerce strategy

e-Business 기업은 어떤 모델을 통해 수익을 창출할 것인가를 명확히 해야 한다. 대부분의 e-Business 기업들이 광고와 상품 판매를 통해 수익을 창출하고 있지만,

e-Business 모델이 다양하듯이 수익원도 다양하다.

커머스 전략의 접근은 어떤 수익원이 있는지와 어떤 방법으로 수익을 창출할 것인지로 나눌 수 있다. 수익원의 유형으로는 광고 수입료, 대행료, 수수료, 상품 판매, 콘텐츠 유료 서비스, 임대 수입 등이 있으며, 어떤 방법으로 수익을 창출할 것인지는 e-Business 모델과 관련된다.

⚙ 커넥션 전략connection strategy

커넥션 전략은 기업 간의 협력 모델을 의미한다. 수많은 e-Business 기업들이 등장하면서 기업 간의 연결은 필수적인 성공요소가 되었으며, 다양한 형태의 모델로 커넥션을 형성하고 있다.

⚙ 커스터마이징 전략Mass Customizing strategy

e-Business 기업들은 일대일 마케팅을 실현하기 위해서 기존의 고객 세분화보다 더 세분화된 매스 커스터마이징을 활용하여야 한다. 즉, 개인 고객과의 관계를 창출하고 유지하기 위해서는 고객 개개인의 요구에 적합한 제품이나 서비스, 콘텐츠를 제공하는 데 관심을 두고 데이터마이닝Data Mining 기법이나 인공지능AI: Artificial Intelligence 등의 관련 기술들을 이용해야 한다.

⚙ 커뮤니케이션 전략communication strategy

커뮤니케이션 전략은 효과적인 커뮤니케이션 도구를 제공함으로써 고객의 참여를 유도하는 것과 마케팅 커뮤니케이션 방법론을 의미한다. 즉, 인터넷 마케팅은 정보통신기술을 매개체로 고객과의 효율적인 커뮤니케이션을 도모하는 것이다.

3 모바일 마케팅

1) 정의

모바일 마케팅Mobile Marketing은 상품, 서비스, 약속 알림 및 아이디어를 홍보하는 시간 및 위치에 민감한 개인화된 정보를 고객에게 제공할 수 있다. 보다 이론적인 방법으로, 학술 Andreas Kaplan은 모바일 마케팅을 '유비쿼터스 네트워크를 통해 소비자가 개인 모바일 장치를 사용하여 지속적으로 연결되는 마케팅 활동'으로 정의된다.

2) 모바일 마케팅의 종류

☉ SMS 마케팅Short Message Service

2000년대 초 유럽과 아시아 일부 지역에서 휴대전화의 SMSShort Message Service를 통한 마케팅이 인기를 끌면서 기업들이 휴대전화번호를 수집하고 원치 않는 콘텐츠를 전송하기 시작했다. 평균적으로 SMS 메시지의 공개율은 98%이며 3분 이내에 읽히므로 수신자에게 빠르게 도달하는 데 매우 효과적이다.

지난 몇 년 동안 SMS 마케팅은 전 세계 일부 지역에서 합법적인 광고 채널이 되었다. 이는 자신의 네트워크를 감시하는 통신 사업자가 공용 인터넷을 통한 전자 메일과 달리 모바일 미디어 산업 '모바일 광고 포함'에 대한 지침과 모범 사례를 설정했기 때문이다. IABInteractive Advertising Bureau 및 MMAMobile Marketing Association도 지침을 설정했으며 마케팅 담당자를 위한 모바일 채널 사용을 홍보하고 있다. 북미, 서유럽 및 기타 국가와 같은 선진 지역에서는 이것이 유익하지만, 모바일 스팸 메시지는 여전히 많은 다른 부분에서 문제로 남아있다. 사업자에 따라 회원 데이터베이스를 제3자에게 판매하기 때문이다. 그러나 인도에서는 정부의 National Do Not Call Registry를 만들려는 노력으로 휴대폰 사용자가 간단한 SMS를 보내거나 SMS 광고를 중지할 수 있다.

SMS를 통한 모바일 마케팅 접근 방식은 유럽과 아시아에서 소비자에게 도달하기 위한 새로운 채널로 빠르게 확장되었다. 일부 광고주가 목록을 구매하고 원치 않는 콘텐츠를 소비자의 전화로 보냈을 때 SMS는 처음에 유럽의 많은 지역에서 새로운 형태의 스팸으로 부정적인 미디어 보도를 받았다. 그러나 이동 통신 사업자가 지침을 마련함에 따라 SMS는 유럽에서만 매달 수억 건의 광고 SMS가 발송되는 모바일 마케팅 업계에서 가장 인기 있는 지점이 되었다. 이는 하드웨어와 무관한 SMS 메시지 덕분에 가능하였다. 실제로 모든 휴대전화, 스마트폰 또는 피처폰으로 전달되고 Wi-Fi 또는 모바일 데이터 연결 없이 액세스할 수 있다.

SMS 마케팅에는 인바운드 및 아웃바운드 마케팅 전략이 모두 있다. 인바운드 마케팅은 리드 생성에 중점을 두고, 아웃바운드 마케팅은 판매, 판촉, 경연대회, 기부금, 텔레비전 프로그램 투표, 약속 및 이벤트 알림 메시지 보내기에 중점을 둔다.

SMS 마케팅에는 보낸 사람 ID, 메시지 크기, 콘텐츠 구조, 스팸 규정 준수 및 메시지 배달 등 5가지 주요 구성요소가 있다.

◌ MMS Multimedia Message Service

MMS Multimedia Message Service 모바일 마케팅은 이미지, 텍스트, 오디오 및 비디오의 시간 슬라이드 쇼를 포함할 수 있다. 이 모바일 콘텐츠는 MMS를 통해 제공된다. 컬러 스크린으로 제작된 거의 모든 새 전화기는 표준 MMS 메시지를 보내고 받을 수 있다. 브랜드는 MMS A2P application-to-person 모바일 네트워크를 통해 모바일 가입자에게 풍부한 콘텐츠를 전송 모바일 종료 및 수신 모바일 시작할 수 있다. 일부 네트워크에서 브랜드는 P2P peer-to-peer로 전송된 메시지를 후원할 수도 있다.

GSM 인코딩을 기반으로 하는 일반적인 MMS 메시지는 최대 1,500자까지 가능하지만, 유니코드 기반은 최대 500자를 사용할 수 있다. 한도보다 긴 메시지는 잘리고 SMS처럼 연결되지 않는다.

모바일 유래 MMS 마케팅 캠페인 브랜드를 통해 소비자는 실시간으로 이미지를 온라인으로 블로그에 게시할 뿐만 아니라 모바일 사진을 LED 보드에 전송할 수 있다.

◌ 푸시 알림

푸시 알림은 2009년 애플 Apple에서 푸시 알림 서비스를 통해 스마트폰에 처음 도입되었다. 안드로이드 Android 기기의 경우 구글 Google은 2010년에 Android Cloud to Mes-

saging 또는 C2DM을 개발했다. 구글은 2013년에 이 서비스를 Google Cloud Messaging으로 대체했다. 일반적으로 GCM이라고 하는 Google Cloud Messaging은 C2DM의 후속 제품으로 인증 및 전송, 새로운 API 엔드 포인트 및 메시징 매개 변수를 개선하고 API 전송률 및 메시지 크기에 대한 제한을 제거했다. 모바일 장치에서 팝업 되는 메시지이다. 클라이언트나 사용자의 요청 없이 소프트웨어 응용 프로그램에서 컴퓨팅 장치로 정보를 전달하는 것이다. SMS 알림처럼 보이지만 앱을 설치한 사용자에게 만 도달한다. 사양은 IOS 및 Android 사용자마다 다르다. SMS 및 푸시 알림은 잘 개 발된 인바운드 모바일 마케팅 전략의 일부일 수 있다.

🔘 앱 기반 마케팅

스마트폰 사용이 크게 증가함에 따라 앱 사용도 많이 증가하였다. 지난 몇 년 동안 연간 모바일 앱 다운로드 수는 2018년에 수백억 건에 달했으며, 2022년까지 다운로드 수가 기하급수적으로 증가할 것이다. 따라서 모바일 마케팅 담당자는 점점 더 스마트 폰 앱을 마케팅 리소스로 활용하고 있다.

마케팅 담당자는 상점에서 앱의 가시성을 최적화하여 다운로드 수를 최대화하는 것 을 목표로 한다. 이 사례를 ASO_App Store Optimization_라고 한다. 이 분야에서도 많은 경쟁 이 있으나 다른 서비스와 마찬가지로 더 이상 모바일 애플리케이션 시장을 지배하기는 쉽지 않다. 대부분 회사는 회사와 대상 고객 간의 상호작용을 증가시킬 모바일 앱의 잠 재력을 인정했다. 스마트폰 시장의 빠른 발전과 성장으로 인해 모바일 앱 스토어에서 강력한 입지를 확보하기 위해서는 고품질 모바일 앱 개발이 필수적이다.

🔘 게임 내 모바일 마케팅_In game mobile marketing_

현재 모바일 게임에는 대화형 실시간 3D 게임, 대규모 멀티 플레이어 게임 및 소셜 네트워킹 게임의 세 가지 주요 트렌드가 있다. 이것은 더 복잡하고 더 정교하고 풍부한 게임 플레이를 향한 트렌드를 의미한다. 다른 한편으로, 소위 캐주얼 게임, 즉 매우 간 단하고 연주하기 쉬운 게임이 있다. 오늘날 대부분의 모바일 게임은 그러한 캐주얼 게 임이며 이것은 아마도 꽤 오랫동안 머무를 것이다.

브랜드는 이제 모바일 게임 내에서 홍보 메시지를 전달하거나 전체 게임을 후원하여 소비자 참여를 유도하고 있다. 이것을 모바일 광고 게임 또는 광고 자금 지원 모바일 게임이라고 한다.

게임 내 모바일 마케팅에서 광고주는 모바일 게임에 자신의 이름이나 제품이 포함되도록 비용을 지불한다. 예를 들어, 레이싱 게임에는 포드Ford 또는 쉐보레Chevolet에서 만든 실제 자동차가 포함될 수 있다. 광고주는 모바일 게임에서 유기적으로 광고를 통합하려는 시도에 창의적이고 적극적이다.

광고를 사용하는 게임은 사용자가 관련된 브랜드를 더 잘 기억하도록 한다. 이 암기는 콘텐츠의 바이러스성을 증가시켜서 사용자가 친구나 지인에게 추천하고 소셜 네트워크를 통해 공유하는 경향이 있다.

게임 내 모바일 광고의 한 가지 형태는 플레이어가 실제로 게임을 할 수 있게 하는 것이다. 새롭고 효과적인 형태의 광고로서 소비자는 실제로 설치하기 전에 콘텐츠를 사용해 볼 수 있다. 이 유형의 마케팅은 또한, 캐주얼 플레이어와 같은 사용자의 관심을 끌 수 있다. 이러한 광고는 게임과 광고의 경계를 허물고 플레이어에게 귀중한 시간을 광고와 상호작용할 수 있도록 풍부한 경험을 제공한다.

이런 종류의 광고는 흥미로울 뿐만 아니라 마케팅 담당자에게도 이점이 있다. 이러한 종류의 게임 내 모바일 마케팅은 대화형이며 일반 광고보다 빠른 전환 속도를 가지므로 보다 효과적인 전환율을 창출할 수 있다. 또한, 게임은 더 강력한 평생 가치를 제공할 수 있다.

3 관광 마케팅

1 관광 마케팅의 정의

넓은 의미에서 관광 마케팅Tourism Marketing은 특정 위치로 방문자를 유치하는 비즈니스 원칙이다. 호텔, 도시, 소비자 관광명소, 컨벤션 센터 및 출장과 관련된 기타 사이트 및 위치는 모두 방문을 늘리기 위해 설계된 특정 기술에 기본 마케팅 전략을 적용한 것이다. 관광 기구 및 학자들의 정의를 정리해 보면 다음과 같다.

○ 모리슨

모리슨Morrison은 관광 마케팅을 "관광분야에서 상품과 서비스를 고객들에게 효과적으로 전달하기 위한 촉진 및 커뮤니케이션 활동·관광기업 경영자들이 기업의 목표달성과 소비자의 필요와 욕구를 만족시키기 위해 사업계획을 수립, 조사, 실행, 평가하는 일"이라고 정의하였다.

○ 세계관광기구

세계관광기구UNWTO는 관광 마케팅을 "최대한의 편익을 얻으려는 관광 조직의 목적에 부합하기 위하여 관광 수요의 측면에서 시장 조사와 예측 그리고 선택을 통하여 자사의 관광 상품을 시장에서 가장 좋은 위치를 차지하도록 노력하는 경영철학"이라고 정의하였다.

○ 루이스

루이스St.Louis는 관광 마케팅을 "여행객이 원하는 시기와 장소를 고려한 후, 지불 가능한 가격으로 여행 상품을 제시하여 목표시장과 의사소통하는 것"이라고 정의하였다.

2 관광 마케팅의 종류

1) 위치 마케팅 location marketing

대부분의 관광마케팅 센터는 특정 사이트나 숙박시설을 추천하지 않고 특정 위치로 사람들을 끌어들이는 데 중점을 둔다. 일부 지역의 경우 관광명소가 잘 알려져 있으며, 관광 마케팅 담당자는 소비자에게 해당 지역이 좋은 시간을 제공한다는 사실을 상기시키기만 하면 된다. 예를 들어, '라스베이거스는 라스베이거스에서 일어난 일, 라스베이거스에 머무르는 것'이라는 슬로건을 사용한다. 플로리다는 해변을 원하는 사람들에게 매력적인 기후를 약속하는 '선샤인 스테이트'라고 마케팅하면서 보다 이익 지향적인 전략을 취한다. 골프 또는 기타 따뜻한 날씨, 휴가 등도 이에 해당한다.

2) 활동 마케팅 activity marketing

일부 지역은 어트랙션을 기반으로 자체 마케팅한다. 예를 들어, 버지니아 윌리엄스 버그는 역사에 관심이 있는 가족과 개인을 유치하기 위해 '식민 윌리엄스 버그'를 판매하며 National Park Service는 그랜드캐니언 및 옐로스톤 국립공원과 같은 목적지를 캠핑, 하이킹 및 자연 휴가로 홍보한다. 사우스캐롤라이나 힐튼 아일랜드와 같은 리조트 커뮤니티는 관광시장을 분류하여 골퍼, 테니스 선수 및 개인과 가족이 해변을 찾는 유치를 위한 다양한 캠페인을 만든다. 소비자에게 판매되는 기타 관광활동에는 사냥, 연례 축제 및 테마파크가 포함된다.

3) 기업 마케팅 corporate marketing

컨벤션 및 무역 박람회 기획자들은 회의를 기획할 때 관광 측면을 고려한다. 더 많은 참석자가 파트너나 가족을 데리고 현지를 즐길 수 있다면 기꺼이 올 수 있기 때문에 관광 마케터는 회의 기획자에게 비즈니스 및 즐거움을 모두 제공할 수 있다는 사실을 강조한다.

3 관광 마케팅의 4P 전략

1) 제품product

관광은 숙박, 음식, 음료, 교통, 경치, 장소의 역사적 중요성, 지리적 상태 등의 요소를 포함한다. 이러한 명소는 관광시장의 각 부문에 있는 여행객들에게 어필할 수 있다.

2) 가격price

관광객을 유치하려고 할 때 가격할인 및 번들링bundling[8]을 통한 세일 등은 관광객들을 끌어들일 수 있는 유인 요인이 될 수 있다. 예를 들어, 지역 상공회의소는 호텔 숙박, 식당 방문 및 기타 소비자 지출을 발생시키는 무료 콘서트, 스포츠 행사 또는 축제를 개최하기 위해 지역 업체로부터 돈을 요구할 수 있다. 호텔에서는 현지 식당에 할인 쿠폰을 제공할 수 있다. 레스토랑은 무료 추천 마케팅을 받고 호텔은 손님에게 부가가치 서비스를 제공한다. 일부 호텔 및 리조트에서는 무료 셔틀 서비스를 제공한다. 관광 센터는 관광 동향을 주의 깊게 분석하고 성수기 또는 비수기 및 경쟁업체가 제공하는 것에 따라 가격을 올리거나 내림으로써 점유율을 극대화한다.

3) 유통place

유통은 비즈니스가 상점, 온라인, 카탈로그를 사용하거나 도매 업체를 통해 제품이나 서비스를 배포하는 위치를 나타낸다. 관광 판매에서 위치 및 목적지 마케팅 담당자는 여행사, 영업 팀 내부를 통해 그리고 웹사이트 및 전화 사업자를 설정하여 들어오는 문의를 처리한다. 봄 방학을 한 도시는 버스 여행을 통해 대학생들을 특정 호텔로 안내하는 패키지 휴가 여행 회사와 협력하는 것으로 유명하다. 목적지는 종종 회의 플래너에

---

8 번들링bundling: 마케팅에서 제품 번들링은 여러 제품 또는 서비스를 하나의 결합된 제품 또는 서비스 패키지로 판매하는 것이다. 불완전하게 경쟁하는 많은 제품 및 서비스 시장에서 흔히 볼 수 있는 기능이다. 실무에 종사하는 산업에는 통신 서비스, 금융 서비스, 의료, 정보 및 가전제품이 포함된다.

게 무료 '사이트 방문'을 제공하여 회의, 세미나, 컨벤션 및 전시회의 위치를 선택하는 검증된 비즈니스 전문가에게 다양한 호텔, 식사, 골프, 테니스 및 가이드 투어를 무료로 제공한다.

4) 촉진promotion

관광 마케팅은 다양한 커뮤니케이션 전략과 기술을 사용하여 지역과 목적지를 홍보한다. 컨벤션 센터는 회의 플래너를 위해 무역 잡지에서 광고를 구매하고 행사를 개최하는 회사에 DMDirect Mail을 보낼 수 있다. 테니스나 골프 잡지에 광고를 게재하여 소비자를 끌어들일 수 있다. 대상은 웹사이트를 구축하고 대상 고객이 읽는 소비자 출판물에 광고를 게재한다. 상공회의소는 일반적으로 해당 지역 및 해당 지역 내 비즈니스를 홍보하는 데 관여한다. 여기에는 종종 브로슈어, 할인 쿠폰 및 기타 자료로 채워진 잠재적인 방문자 패킷을 제공하는 것이 포함된다.

CRM

1 CRM의 개념

CRMCustomer Relationship Management은 '고객관계관리'라는 뜻이다. 선별된 고객으로부터 수익을 창출하고 장기적인 고객관계를 가능케 하는 솔루션이다. [표 3-2]는 CRM과 e-CRM을 전략적으로 구분한 내용이다.

CRM은 고객과 관련된 기업의 내외부 자료를 분석·통합하여 고객 특성에 기초한 마케팅 활동을 계획하고, 지원하며, 평가하는 과정이다. CRM은 한 사람의 고객 수요를 중심으로 생각한 마케팅 기법이다. 다품종화가 고객의 선택을 혼란시키기 때문에 이를 해결하는 수단의 기능이 요구된다. 일대일 마케팅으로 고객 데이터를 효율적으로 수집

🌸 표 3-2_ **CRM과 e-CRM의 전략적 구분**

구분	CRM	e-CRM
고객 접촉 경로의 차이	· 오프라인 고객 접촉 경로 중심 · 전화, 팩스, 도소매 판매장소, 지역점, 체인점 등	· 온라인 고객 접촉 경로 중심 · 인터넷, e-mail, 이동통신, 전자 안내책자, 스마트폰, 디지털 TV 등
활용목적의 차이	· 포괄적 정보탐색 활동, 전사적 경영혁신 중시 · 경영 개선을 통한 장기적 수익 실현	· 커뮤니케이션, 마케팅의 다양성 중시 · 적극적인 고객화를 통한 장기적 수익 실현
활용범위의 차이	· 판매, 서비스, 행위, 경영활동 전개 등 직접적인 활용 중심으로 운영	· 고객에게 알림, 판촉, 참여, 무점포거래, 게시판, 채팅, 정보교류 등 활용능력이 뛰어남
활용능력의 차이	· 경험 정보탐색 활동 · 분석 중심의 데이터 활용능력	· 실시간에서의 데이터 활용과 복합 상황 대응능력 · 인터넷 활용, 통합 마케팅 기법

하고 기업 활동을 살린다. 고객의 행동 패턴을 분석하여, 판매 방식이나 상품 개발에 활용한다.

CRM은 과거의 판매 이력 자료를 분석할 수 있는 시스템으로서 고객의 니즈를 분석하고, 분석된 자료를 가지고 마케팅 전략 도구로 사용된다. 기업은 고객 대응에 있어서 고객이 원하는 본질적인 가치의 중요성을 인식하고 고객이 원하는 서비스를 제공함으로써 고객의 감동을 끌어내는 것이다.

일반적으로 CRM이 반드시 웹상에서 실행될 필요는 없지만, CRM 활동이 웹상에서 이루어질 경우, 비용부담이 적고 시공간의 제약 없는 커뮤니케이션과 고객 정보에 대한 실시간 접근 및 분석을 할 수 있다. 웹상에서 수행되는 CRM 활동은 전자상거래 활동과 효과적으로 연계될 수 있다. CRM이 IT와 결합할 때, 이를 e-CRM이라 한다. 즉, e-CRM은 인터넷상에서 고객에 관한 정보를 실시간으로 수집하고 이를 기반으로 고객과의 일대일one-to-one 마케팅을 하는 시스템이다.

e-CRM은 인터넷, 이동통신 등과 같이 디지털 환경에서 CRM의 개념으로 고객을 관리하는 것이다. 그러므로 디지털 사회에서는 e-CRM과 CRM을 구분하는 것은 의미가 없다고 할 수 있다.

2 CRM의 고객관리

CRM은 고객과의 관계를 바탕으로 고객평생가치인 LTV(Life Time Value)를 최대화하기 위한 것이다. 또한, 고객에 대한 정확한 이해를 통하여, 고객 개개인이 원하는 상품과 서비스를 제공하고, 각 고객과의 긴밀한 관계를 형성하고 유지하며, 고객의 요구에 즉시 반응할 수 있는 전략 도구이다.

> "볼티모어 지역의 도미노피자 체인 중에 가장 성공했다고 평가받는 한 매장의 성공 비결을 살펴보자. 이 매장에서는 단골고객 한 명의 평생가치를 약 4,000달러로 계산했다. 이는 평균 10년 동안 연간 8달러짜리 피자를 50개 주문하는 고객을 단골로 산출한 수치다. 이 매장의 주인인 필 브레슬러는 종업원들에게 "당신들은 지금 8달러짜리 고객이 아니라 4,000달러짜리 고객에게 피자를 배달하고 있다."고 강조했다. 그리고 이러한 고객가치 마인드는 고객으로 하여금 피자가 약속 시각에 배달되었는지 판단하게 하고, 정성스레 피자를 만들어 배달한 최고의 종업원을 직접 선정하도록 하는 정책으로 이어졌다. 만약 이 매장이 고객가치를 현재의 가치인 8달러로 계산했다면, 이렇게 큰 성공을 거두지 못했을 것이다."

CRM은 고객 데이터로부터 추출한 고객에 대한 정확한 이해를 바탕으로 고객이 원하는 제품과 서비스를 지속적으로 제공함으로써, '한 번 고객이면 영원한 고객'이 되도록 하여, 결과적으로 고객의 평생가치를 극대화하여, 기업의 수익성을 높이는 통합된 고객관리 프로세스이다. CRM은 단순한 정보제공이나 솔루션이 아니다. 고객 중심적 경영철학의 정립, 조직구성원의 고객 중시 마인드 전환, 고객관계관리 최적의 프로세스 실행, 정보기술 인프라 구축 등 기업 전반에 걸친 혁신적 패러다임이다. CRM의 고객관리 주기는 고객 라이프사이클(또는 고객생애단계)을 기준으로 고객확보, 고객유지, 평생고객화의 단계로 구분할 수 있다.

◯ 고객확보 단계

고객을 확보하는 활동을 수행하는 과정이다. 고객확보를 위한 활동은 크게 두 가지

관점에서 설명된다. 첫째, 새로운 고객을 확보하는 것이다. 둘째, 이탈한 고객을 다시 고객으로 재유치하는 활동이다. 일반적으로 신규고객을 확보하는 것은 기존 고객을 유지하는 비용의 10배가 들지만 새로운 고객을 지속적으로 확보하는 일은 시장점유율 및 고객점유율을 확장해 나가기 위한 필수적인 활동이다.

○ 고객유지 단계

확보된 고객에 대해서는 이탈하지 않도록 할 뿐만 아니라 더 나아가 고객들의 충성도를 점진적으로 제고시킴으로써 기업에 수익 기여도가 높은 고객을 확보하는 과정이다. 이를 위해 구매한 제품에 대한 다양한 정보사후관리, 상품 사용방법, 주변기기, 긍정적인 상품평가 기사 등를 제공함으로써 구매한 제품에 대해 호의적인 태도를 보이게 한다. 서비스 업체인 호텔의 경우 가장 큰 고민 중 하나가 이탈고객을 다시 끌어들이는 것이다. 충성도가 낮은 고객을 단골손님으로 묶어두기 위한 것인데, 이러한 부문을 해결하기 위해 CRM의 캠페인일정기간 동안 프로모션을 실시 시스템을 통하여 다양한 시도를 하고 있다. 고객 인지 분석을 통하여 실시간으로 고객 인지 상황을 종합적으로 관리하고, 이에 대응하는 것이 중요하다.

○ 평생고객 단계

고객의 충성도와 신뢰를 바탕으로 동반자 관계로 고객과의 관계를 발전시킴으로써 평생고객으로 만들어나가는 과정이다. 예를 들면, 은행에서 최우수고객 또는 VIP로서 일반고객과 차별화하여 전용 창구를 운영하고 있다. 이와 같이 차별화된 대우를 제공할 고객을 선별하는 기준은 무엇인가? 결국, 기업에 상당한 수익을 주는 고객이다.

CRM의 목적은 개별적인 고객과의 관계를 맺고 유지하고 강화하는 일련의 과정을 통해 핵심고객을 양성하고 고객생애가치를 높여 장기적으로 이윤을 극대화하는 것이다. CRM의 전략을 세분화된 고객 분류 개념에 기초한 각각의 상황에 맞는 대응전략으로서 고객을 크게 분류하면 예상고객잠재고객, 아직 거래가 일어나지 않은 고객, 거래고객거래 중인 고객, 이탈고객거래에서 벗어난 고객으로 정리할 수 있다. 또한, 일단 거래를 시작한 고객거래고객은 수익과 직결되는 고객이다. 따라서 거래고객을 수익성 관점에서 구분해 보면, 보통고객수익성이 작거나 보통인 고객, 불량·적자고객수익 대신 피해를 주는 고객, 우량고객수익성이 높은 고객으로 분류한다. 한편, 거래고객에 대한 충성도 관점에서는 신규고객충성도가 형성되기 시작하는 고객, 일반고객일정수준 이상의 충성도를 가지고 있는 고객, 이탈가능고객충성도를 상실한 고객으로 구분하여 대응한다.

3 CRM과 관광

호텔에서는 CRM을 통해 고객의 정보를 획득하고, 우량고객의 행동패턴을 파악할 수 있으며, 개별화된 고객관리를 통하여 고객만족을 극대화할 수 있으므로 매우 중요한 경영활동의 하나라고 할 수 있다. 호텔의 CRM은 신규고객의 창출과 함께 기존 고객의 유지와 이탈방지를 위한 것으로, 장시간에 걸쳐 고객과 상호작용적이고 개별화된 가치를 향상하기 위하여 호텔과 고객의 상호적인 네트워크를 지속적으로 강화하기 위한 통합적 노력이다. 이는 단순히 시장점유율 확보를 위한 고객 유도 활동을 넘어서 양질의 서비스와 경험을 제공함으로써 반복구매와 충성고객을 유지하여 이른바 고객점유율을 제고하기 위한 기업의 전략적인 접근인 것이다. 국내에서도 리츠칼튼 호텔, 하얏트 호텔 등이 해외 체인점을 중심으로 CRM 구축을 하였으나 이것은 어디까지나 전 세계 체인에 불과했다. SK그룹의 워커힐 호텔의 CRM의 구축 개요는 다음과 같다.

① 데이터베이스
- 기존 운영체계의 다수 패키지 정보통합
- 다차원 분석시스템 구현

② 캠페인 관리
- 수작업에 의존하던 캠페인을 자동화
- 캠페인 성격에 맞는 고객 선별 및 실행
- 캠페인 평가

③ 일대일 서비스
- 단위시스템별 고객 정보 획득과 취합, 전사적 고객 정보 확보
- 서비스 강화를 위한 고객별 취향 정보 제공

이러한 시스템을 통하여 워커힐 호텔에서는 CRM을 통한 고객 프로모션을 통해 ROI_{Return On Investment}가 입증되었다. 워커힐 호텔이 멤버십 회원 가운데 생일을 맞이한 회원들에게 프로모션을 진행한 결과 그 반응률은 매달 평균 13~15%로 나타났다. 캠페인을 하지 않은 달에는 평균 2% 수준으로 나타났으니, 이는 CRM의 중요성을 보여주는 사례이다.

여행사의 경우 국내 상위 30대 여행사가 CRM의 개념을 도입하여 운영하는 것으로 파악된다. 여행사는 크게 보상, 커뮤니티, 이벤트로 구성하여 CRM을 운영하고 있음을 알 수 있다.

❶ 보상　도서상품권, 마일리지, 투어 머니, 포인트

❷ 커뮤니티　여행 후기 모음, 모니터 요원 선발, 블로그, 나만의 추천, 추억만들기

❸ 이벤트　고객만족, 해피콜, 설문조사, 여행이벤트, Today Quiz, 여행 경매, 사진대회, 여행노하우 대회, 토크 토크, 행운의 번호, 포토제닉, 옥에 티를 찾아라, 지식공유, 베스트여행기, 청사진을 그려라

항공운송산업은 1980년대 이미 상용고객 우대제도 FFP_{Frequent Flyer Program}를 최초로 도입하였다. 유명 호텔 체인에서도 고객의 투숙 정보를 이용하여 고객이 원하는 서비스를 전 세계 어디에서나 동일한 서비스로 받을 수 있다. 여행사도 고객의 중요성을 인식하여 CRM 도입을 대형 여행사를 중심으로 구축하고 있다. 항공사의 경우 e-Business 분야에서 타 산업을 선도하였으나, CRM 도입에는 관심을 갖지 않았다. 이러한 이유는 다음과 같다.

❶ 항공사 조직의 특성상 여러 경로를 통하여 고객 데이터가 수집되고, 그러한 데이터들이 사업 부문 단위로 관리, 분석되고 있기 때문이다.

❷ 고객들의 마일리지가 누적되면서 항공사로서는 부채가 증가하게 되고, 따라서 일대일 마케팅에 소극적인 자세를 취했기 때문이다.

❸ 항공사들이 마일리지 시스템을 통하여 많은 회원을 확보했지만, 실제 중개 유통 채널_{여행사, GDS 등}에 의한 판매가 주종을 이루어왔기 때문에, CRM을 도입하려는 노력이 상대적으로 적었다.

대한항공과 아시아나항공의 e-CRM 요소 비교를 항공사 e-Marketing, 항공사 e-Sales, 항공사 e-Service로 나누어 접근하였다.

항공사의 변신과 정보시스템

기본에 충실해야 함을 일깨워주는 '사건'이라 하지 않을 수 없다. 항공산업이 태동한 지난 세기, 고객은 하늘을 난다는 기대감으로 항공사를 찾았고 항공사는 하늘을 나는 적절한 속도와 안전성을 앞세워 고객과 시장을 확보했다. 오늘날로 치면 우주여행에 대한 기대감과 비교할 수 있을 것이다. 두 차례의 세계대전이 끝나고 대중 소비시장이 성숙함에 따라 항공 수요도 증가했다. 이에 따라 항공산업도 발전했고 공급과 수요가 상승작용을 일으키면서 시장이 급속히 확대됐다.

일단 미국의 몇몇 항공사가 항공공급 채널을 장악, 수요를 선점했다. 경쟁전략에서 앞선 미국 항공업체들의 승리라 할 수 있다. 미국 항공시장은 이후 컴퓨터업계와 손잡은 항공사가 컴퓨터예약시스템 CRS Computer Reservation System를 선보이면서 서비스 경쟁에 들어가 항공사 순위가 바뀌는 데까지 발전했다. 이것이 바로 전략정보시스템의 효시다. 지난 80년대, 다른 나라의 항공시장을 개방하는 데 앞장선 미국의 아메리칸항공사와 유나이티드항공사 간 경쟁은 항공 경쟁 시대를 열었다는 평가다. 하지만 9·11 테러 공격에 이용된 두 항공사는 황당하고 예측 불가능한 역사의 반전과 재반전의 교훈을 되새기게 됐다. 그런 의미에서 고객관계관리 CRM Customer Relationship Management과 협력업체 관계관리 PRM Partner Relationship Management은 중요하다.

항공시장의 공급은 증대되고 경기 변동에 따라 수요도 증가해 항공사 간 경쟁이 치열해졌다. 고객이 다시 그리고 지속적으로 자기 항공사를 이용할 수 있게 마일리지 서비스를 제공하는 마일리지정보시스템과 항공여행에 관련된 업체 간의 공동판매정보시스템이 구축됐다. 인터넷의 보급 및 일반화와 함께 개인화 급진전, 다양한 고객 수요 패턴, 빠른 변화는 수요 특성의 세분화 파악과 예측을 더욱 중요하게 만들었다. 이후 9·11 사태로 인해 테러 위협이 고조되면서 항공 수요가 급격히 줄어들었고 여기에다 유가까지 급등하면서 항공사의 수익성은 크게 악화됐다. 특히 저렴한 가격을 표방하는 항공사의 등장은 가격 인하 경쟁을 가속화하는 계기로 작용해 기존 항공사들을 압박

하고 있다. 다양하고 급변하는 고객과 시장의 동향을 파악하고 변화 방향을 전망하는
것이 더욱 중요해졌다.

또 고유가에 대응해 경영관리 프로세스 최적화를 항공업계 공동으로 추진하고 있다.
국제항공운송협회 IATA International Air Transport Association의 사업단순화를 주제로 전자항공
권·자판기·전자태그 RFID Radio Frequency Identification·전자화물시스템이 그것이다. 이는
정보기술을 실용화해 항공사의 어려운 상황을 타개하기 위함이다. 문제는 실행력과 속
도다. 정보기술을 유용하게 활용하기 위해서는 회사 및 종업원의 비즈니스 프로세스가
적시에 적절하게 변해야 한다. 조직의 변신에 가장 좋은 환경·제도·행동방식은 담론구
조라고 하는데, 실제에 입각한 종업원의 창의, 예측, 기회포착, 자발적인 학습력을 배가
하는 지식정보시스템을 구축해 실용화하는 것이 최선이다. 이를 통해 회사와 종업원이
스스로 환경과 시장, 고객의 변화에 민감하고 정교하게 대응해야 새로운 지평이 열리
고, 민첩한 조직으로 거듭날 수 있는 것이다.

④ 데이터마이닝

데이터마이닝 data mining은 CRM의 데이터를 분석하는 기법이다. 마이닝은 광맥에서 금
을 캐내듯이 일반적인 기법들이 미처 발견하지 못한 숨겨져 있는 유용한 지식을 발견하
는 작업이다. 즉, 데이터마이닝이란 '데이터베이스 내에 숨어 있는 일정한 패턴이나 변
수 간의 관계를 정교한 분석모형을 사용하여 쉽게 드러나지 않는 유용한 정보를 추출
하는 일련의 분석과정'이다.

1980년대 대부분 기업이 정보 인프라로 고객, 경쟁자 및 상품에 관한 데이터를 저장
하기 위해 데이터베이스를 구축하였고, 네트워크 기술의 발달로 사용자가 데이터베이
스에 접속하기가 쉬워졌다. 고객 정보를 인구 통계학적인 데이터와 연결해 특정 집단의
고객 행동을 분석할 수 있게 되면서 다양한 부가가치 정보를 찾아내는 데이터마이닝이
등장하게 되었다. 데이터마이닝의 분석 방법은 컴퓨터에서의 접근, 통계에서의 접근으
로 구분하여 정의할 수 있다.

컴퓨터에서의 접근은 패턴 인식 기술뿐만 아니라 통계적·수학적 분석 방법을 이용

한다. 거대한 자료를 컴퓨터의 인공지능으로 새로운 관계 성향 패턴 등의 다양한 부가가치 정보를 찾아내는 일련의 과정이라고 볼 수 있다. MIS_{Management Information System}에서의 접근은 전문 지식이 없더라도 시스템이 구현한 의사결정 지원시스템의 개발로 부가가치 정보를 찾아내는 것이다. 통계에서의 접근은 의사결정을 위하여 통계프로그램을 이용한 자료 분석을 의미한다. 전통적인 데이터마이닝과 가장 근접한 것이 통계에서의 접근이지만, IT_{Information Technology}의 발달로 컴퓨터, MIS_{Management Information System}에서의 접근도 가능하게 되었다.

데이터마이닝은 고객의 경험치 행동속성_{고객속성과 거래속성의 융합}을 분석하여 실시간으로 고객을 응대하고 그 결과를 다시 분석하여 반영하는 일련의 과정으로 볼 수 있다. 얼마 전 모 은행 TV 광고에서 볼 수 있듯이 한 주부가 아파트를 구입하기 위해 은행에 대출을 신청하고 나서 집에 돌아오는 과정에서 "대출이 완료되었다."는 문자메시지가 온다. 만약 이 고객이 우량고객이었다면 "고객님은 우량고객으로 시중이자보다 낮은 이자로 적용됩니다. 감사합니다."라는 문자메시지가 오면, 고객 입장에서는 또 한 번의 감동이 될 것이다. 이러한 서비스가 가능한 것은 CRM을 통하여 고객의 과거 행동속성을 분석한 결과로 판단하여 서비스를 제공한 것이다.

데이터마이닝의 특징은 6가지로 요약된다.

① 데이터베이스에 비계획적으로 수집된 대용량의 데이터를 다룬다.

② 컴퓨터의 강력한 처리능력을 이용한다.

③ 대부분의 데이터마이닝 기법은 수학적으로 증명되고 발전된 것이 아니라 경험적으로 개발되었다.

④ 데이터마이닝의 주요 관심은 통계적 추론과 검정보다는 예측 모형의 일반화에 있다.

⑤ 기업의 다양한 의사결정 활동에 활용하기 위해서 사용된다.

⑥ 데이터마이닝은 통계학, 전산과학, 인공지능, 공학 분야에서 개발되기 시작하였으나 실제로 경영, 경제, 정보기술 분야에서 활용되고 있다.

News! 이랜드 리테일-CRM 기반 지역 밀착 마케팅으로 아동복 성지 달성

독신자 많은 곳엔 패스트 패션, 3040 많은 강서점은 아동복 등 이랜드 리테일은 석 달 만에 매출이 25% 늘어났다. 숨은 공신은 석창현 대표의 CRM 기반 고객 파악과 꼼꼼한 매장 정리에 있다. 석 대표는 생후 9개월에 앓은 소아마비 후유증으로 거동이 불편하지만, 매장을 지나가다 비뚤어진 진열대가 있으면, 직접 손으로 정리했다. 고객들과 이야기를 나누며 반응도 살폈다.

"자체 브랜드 의류 앞세워 지역 고객 잡는다."

NC백화점 강서점은 석 대표가 시험 중인 'CRM Customer Relationship Management · 고객관계관리 2.0' 프로젝트의 핵심 점포다. 일반적으로 CRM은 수집한 고객정보를 바탕으로 타깃 마케팅을 한다. 석 대표의 'CRM 2.0'은 여기서 한발 더 나아가 고객의 수요를 제품 생산과 유통에 신속히 반영하고, 이를 기반으로 고객 마케팅을 한다. 석 대표는 "다양한 PB자체 브랜드 상품과 지역 밀착형

매장을 가진 이랜드만의 장점을 결합한 전략"이라고 말했다.

석 대표는 온라인에서 소비자 트렌드를 재빨리 파악한 후, 이를 PB 상품 생산에 반영한다. 이렇게 만든 제품을 오프라인 매장에 실시간으로 공급한다. 이때도 지역 특색에 맞게 매장에 따라 공급하는 제품과 매장 면적 등을 조정한다. 30~40대 고객이 많은 강서점에는 아동복 비중을 높이고, 젊은 독신자가 많은 지역 매장엔 패스트 패션 SPA 브랜드 '스파오SPAO'를 강조하는 방식이다. 특히 매장 반경 3km 이내 지역 고객을 집중적으로 공략한다. 석 대표는 "전국 또는 광역 단위 고객을 상대로 하는 다른 유통 업체보다 훨씬 지역 밀착형으로 마케팅을 할 수 있다."며 "고객들은 자신에게 꼭 맞는 제품을 가상 적당한 가격에 구매할 수 있다."고 말했다.

석 대표의 프로젝트는 이미 성과를 내고 있다. 그가 대표를 맡은 지 석 달 만에 시범 점포로 꼽은 NC백화점 강서점의 지난 3월 매출은 전년 동

기 대비 25%, 영업이익은 52% 늘었다. 어린 자녀를 둔 인근 주민들이 몰리면서 '아동복 성지聖地'라는 평가도 받았다. 석 대표는 "강서점의 성공 모델을 정밀 분석해 다른 매장에도 적용할 것"이라고 말했다.

"장애라는 틀에 갇히지 말아야"

석 대표는 1993년 이랜드에 입사한 후 ㈜이랜드 월드 캐주얼사업부와 아동사업부 본부장, 중국유통법인 대표이사 등을 지내며 유통 현장에서 잔뼈가 굵었다. 외부 활동이 많고 고객을 많이 만나야 하는 유통업계에서 석 대표 같은 장애인이 고위직에 오르는 것은 흔치 않다. 고려대에서 법학을 전공한 석 대표는 "나도 내가 이렇게 살 줄 몰랐다."며 웃었다.

대학 시절 사법고시를 준비하던 석 대표는 소

아마비로 여러 차례 수술을 받아 공부에 집중할 수 없었다. 취업을 준비했지만, 장애인이란 이유로 서류 전형에서 수차례 고배를 마셨다. 그때 '나이·장애 불문'이라는 문구가 적힌 이랜드 채용 공고를 본 것이 인생의 전환점이 됐다.

입사 후 기획조정실에서 근무하던 석 대표는 10년쯤 지나 매장 현장에 배치됐다. 당시 고위 임원에게 "나 같은 장애인이 매장에 나가도 되냐."고 묻자, 그 임원은 "안 되는 이유를 말해보라."고 반문했다고 한다. 석 대표는 "이후 회사에서 장애인이라는 이유로 어떤 혜택도, 불이익도 받지 않았다."고 했다. 중국 유통법인 대표로 있을 때는 일주일간 중국 대도시들을 하루에 2개씩 도는 강행군도 했다. 석 대표는 "장애인이라고 해서 스스로 장애의 틀에 갇히면 기회의 문은 더욱 좁아질 수밖에 없다."며 "먼저 그 틀을 깨는 것이 중요하다."고 말했다.

Cases & Practice
기업 사례 & 실습

호텔 'Emma의 CRMCustomer Relationship Management' 사례 연구

호텔 Emma는 2년 반 만에 358개 호텔 시장에서 1위를 차지했다. 이러한 결과는 CRM 시스템에서 찾아볼 수 있으며 샌 안토니오의 호텔 엠마Hotel Emma의 객실 책임자인 제이미 폭스Jamie Fox의 역할이 크다. 엠마 호텔에서 CRM을 시작한 이유는 다음과 같다. 2015년에 문을 연 엠마 호텔의 첫 번째 목표는 고객 데이터를 수집하고 고객 피드백을 제공하며 온라인 평판을 관리하는 것이었다. 또한, 고객이 도착 전 이메일을 보내고, CRM을 통해 마케팅과 캠페인을 연결하려고 노력하였다. 엠마 호텔의 이러한 목표에 부합되는 CRM은 호텔 운영, 마케팅, 수익 관리 및 CRM 소프트웨어 공급 업체인 'Revinate'였다. 많은 시스템은 설정 측면에서 복잡하며 고객 서비스에 문의하여 변경해야 하지만 'Revinate'의 CRM은 시스템에 필요한 모든 작업을 자체적으로 수행할 수 있었다. 엠마 호텔에 CRM을 도입하는 데는 거의 1년이 소요되었다. CRM을 도입한 후 엠마 호텔은 피드백에 먼저 중점을 두었다. 일에 대한 즉각적인 피드백을 찾고 온라인 리뷰에서 엠마 호텔이 어떻게 하고 있는지 추적하였으며 설문조사를 통해 직원 성과도 측정할 수 있었다. 이러한 평가 결과를 통해 팀이 인센티브와 보너스를 결정하였다. CRM이 주요 이점은 모든 것이 고객과 연결된다는 사실이다. 호텔에서 수집한 데이터는 PMSProperty Management System와 매우 매끄럽게 연결되므로 모든 작업을 위한 올인원 솔루션이 될 수 있었다. 처음에는 호텔이 받을 설문 조사의 양에 대해 회의적이었으나 고객으로부터 매월 30%의 회신을 지속적으로 받았다. CRM을 통해 고객은 설문 조사를 완료하고 트립어드바이저 계정에 로그인할 필요가 없이, 트립어드바이저에 바로 게시할 수 있다. 엠마 호텔은 천문학적으로 많은 리뷰를 가지고 있다. 2년 반 만에 2,200개의 트립어드바이저 후기가 있었으며 358개 호텔 시장에서 1위를 차지했다. 엠마 호텔에 적합한 디자인과 캠페인 측면에서 사용이 매우 쉽고 캠페인의 모양과 느낌을 디자인할 수 있으며 추적이 훌륭하다. 결과적으로 어떤 예약이 발생했는지 자세히 보고 확인할 수 있다. 엠마 호텔은 아직 초기 단계에 있으며, 이제 세분화 실험을 시작하고 있다.

앞으로 엠마 호텔에서는 CRM을 단계적으로 활용하고 활용도 높은 고객 데이터베이스를 만들기 위해서 최선을 다하고자 한다. 엠마 호텔의 경험상, CRM은 매일 사용하기 때문에 사용하기 쉬운 것을 찾아야 하며 작업하려는 모든 조각을 진정으로 연결하는 것을 찾아야 한다고 제안한다. 엠마 호텔에 의하면 CRM의 성공은 PMS와의 진정한 인터페이스를 보장하는 것이 절대적인 열쇠이며, 설문 조사를 받으면 손님이 머무는 시간, 이메일, 회의실 환경 설정을 명확하게 볼 수 있으며 지속적으로 기록을 작성할 수 있는 것이 CRM의 매우 중요한 역할이라고 한다.

 엠마 호텔의 사례를 읽고 호텔에서 CRM 활용의 장점이 무엇인지 약술해 보세요. 또 타 산업에서 CRM의 성공 사례를 찾아보세요.

 호텔에서 CRM의 활용이 왜 중요한지 논의해 보세요.

연구문제

문제 1 관광산업에서 CRM은 전략적인 시스템 중 하나입니다. 사례를 찾아서 설명하세요.

문제 2 CRM과 e-CRM을 전략적으로 구분한다면, 그 차이점을 공급자와 수요자의 입장에서 각각 설명하세요.

문제 3 CRM의 고객생애관리LTV에 대하여 설명하세요.

문제 4 데이터마이닝은 CRM의 핵심입니다. 만약 여행사에서 CRM을 운영하고 있다면, 데이터마이닝으로 나타날 수 있는 결과들을 예측하세요.

문제 5 CRM의 기능 중에서 캠페인에 대하여 사례를 중심으로 설명하세요.

문제 6 전 세계의 체인호텔 CRM에서 호텔과 고객 사이에 생겨날 수 있는 일들에 대하여 사례를 중심으로 설명하세요.

Team-based
토론 문제

트립어드바이저Tripadvisor

TripAdvisor, Inc.는 교통, 숙박, 여행 경험 및 레스토랑에 대한 사용자 생성 콘텐츠, 가격 비교 도구 및 온라인 예약을 통해 글로벌 플랫폼을 운영하는 온라인 여행 회사이다. 이 회사의 대표 브랜드인 TripAdvisor.com은 2018년에 월평균 순 방문자 수가 4억 9천만 명에 이른다. 이 웹사이트는 전 세계 48개 시장과 28개 언어로 된 버전을 보유하고 있다. 130만 개의 호텔, 여관, 숙박 및 아침 식사 및 전문 숙박 시설, 875,000개의 렌탈 시설, 490만 개의 레스토랑 및 전 세계 1,000,000개의 여행 경험을 포함하여 약 730만 개의 검토와 의견이 약 810만 개에 달한다.

매달 5,000만 명의 여행객이 방문하는 트립어드바이저는 100% 여행객들의 자발적인 참여와 리뷰로 유지되고 있는 소셜 사이트이다. 여행정보가 필요한 사람들은 트립어드바이저의 웹사이트에 접속한 후 원하는 지역을 선택한다. 이미 그 지역을 다녀온 수많은 사람의 상세한 설명과 사진을 읽게 된다. 해당 지역의 숙소와 식당은 가격대별로 순위가 매겨져 제시된다. 트립어드바이저가 제공하는 정보를 통해 여행을 다녀온 사람은 다시 인터넷에 접속해서 자신의 리뷰를 업데이트한다. 이러한 방식으로 트립어드바이저는 전 세계 여행객들로부터 전 세계 모든 호텔, 모든 식당, 모든 관광지의 사진과 상세한 정보를 모아왔다.

빅데이터 시대의 주축인 페이스북은 트립어드바이저와의 파트너십을 통해 '내가 방문한 도시' 애플리케이션 기능을 제공하기 시작했다. 사람들은 해당 어플을 통해 자신이 거쳐 갔던 도시에 빨간 핀을 꼽아 표시하고, 페이스북 지인들에게 그곳의 여행 경험을 공유한다. 사이트 접속자의 위치를 파악하여 접속자 인근 장소들의 이름을 나열하며 이에 대한 평가를 요청하기도 한다. 트립어드바이저는 페이스북과 트위터의 이용자들에게 가장 인기 있는 여행 애플리케이션으로 부상했다.

트립어드바이저는 개개인의 텍스트와 이미지 리뷰, 즉 방대한 비정형 데이터의 분석을 통해 여행 목적별유적지 여행, 휴양지 여행, 도심형 휴양여행, 쇼핑여행, 가족여행, 로맨틱 여행, 지역별근거리 여행, 원거리 여행, 특정 국가 여행, 취향별, 시간이 걸리더라도 저렴한 여행, 비슷한 지역의 비슷한 연령대가 선호하는 여행 형태도 쉽게 파악할 수 있다. 빅데이터 분석을 통해 각 여행자의 구미에 맞는 여행상품을 제안하고 자세한 여행정보를 함께 제공할 수 있다. 아직 본격적으로 관광업에 진출하지 않았지만, 이미 트립어드바이저의 성공가능성에 대해 세계 여행업계가 긴장하고 있다. 여행사들이 현지에 인력을 파견하여 얻는 한정적인 여행정보와 전 세계인들이 매일 쏟아붓는 정보의 양과 질에 분명한 차이가 존재하기 때문이다. 여행업계의 아마존이 될 것으로 기대되는 트립어드바이저는 실제 아마존의 초기 멤버들을 영입하여 빅데이터를 통한 수익 사업 방안을 모색 중이다.

문제 1 트립어드바이저는 호텔, 숙박 및 아침 식사, 여관 또는 식당에 대해 근거 없는 익명의 리뷰를 게시할 수 있도록 하여 논쟁의 대상이 되었습니다. 즉, 호텔에 대해 의심스러운 리뷰를 남긴 웹 30개의 호텔사이트를 차단했습니다. 호텔, 식당 등 개개인의 평가는 객관적이지 않기 때문에 트립어드바이저에 올라온 후기만을 기준으로 사이트를 차단하는 것은 무리수가 따르게 됩니다. 이러한 측면에서 향후 트립어드바이저의 이러한 문제들을 해결하기 위하여 나아가야 할 방향에 대해 토론해 보세요.

문제 2 2017년 11월, 트립어드바이저가 멕시코 유카탄 반도의 플라야 델 카르멘Playa del Carmen에 있는 리조트에서 심각한 범죄 행위에 대한 주장이 포함된 수많은 리뷰를 삭제한 것으로 보고되었습니다. 삭제된 리뷰에는 Iberostar Paraiso Maya에서 2010년과 2015년에 개별 사건으로 강간당한 두 명의 여성이 포함되었으며, 그중 하나는 호텔 경비원과 관련이 있었습니다. 여성들은 호텔 직원들로부터 당국에 도움을 주고 연락할 것이라는 보증을 받았다고 말했지만, 직원들은 후속 조치를 취하지 않았습니다. 그런 다음 여성들은 트립어드바이저에 조언과 경고를 게시했지만 리뷰는 삭제되었습니다. 트립어드바이저가 계속 기업으로 존재하기 위해서는 상기와 같은 문제들을 어떻게 극복할 수 있는지 방안에 대해 토론해 보세요.

참고문헌

- 김재석, 디지털 관광론, 새로미, 2008
- 노영 · 이경근, AI-Biz A to Z, 박영사, 2022
- 박성수, 무한 경쟁 시대의 생존 전략과 CRM, 타임스퀘어, 2010
- 윤문길 · 윤덕영, 항공 관광 e-Business, 홍릉과학출판사, 2004
- 이웅규 · 김은희, 관광정보시스템론, 대왕사, 2015
- 이유재 · 허태학, 고객가치를 경영하라, 21세기북스, 2007

- "이랜드 리테일-CRM 기반 지역 밀착 마케팅으로 아동복 성지 달성", 조선일보, Weekly Biz, 2019.4.23.
- http://www.ama.org, 미국마케팅학회
- http://www.hp.com, 호텔에서의 CRM 성공사례
- http://www.kma.re.kr, 한국마케팅학회
- https://en.wikipedia.org/wiki/TripAdvisor
- https://triptease.com/blog/crm-a-hoteliers-guide-part-3-case-study
- https://www.msn.com/ko-kr/money/topstories, 대한항공-작년-매출

- Best of the net: Tripadvisor—the great divide, The Guardian, July 21, 2007.
- Cornwall hotel bribes guests to write good reviews on TripAdvisor.com, Daily Mirror, July, 10 2011.
- Coviello, N. E., Brodie, R. J., Danaher, P. J., and Johnston, W. J., How Firms Relate to Their Markets: An Empirical Examination of Contemporary Marketing Practices, Journal of Marketing, 66(3), 33-47, 2002.
- Coviello, N., Brodie, R. J., and Munro, H. J., Understanding Contemporary Marketing: Development of Classification Scheme, Journal of Marketing Management, 13(6), 501-522, 1997.
- Coviello, N., Brodie, R. J., Brookes, R., and Palmer, R. A., Assessing the Role of eM in Contemporary Marketing Practice, Journal of Marketing Management, 19(7/8), 857-881, 2003.
- Coviello, N., Milley, R., and Marcolin, B., Understanding IT-enabled Interactivity in

Contemporary Marketing, Journal of Interactive Marketing, 15(4), 18-33, 2001.

· Kaplan, A., If you love something, let it go mobile: Mobile marketing and mobile social media 4x4 Found, Business Horizons, 55(2), 129-139, 2012.

· Karjaluoto Heikki and Lepp niemi Matti, Factors influencing consumers' willingness to accept mobile advertising: a conceptual model, Int. J Mobile Communications, 3(3), 198, 2005.

· Lee, Gunwoong and Raghu, T. S., Determinants of Mobile Apps' Success: Evidence from the App Store Market, Journal of Management Information Systems, 31(2), 133-170, 2014.

· Lepp niemi, M., Mobile marketing communications in consumer markets, Faculty of Economics and Business Administration, Department of Marketing, University of Oulu, 21, 2008.

· Sterling, G., Android users open 2x more notifications, but iOS users much faster to open, Marketing Land, 2016.

· Tourists: TripAdvisor removed Mexico resorts warnings, Milwaukee Journal Sentinel, November 1, 2017.

· TripAdvisor accused of deleting reviews that raised red flags, CBS News, November 2, 2017.

· TripAdvisor Inc. 2018 Form 10-K Annual Report, U.S. Securities and Exchange Commission, 2018.

항공예약시스템

Chapter 04. 항공예약시스템

정/리/노/트

단서

· 질문 1

· 질문 2

· 토의문제 제시 1

· 토의문제 제시 2

Case Study

Summary

Key Words

예습

복습

참고: cornell note

항공예약시스템

1 항공예약시스템의 개념

항공사의 본원적 상품은 무형재화의 성격인 좌석Seats 및 스케줄Schedule Time로 구성되어 있으며, 이는 일반 유형의 재화와는 달리 수요자 본인이 해당 항공사의 좌석 구매 가능 여부의 정보를 이용하여 관련 내용을 확인한 후 직접 여행 스케줄에 맞게 상품을 구매하는 유통구조를 갖는다. 이와 같은 특성의 항공 좌석 및 스케줄 관련 정보를 수요자에게 제공하는 매체가 바로 항공예약시스템이다.

개발 초기부터 단순 좌석 및 스케줄 정보제공으로 시작하여 현재는 자사뿐만이 아니라 타사의 예약 및 스케줄 전시는 물론 호텔, 렌터카 및 각 도시의 출입국 규정, 각국 교통정보까지도 제공하는 종합여행 정보시스템으로 발전하여 항공 여행객의 최초 여행지로부터 최종 목적지까지 필요 정보를 제공하는 기능을 수행하고 있다.

항공예약시스템인 CRS는 Computerized Reservation System의 약자로 대표적인 디지털 관광 정보시스템 중 하나이다. 이 시스템에 연결된 컴퓨터 단말기를 통해 전 세계 어디에서나 항공권, 객실, 렌터카 등과 같은 여행상품의 예약을 할 수 있다. CRS는 초기 항공업에서 발생한 예약상의 복잡성을 해결하는 방향에서 시작되었고 CRS가 없

그림 4-1_ 전 세계 CRS 기업

던 시절에는 항공사는 주기적으로 비행 좌석 요금이나 스케줄 등을 책자를 통해 여행
사에 보내야 했다.

고객이 비행 좌석을 예약하고자 여행사를 방문할 경우 여행사는 책자를 통해서 고객
이 원하는 비행기를 찾아야 했다. 또한, 고객이 비행기를 여러 번 갈아탈 때 항공일정

그림 4-2_ OAG(Office Airline Guide): OAG Flight Guide – the definitive air travel info source for decades on paper. Everyone involved in travel had one. It first went online in 1983.

가이드북OAG: Office Airline Guide이 없이는 불가능했다. 이후 여행사는 항공사에 전화를 걸어 비행기 좌석 여부를 확인한 후 비로소 고객에게 상품을 팔 수 있었다. 고객이 비행 여정과 요금 등에 대하여 만족한 경우에 여행사는 해당 항공기 좌석을 예약할 수 있었다. 이러한 항공수배, 통화, 예약의 전통적인 3단계 과정은 여행사, 항공사, 고객 모두에게 많은 시간과 비용을 요구하게 되었다.

CRS는 여행사를 위한 시스템이 아니라 항공사의 업무를 먼저 자동화하는 방편으로 시작되었다. 항공사의 업무가 자동화된 후 이러한 시스템이 여행사에 보급되기 시작했다. 지금은 항공업에서도 고객의 욕구가 다양화되고 신속한 서비스가 경쟁력의 척도가 되었다. 항공 좌석을 예약하거나 발권하는 데 있어서 컴퓨터는 필요한 도구이다. 이런 배경에서 등장한 CRS는 중요한 마케팅 수단이 되었다. 여행사에서 항공여정 및 항공운임을 찾을 때 수기로 항공권을 발권하는 번거로움이 없다. 그리고 고객들은 항공권을 구매하기 위하여 동분서주할 필요가 없다. 항공사에서는 효과적으로 항공 좌석을 관리할 수 있다. CRS 회사는 항공사, 여행사, 고객 간의 항공 예약 및 발권 정보를 관리

출처: http://countingthefuture.net/node/294

🌙 그림 4-3_ Semi Automatic Business Research Environment

하면서 CRS에 가입한 항공사로부터 예약 수수료를 받는다. 또한, 여행사에 제공하는 단말기 임대료나 기타 판매대행 수수료호텔, 렌터카, 크루즈 등가 수입원이 된다.

초기 CRS는 별도의 SITA22 네트워크현재 인터넷망에서 컴퓨터단말기를 이용하여 운영되는 정보시스템이었다. CRS의 주요 핵심기능은 항공 좌석 예약, 항공 운임 조회, 항공 좌석 발권 업무이다. 이와 별도로 호텔, 렌터카 등 여행에 필요한 정보환율, 날씨, 행사 등를 제공하고 있다. 그 외 할인 요금 및 빈 좌석의 효율적 관리를 통한 수입의 극대화 기능이 있다. 예를 들어, 과거의 실적 자료를 바탕으로 미래의 예약 추세를 예측하여 항공편 및 특별구간 간의 효과적인 오버부킹초과예약을 관리한다. 이러한 기능은 CRS의 수익 극대화 관리 YieldManagement이다. 초기 CRS는 미국항공American Airlines의 SABERSemi Automated Business Environment Research로서 1953년 IBM과 협력하여 세계 최초의 컴퓨터를 기반으로 한 시스템이 탄생하였다.

그러면 "CRS를 왜 개발했을까?" 초기 CRS는 항공기 운항 스케줄, 좌석 보유 상태, 고객정보를 제공하면서 업무 효율화에 따른 금전적인 이득을 가지게 되었다. 즉, 항공권 판매가 이루어질 때마다 CRS 회사는 항공사로부터 적지 않은 일정액의 수수료를 받았다. 1980년대 미국항공의 로버트 크랜달 사장은 자신들이 CRS를 팔기 전에 비행기부터 팔아치울 것이라고 말했을 정도로 CRS에서 얻어지는 수수료의 이익은 막대하였다. 또한, CRS의 저장된 고객정보를 바탕으로 마케팅 전략을 계획할 수 있으며 항공운임의 조정과 여행사를 통제할 수 있었다. 이렇게 CRS는 대부분 항공사가 소유하여 실질적으로 항공사의 마케팅 전략의 도구로 사용하였다. 이러한 이유로 CRS를 소유한 항공사는 그렇지 않은 항공사에 비해 경쟁우위를 점하게 되었다.

초기 CRS는 항공사만의 네트워크를 이용한 전용 단말기 프로그램과 전용 네트워크 카드를 PC에 부착하여 일부 여행사 직원만 이용하였다. 그러나 CRS도 인터넷망에서 이용할 수 있게 되면서 여행사 전 직원이 이용할 수 있도록 하였다. 이후 여행사 직원을 통하지 않고 고객이 항공사 웹사이트나 스마트폰을 통하여 예약이 가능한 형태로 발달하였다. 지금은 CRS 용어보다는 업계에서는 GDSGlobal Distribution System 용어를 더 많이 사용하고 있으며 GDS는 CRS를 포괄하는 개념으로 글로벌로 확장된 시스템으로 해석할 수 있다.

2 항공예약시스템의 역사

CRS의 발전 과정을 살펴보면, 초기의 항공사는 컴퓨터가 없던 시기였으므로 대부분의 예약 작업을 수작업으로 하였다. 예약사무실에 붙어 있는 벽만 한 크기의 보드를 통해 좌석 가능 여부를 판단하여 예약하였다. 여행사는 항공사 예약사무실에 직접 전화를 걸어 좌석 여부를 확인하였다. 이러한 수작업은 항공기 이용고객이 점차 늘어감에 따라 오버부킹이나 언더부킹과소예약의 문제를 초래하기 시작했다. 수작업의 비효율성으로 비행하는 시간보다 상대적으로 기다리는 시간이 증가하면서 고객의 불평도 늘어나기 시작하였다. 결국, 이러한 문제점을 해결하기 위하여 1953년 미국항공과 IBM이 협력하여 SABER라는 CRS를 개발하기 시작하였다. 이후 이 시스템을 통하여 예약정보, 발권정보, 좌석정보, 고객정보 등을 효과적으로 관리하게 되었다.

이 최초의 시스템은 1964년까지 보완작업을 거치면서, 세이버SABRE로 명명한 이후 지금까지 사용하고 있다. 이후 다른 항공사도 미국항공의 독점을 경계하여 유사한 시스템을 개발하기 시작하였다. 델타항공의 데이터스DATAS, 이후 DATAS II로 바뀜, 이스턴항공의 시스템 원, TWA의 팔스, 유나이티드항공의 아폴로 등이 그러한 시스템 중 하나이다. 또한, 중국계 항공사의 남방항공, 에어차이나 등이 주로 이용하는 트래블스카이TravelSky가 급부상하였다. 결과적으로 국내에서는 세이버, 아마데우스, 월드스팬, 갈릴레오, 트래블스카이 등이 사용되고 있으며 유럽권은 아마데우스, 미국권은 세이버, 월드스팬, 갈릴레오, 아시아권은 세이버애바카스, 2015년 인수를 주로 사용하고 있다.

3 항공예약시스템의 기능

1970년대 중반까지 CRS는 소유자인 항공사 정보를 위해서만 사용되었다. 그러나 항공사의 주요 판매대리점은 여행사이었고 이들은 효과적인 좌석 판매를 위해서 많은 CRS가 필요했다. 만약 5개의 CRS가 필요하다면 각각의 단말기PC가 존재하고, 여행사 직원은 각각의 사용방법을 익혀야 하는 불편함이 있었다. CRS가 결합한 GDSGlobal Distribution System; 광역유통시스템는 항공사뿐만 아니라 호텔, 크루즈, 철도, 렌터카 등의 다양한

여행업계와 협력하여 더 많은 정보를 제공하게 되었다. GDS는 항공·여행업계에서 벗어나 영화, 연극, 공연, 중고차매매 등 다양한 상품으로 확대되고 있다.

　CRS의 가장 중요한 기능은 항공일정과 예약 여부를 확인시켜 주는 것이다. CRS는 하나의 항공사의 운항 일정을 보여주지만, GDS는 많은 항공사의 일정을 보여주고 있다. 그 외 항공요금, 호텔, 렌터카 등 여행에 관한 종합적인 서비스를 제공하고 있다. 또한, 일드매니지먼트를 통한 매출의 극대화, 마케팅 활동 지원, 정보제공 등의 기능을 수행한다.

예약기능

　CRS의 예약기능은 컴퓨터를 이용해 항공기의 좌석, 호텔, 렌터카 등의 예약을 관리하는 것이다. 고객이나 여행사의 요청에 따라 항공기 여정과 좌석 여부가 제공된다. 일반적으로 항공 여정이 조회된 경우에 첫 페이지의 첫 줄에 나타난 좌석을 예약하는 경우가 50%이고, 첫 페이지에 나타난 항공사를 예약하는 경우가 90%로 나타났다. 이러한 정보는 단순히 비행 어정 외에도 항공 요금, TAX, 항공권 판매 규정, 사용제한 등에 대한 자료가 추가로 제공된다. CRS는 제휴된 항공사를 중심으로 초기화면에 나타난다. 예를 들면, 토파스는 대한항공과 제휴 항공사의 여정이 첫 화면에 나타나고, 또한 아시아나세이버는 아시아나항공과 제휴 항공사의 여정이 첫 화면에 나타난다. 과거에는 토파스나 애바카스는 서로 항공 운임에 대한 정보를 공유하지 않아, 여행사의 항공 발권 담당자가 항공 예약을 함에 있어 불편함이 있었다.

일드매니지먼트

　일드매니지먼트Yield Management: 수익극대화 관리는 항공 여정, 항공 가격운임, 고객정보를 데이터베이스에 저장하고 있다. 이러한 정보시스템을 바탕으로 고객의 수요를 예측하여 효과적으로 가격을 결정하는 시스템이 일드매니지먼트 시스템이다. 일드매니지먼트는 항공업계에서 최초로 개발되고 사용된 것이다. CRS는 과거의 예약 및 판매에 대한 기록을 기초로 미래의 수요를 예측하여 할인율 및 최적의 초과예약 수준을 결정해 호텔 및 항공사가 매출액 극대화를 달성할 수 있도록 지원한다.

ⓘ 부가기능

기본적으로 CRS는 여행사가 늘어남에 따라 여행사 업무를 지원하기 위한 다양한 기능을 제공하고 있다. 토파스의 Value Office, 애바카스의 A-One 같은 프로그램은 여행사의 고객관리, 발권판매관리, 항공권 재고관리, IATA 보고지원 등에 관한 내용을 제공하고 있다. 또한, 부가적으로 호텔, 렌터카, 크루즈, 철도, 날씨, 환율, 출입국 정보, 세관 정보 등 고객에게 필요한 정보를 제공한다. 인터넷이 보급되기 전에는 여행사 직원이나 고객에게 CRS가 제공하는 여행정보가 유용한 자료로 사용되었다.

출처: https://www.traveltech.org/

🔾 그림 4-4_ GDS

4 대표적인 CRS 회사 토파스와 아시아나세이버

국내에 실질적 서비스를 제공하는 CRS는 토파스아마데우스 기반의 SellConnect, 아시아나세이버, 갈릴레오, 월드스팬, 트래블스카이 등 5개의 회사가 있다. 현재 가장 높은 시장점유율을 보이는 토파스와 아시아나세이버에 대해 살펴볼 필요가 있다.

토파스TOPAS: Total Passenger Service System는 1975년 4월 대한항공이 국내 최초로 온라인, 즉시처리 예약시스템인 KALCOS-1을 개발하여, 1983년에 탄생시켰다. KALCOSKorean Airline Computer Online System는 IBM의 IPARSInternational Programmed Airline Reservation System를 무상으로 도입하여 운영하며, 예약업무 자동화 및 메시지의 중계기능을 하였다. 이후 기능이 보완된 KALCOS-2가 개발되어 자동 운임 조회 및 발권 기능까지 갖춘 종합적인 정보시스템으로 발전하였다. 1983년 12월 서울 지역의 주요 여행사를 대상으로 토파스 단말기를 설치하기 시작하여, 국내에서 가장 높은 시장점유율을 보이는 CRS 회사로 성장했다. 이후 토파스는 2014년을 기점으로 유럽계 GDS사인 Amadeus의 기술력이 결합한 셀커네트SellConnect 예약발권시스템으로 여행사 및 호텔 등에 서비스를 제공하고 있다.

애바카스는 아시아-태평양지역 여행시장의 요구에 부응하여 설립된 CRS이다. 아시아나항공을 비롯한 전 세계 500여 개 항공사 예약을 할 수 있으며, 200여 주요 항공사의 잔여 좌석 조회 서비스를 제공하고 있다. 애바카스는 아시아 지역의 주요 항공사인 일본공수, 캐세이퍼시픽, 중국항공, 말레이항공, 실크항공, 에바항공, 가루다인도네시아 항공 등이 연합하여 설립되었으며, 미국의 SABRE 시스템과 제휴된 CRS이다. 아시아나항공이 후발 항공회사로서 당시 자체 CRS를 개발할 수 없는 상황이었으나, 1988년 취항과 함께 미국 WWA사로부터 소프트웨어를 구매하여 독자적인 CRS인 아티스AR-TIS: Asiana Airline Reservation and Ticketing Information System를 개발하여 사용하게 되었다. 이후 아시아나항공은 애바카스를 도입하여 아시아나애바카스를 설립하였다. 2015년 11월에 아시아나애바카스는 아시아나세이버로 변경하여 지금까지 여행사에 항공 예약 발권 서비스를 제공하고 있다. 아시아나세이버는 국내에서 토파스와 함께 선의의 경쟁자로서 국내 항공운송산업 발전에 커다란 역할을 했다.

2 전자항공권

국내에서 2008년 6월을 기점으로 모든 항공권이 전자항공권e티켓, ET, 전자발권으로 발행한 항공권 등으로 불린다으로 전환된다. 2005년 시작한 전자항공권은 IATAInternational Air Transport Association 주관으로 2004년 11월 제네바에서 열린 회의에서 회원사는 2007년까지 전자발권을 100% 달성하도록 하는 것과 셀프서비스형 체크인, 바코드 방식의 탑승권, 무선추적장치RFID를 통한 수화물 관리를 4대 역점사업으로 정했다.

전자발권이 100% 완료되면 발권 1건당 9달러, 연간 총액으로는 30억 달러를 절감할 수 있다고 IATA는 추정하고 있다. 이러한 추세에 IATA 한국 지부BSP-KOREA는 2005년 5월 24일부터 BSP 대리점IATA 인가를 받은 여행사을 대상으로 전자발권제도를 시행하고 있다. 2006년 6월 OZ, AA, CX, SQ를 비롯한 22개 항공사가 국내 GDS 회사를 통하여 전자발권을 시작하였다. 이러한 e티켓은 항공권 발권 및 구매 관련 정보가 종이 항공권에 인쇄되지 않고, 발권 항공사의 컴퓨터 데이터베이스에 보관하여 전산으로 자유롭게 처리할 수 있는 발권 방식을 말한다. e티켓은 분실이나 도난의 위험이 없고, 항공권 수령에 대한 불편사항 해소 등으로 시간과 인력을 단축할 수 있는 편리한 제도이다.

e티켓은 항공사와 고객 모두에게 유용한 정보시스템이다. 고객은 항공권 발권, 변경 처리에 대한 편리, 항공권 분실 및 훼손에 대한 부담감 감소, 신속한 탑승 절차가 가능하다. 항공사의 이점으로는 종이 항공권에 대한 유통비용의 절감, 수입관리 및 정산 프로세스의 변화, 인력의 효율성, 관련 장비에 대한 비용감소 등으로 볼 수 있다. 일반적으로 종이 항공권의 발권에 드는 비용은 1장당 약 7~9달러 정도이지만, e티켓의 경우에는 약 2달러 정도 소요된다. 탑승 수속시간에서도 대략 4분에서 약 1분~1분 30초로 줄일 수 있다.

2006년 하반기 이후 항공사의 실정에 따라 e티켓 도입을 시작으로 일부 항공사에서는 e티켓으로 구매한 고객에게 특별요금으로 판매를 하고 있다. 대한항공은 2007년 1월 1일부터 e티켓 발행이 가능한 구간에서 종이 항공권을 발급받으면 장당 3만 원의 수수료를 고객에게 부담시킨다. 이미 국내선은 e티켓 발권이 100%에 달하고 국제선도

2006년 1월에는 20%에서 8월에는 51%, 2007년 말에는 80%가 e티켓으로 발행되고
있다.

K⌀REAN AIR ✈ e-티켓 확인증

1012 / 19OCT18

승객성명   항공권번호   예약번호

1802

✈ 여정

| 출발 | 도착 | 편명 |

ICN	BCN	KE 915
서울/인천(Incheon)	바르셀로나(Barcelona)	Operated by KE
20OCT18(토) 12:55 (Local Time)	**20OCT18(토) 18:50** (Local Time)	**K⌀REAN AIR** ✈
Terminal No : 2	Terminal No : 1	

대한항공은 인천공항 제 2 여객터미널에서 운항합니다.

예약등급 Class :   (일반석)   예약상태 Status :   좌석번호 Seat number :
운임 Fare Basis :   수하물 Baggage : **1 Piece**   항공권 유효기간 Validity : 19OCT18-19JAN19
기종 Aircraft Type : Boeing 777-300ER   비행시간 Flight Duration : 12H 55M   SKYPASS 마일리지 SKYPASS Miles : 0

| 출발 | 도착 | 편명 |

BCN	ICN	KE 916
바르셀로나(Barcelona)	서울/인천(Incheon)	Operated by KE
24OCT18(수) 20:50 (Local Time)	**25OCT18(목) 16:10** (Local Time)	**K⌀REAN AIR** ✈
Terminal No : 1	Terminal No : 2	

예약등급 Class :   (일반석)   예약상태 Status :   좌석번호 Seat number :
운임 Fare Basis :   수하물 Baggage : **1 Piece**   항공권 유효기간 Validity : 19OCT18-19JAN19
기종 Aircraft Type : Boeing 777-300ER   비행시간 Flight Duration : 12H 20M   SKYPASS 마일리지 SKYPASS Miles : 0

▪ 스케줄 및 기종은 부득이한 사유로 사전 예고없이 변경될 수 있습니다.
▪ 할인 또는 무임 항공권의 경우 예약 등급에 따라 마일리지 적립률이 상이하거나 마일리지가 제공되지 않습니다.

출처: http://koreanair.com/

⌒ 그림 4-5_ 전자항공권

3 항공유통의 시장변화

1 항공권 유통경로

　항공권 판매의 유통경로를 살펴보면, 유럽 전체의 약 75%가 여행사를 통해 항공권을 구매하고 있다. 아시아 지역을 운항하는 11개 항공사를 대상으로 한 설문 조사에서는 항공권 판매액의 80%가 여행사를 통해서 이루어진 것으로 나타났다. 아시아나항공 내부 자료에 따르면 2005년 상반기 수도권의 아시아나 항공권 발권 중 94%가 여행사를 통해서 이루어지는 것으로 나타났다. 아직은 여행사를 통한 항공권의 판매 비중이 높은 것으로 조사되었다.

　여행사의 경우 항공권을 발권하면, 항공권 판매금액의 약 7~9%의 수수료를 항공사로부터 받는다. 항공권 판매 수수료는 여행사의 이익에서 전체 수익 중 많은 비중을 차지하고 있다. 항공사 입장에서는 여행사와 CRS에 판매 수수료를 지급하다 보니 부담이

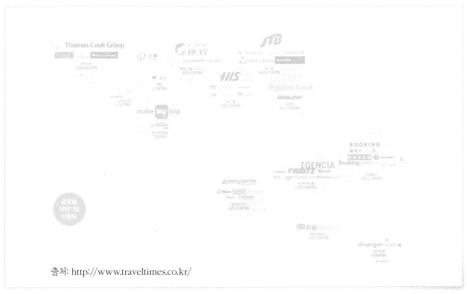

출처: http://www.traveltimes.co.kr/

🌀 그림 4-6_ 전 세계 OTA 주요 현황

계속 가중되었다. 이러한 문제점을 해결하는 방법이 정보시스템을 이용한 인터넷 판매였다. 항공사가 직접 웹사이트를 통해 항공권을 판매하면서 여행사와 CRS_{GDS} 간의 불편한 관계가 시작되었다. 또한, 여행사 입장에서도 항공권 판매에 국한하지 않고 호텔, 철도, 렌터카, 크루즈 등 다양한 상품을 판매하기 시작하였고 CRS도 항공권을 포함한 여행상품_{호텔, 철도, 렌터카, 크루즈 등} 이외에 영화, 공연, 연극, 테마파크, 중고차 매매 등으로 확대하였다. 이러한 것은 CRS가 이미 정보시스템을 통하여 지역 간의 네트워크를 통합하고 있음을 알 수 있다.

국내선인 경우, 여행사를 통한 판매보다는 인터넷이나 스마트폰을 통한 항공권 판매가 주류를 이루고 있다. 앞으로 국외노선의 항공권 판매도 항공사 웹사이트를 통한 판매가 확대될 것으로 보인다. 이와 함께 등장한 온라인 여행사는 항공권 유통경로에 변화를 주었다. 대표적으로 스카이스캐너, 익스피디아, 부킹닷컴, 카약, 트립닷컴 등의 글로벌 OTA_{Online Travel Agency} 등장이다. 더불어, 2020년 432억을 유치한 마이리얼트립 여행사 같은 새로운 유통경로를 가진 국내여행사도 나타나기 시작했다.

② NDC 등장

항공업계에 새로운 유통채널로 NDC_{New Distribution Capability}가 2015년도 등장하였다. NDC란 항공사와 여행사, 소비자를 연결할 때 필요한 메시지 전송의 표준으로 정의된다. NDC는 항공사 사이트에서만 가능했던 좌석이나 기내식 선택, 수하물, 기내 부대서비스, 변경 및 환불 등이 여행사 사이트에서도 가능한 시스템으로 GDS의 기능을 대체한다. NDC는 IATA가 항공사의 GDS 비용부담을 해결하고 XML[9] 웹 서비스를 표준화해 판매 프로세스의 효율성을 확대하고자 개발한 새로운 항공상품 유통시스템이다. IATA가 2017년 1월 발표한 NDC 개발 보고서에 따르면 NDC를 이용하는 항공사는 유럽 항공사 중심으로 27곳이다. 국내에서도 2020년 초부터 NDC를 실무에 적용한 항공사가 등장하면서 국내 일부 여행사에서도 개발하여 서비스를 제공하는 단계까지

9 XML_{Extensible Markup Language}: 인터넷 웹페이지를 만드는 HTML을 개선해 만든 언어

왔다. 이후 NDC를 이용하는 범위가 항공사를 중심으로 점차 확대되고 있다.

NDC는 IATA가 지난 2015년 표준화된 XML을 사용해 항공사의 상품을 조회부터 예약, 발권, 결제 등을 더 쉽게 가능하도록 개발한 시스템이다. NDC의 장점은 누구나 쉽게 GDS와 관계없이 NDC를 통해 직접 항공권호텔 등 포함 판매가 가능하다. 항공사도 그동안 부담이었던 GDS 사용료 등을 줄일 수 있어 비용 절감에도 도움이 된다. 이러한 이유로 NDC는 항공사가 주도적으로 진행하고 있다.

루프트한자 독일항공은 2015년 국내에서 처음으로 GDS를 통해 발권할 경우 왕복 16유로의 수수료를 부과하는 정책을 적용하여 GDS 사용보다는 NDC 사용을 하도록 권장하고 있다. 에어프랑스도 NDC를 권장하고 있다. 에어프랑스는 GDS 이용 시 수수료를 부과하지만, 향후 에어프랑스의 NDC API 또는 여행사 전용 사이트 에이전트 부킹 툴Agent Booking Tool을 통해 예약하면 이용 수수료는 면제된다.

NDC로 인하여 위기에 처한 GDS도 적극적으로 NDC 기반 시스템 개발에 참여하고 있다. 그 예로, 콴타스항공과 GDS가 공동개발한 QDPQantas Distribution Platform 서비스를 제공한다. QDP는 글로벌 GDS사 트래블포트, 세이버, 아마데우스와 함께 NDC를 기반으로 개발한 새로운 항공권 유통 플랫폼이다. 2021년부터 싱가포르항공도 NDC를 통한 항공권 판매를 확대하기 시작하였다.

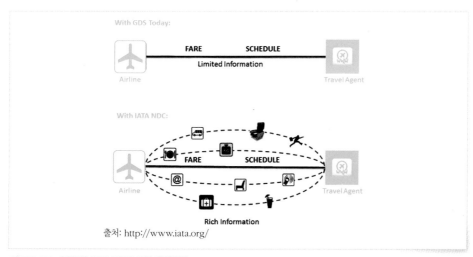

출처: http://www.iata.org/

그림 4-7_ GDS와 IATA NDC 상품 유통경로

News! 인터파크, 루프트한자와 손잡고 예약시스템 강화

인터파크가 루프트한자 독일항공과 NDCNew Distribution Capability 표준 적용 기술 협력을 맺고 항공 경쟁력 강화에 나섰다. 이번 협력은 인터파크 김양선 비즈니스 부문 부사장과 루프트한자 독일항공 알레한드로 아리아스Alejandro Arias 한국 지사장의 적극적인 협력으로 추진됐다. 여행사와 항공사가 함께 미래 성장 동력을 마련한다는 점에서도 의미가 크다.

NDC는 항공사와 여행사 간의 정보연계 강화를 위해 만들어진 IATA의 여행산업 지원 프로그램이다. 이번 협력은 루프트한자의 NDC API를 인터파크와 직접 연결하는 방식으로, 이를 통해 인터파크는 고객들에게 루프트한자그룹 항공사루프트한자 독일항공·스위스항공·오스트리아항공·브리쉘항공의 NDC 특가 요금을 제공할 수 있다. 실제로 인터파크에서 루프트한자의 인천-프랑크푸르트 11월 16일 출발, 11월 25일 인천 도착 왕복 항공권을 검색할 경우 83만 2,000원발권 수수료 포함에 예약할 수 있는데, 다른 여행사 플랫폼보다 적게는 4만원 많게는 12만원까지 저렴한 것으로 나타났다. 또 변경 수수료 1회 면제, 무료 수화물 추가, 좌석 지정 등 다양한 부가서비스도 인터파크 웹사이트를 통해 제공한다. 인터파크 박정현 항공사업부장은 "고객들에게 최상의 서비스를 제공하기 위해 유럽 노선뿐만 아니라 전 노선에 걸쳐 항공 경쟁력을 강화하겠다."고 전했다.

한편, 인터파크는 기술 협력을 기념해 유럽 주요 노선의 항공권 특가전을 진행한다. 또 7월 31일까지 인터파크에서 '상품권', '와이파이' 아이콘이 붙어 있는 항공권을 발권한 고객 100명에게 모바일 백화점 5만원 상품권과 기내 인터넷 이용권을 선착순으로 제공한다.

Cases & Practice
기업 사례 & 실습

항공여행업계 "NDC vs GDS"

　새로운 항공 유통채널인 NDC가 항공사의 GDS 비용 절감 및 직판 확대 행보에 힘을 실어주고 있다. 유럽계 항공사를 필두로 시작된 이런 움직임이 앞으로 한국 시장에는 어떤 여파를 미칠지 주목된다. 영국항공은 항공권 유통 방식을 변경하겠다고 공지했다. 영국항공은 웹사이트, 콜센터 등 자체적으로 운영하는 채널을 이용하지 않거나, NDC 기반이 아닌 채널에서 발권한 항공권에 별도 유통 비용DTC; Distribution Technology Charge을 부과하겠다는 방침이다. 사용료는 10달러9.5유로, 8파운드, 1,100엔, 10스위스프랑로 항공권 발권 시 Q차지로 자동 징수된다. 이후 비슷한 결정을 내린 루프트한자 독일항공도 동참하였다. 이는 항공사에서 부담했던 GDS 사용료의 일부를 여행사나 소비자에게 부과하겠다는 의도로 볼 수 있다. 동시에 IATA가 추진하는 NDC를 적극적으로 활용함으로써 GDS를 통하지 않는 항공사 직접 판매 채널을 강화하겠다는 취지로도 해석할 수 있다. 영국항공은 안내문에서 그동안 IATA의 NDC 개발을 위해 상당한 비용을 투자했다는 점을 강조했다.

　한국 시장에서는 처음으로 NDC를 항공권 유통정책 변경의 주된 배경으로 내세웠다는 점 역시 의미가 크다. 항공사와 여행사를 직접 연결하고, 기존 GDS에서는 대응할 수 없었던 항공사의 각종 부대 서비스 판매도 지원한다는 점에서 NDC에 관한 관심이 세계적으로 높기 때문이다. 영국항공 측은 "초기에 시스템을 별도로 개설해야 하는 부담은 있지만, 장기적으로는 풍부한 콘텐츠와 편리함의 이점을 얻을 수 있다."고 설명했다.

　정작 여행사는 달가워하지 않는 분위기다. 별도 시스템을 도입해야 하는 것은 물론 기존 파트너사와 진행해온 할인·제휴 서비스 등을 포기하거나 새롭게 세팅해야 하는 번거로움이 따른다는 이유에서다. 항공권 결제가 여행사가 아닌 항공사에서 바로 진행되기 때문에 여행사에서 진행해온 카드 할인 등의 프로모션도 사실상 어려워진다는 점도 꼽았다. A 여행사 관계자는 "NDC에 관한 이야기는 5년 전부터 꾸준히 나돌았다."라며 "유럽의 몇몇 항공사들이 NDC를 비롯한 직판 정책을 강화하고 있지만, 아직 국내에서는 국적 항공사의 판매 볼륨이 큰 만큼 단기간에 보편화하기는 어려울 것"이라고 예측했다. 이어 "추가 사용료는 Q차지에 포함되기 때문에 사실상 여행사가 아닌 소비자가 비용을 부담하는 것이나 마찬가지"라고도 말했다.

　B GDS 관계자는 "항공사의 NDC 도입은 판매 채널 다양화와 비용 절감 차원의 움직임으로 볼 수 있다."라면서도 "대형 항공사는 NDC 도입에 적극적일 수 있지만, LCC처럼 IT 기술력과 글로벌 네트워크가 필요한 항공사의 경우에는 오히려 GDS에 더 의존할 수밖에 없어서 NDC가 확산한다고 해서 GDS의 역할이 줄지는 않을 것"이라고 전망했다.

 문제 1　IATA와 항공사는 왜 NDC 도입을 추진하려고 하나요?

 문제 2　GDS와 여행사가 NDC를 소극적으로 도입하는 이유를 논의해 보세요.

research question

연구문제

문제 1   항공여행산업에 CRS는 중요한 역할을 하고 있습니다. 국내 CRS 중 하나를 선택하여 시장에서 어떠한 위치와 역할을 하고 있는지를 설명하세요.

문제 2   CRS와 GDS 용어 간의 차이가 있다면 그 차이점의 의미를 설명하세요.

문제 3   CRS 기능 중 부가기능이 있습니다. 이때, CRS의 부가기능 중 하나를 선택하여 사례를 설명하세요.

문제 4   NDC는 누구를 위한 시스템인가요? 항공사 입장에서 설명하세요.

문제 5   최근 글로벌 OTA가 급성장하고 있습니다. 전 세계적으로 대표적인 OTA 회사를 선택한 후 그 성공사례를 설명하세요.

토론 문제

몸값 오른 IT 개발자 및 항공 전문가

항공권 판매에 눈독을 들이는 기업이 증가하고 있다. 지난 2~3년 사이에 네이버와 다음, 카카오 등 포털 사이트나 소셜커머스에서 가격 비교 플랫폼의 형태로 항공권 시장에 진출하거나 익스피디아, 트립닷컴과 같은 글로벌 OTA의 항공권 판매가 확대됐다면, 내년에는 스타트업부터 전자상거래 플랫폼 등 다양한 국내 플랫폼들의 등장이 예상된다. 이에 따라 항공 분야에 전문성을 가진 IT 개발자나 관련 직종 종사자 영입 경쟁도 치열해졌다.

신규 업체들의 항공 서비스는 이르면 올해 말부터 내년 초에 집중하여 오픈될 예정이다. 11월 말 현재 항공 서비스를 준비 중인 곳은 ▲신라트립12월 ▲라쿤11~12월 ▲트리플, SSG닷컴, 티켓박스2020년 2월 등이다.

또 이밖에도 국내외 호텔을 입찰가로 예약할 수 있는 닥터트립이 내년에는 국내 골프장 또는 항공권 판매까지 서비스를 확대할 계획이다. 업계 관계자에 따르면 소셜커머스 C사와 이커머스 플랫폼 L사에서도 항공권을 직접 판매하는 것에 대해 검토하며 항공 전문가를 수소문 중인 것으로 알려졌다.

이처럼 최근 항공권 서비스 진출을 앞둔 플랫폼들이 많아지면서 항공 분야 IT 기술 개발에 경험이 있는 전문가 영입에도 경쟁이 붙었다. 다른 분야에 비해 항공권 시스템이 복잡하고 까다로운 만큼 어느 정도 이해도가 있는 경력자를 찾는 수요가 커졌기 때문이다. 한 여행사 관계자는 "최근 퇴사자들의 대부분이 IT 개발팀에서 나오고 있다."라며 "개발자들의 이직률이 이전보다 높아졌다."고 말했다. 실제로 한 IT 개발자는 "항공 시스템을 어느 정도 이해한 개발자들은 새로 서비스를 준비 중인 업체로부터 스카우트 제의를 많이 받고 있다."고 설명했다.

새로운 직무도 생겼다. 한 관계자는 "GDS에서 예약시스템을 다룰 줄 알면서도 OTA의 유통구조에 대해 두루 지식과 견해를 갖춘 자를 알음알음 찾는 업체가 생기기 시작했다."라며 "항공 코디네이터라는 이름으로 항공 기획자와 발권팀 사이에서 효율적인 기획·마케팅이 가능하도록 업무 상황을 조율하는 업무를 맡는다."고 설명했다. 항공시스템이 복잡한 데다 다양한 변수를 가지고 있으므로 기획자가 효과적으로 마케팅을 펼칠 수 있도록 빠른 길을 안내하는 임무인 셈이다. 이처럼 항공 서비스를 준비하는 플랫폼이 다양한 분야에서 늘어나면서 항공 전문가에 대한 수요도 당분간 증가할 것으로 전망된다.

 모든 산업에서 인공지능AI, 정보기술IT이 중요하듯이 항공여행산업도 그 중요성이 부각되고 있습니다. 그러나 이와 관련된 전문가가 부족한 것이 현실적인 실정입니다. 당신이 10년 뒤 항공여행 관련 기업을 창업하거나 책임자가 된다면, 이러한 IT 개발자나 항공 전문가 인재를 양성하려는 방안을 주제로 토론해 보세요.

문제 2 뉴스를 보다 보면 한쪽에서는 기업들의 인력감축에 관한 우울한 소식도 있지만, 반대로 회사에 꼭 필요한 핵심 사원들을 경쟁사에서 스카우트해갔다면서 경쟁사를 상대로 소송을 제기했다는 이야기도 접하게 됩니다. 예를 들어 A여행사 IT 개발직원이 B여행사로 이직을 하면서, 이들이 기존에 몸담고 있던 회사와 전직한 경쟁사가 법적 분쟁에 휘말린 사례가 있습니다. 항공여행산업처럼 인적 의존도가 높은 기업에서 경쟁사로 핵심인력 또는 한 팀 자체를 유인해 빼가는 경우, 기존의 회사에서 대응할 방법은 없는 것인가요? 반대로 직원은 더 좋은 직장경쟁사으로 이직을 할 수 없는 것인가요? 이러한 문제에 관한 사회적 합의의 관점에서 토론해 보세요.

참고문헌

· 김상희 외 3명, "항공예약 서비스 품질의 결정요인: 온라인과 오프라인 예약 경로의차이분석을 중심으로", 6(3), 2008
· 김은영 외 2명, 항공정산(IATA BSP Training), 2021
· 김재석, 디지털 관광론, 새로미, 2008
· 이동현, "국내 항공예약시스템 연구의 이론적 유형 분류: 정보시스템 관점의 체계적 문헌 고찰", 동북아관광연구, 16(3), 2020
· 이선미, 항공 예약, 백산출판사, 2019
· 전약표 외 4명, 항공사경영론, 2017
· 최미선 외, 최신 항공실무, 백산출판사, 2015
· 허국강, "효율적인 항공예약시스템(CRS) 운영에 관한 연구", 추계학술발표논문집, 2012(0), 2012

· "몸값 오른 IT 개발자 및 항공 전문가", 여행신문, 2019.11.18.
· "인터파크, 루프트한자와 손잡고 예약시스템 강화", 여행신문, 2020.7.23.
· "항공여행업계 'NDC vs GDS' 사례 연구", 여행신문, 2017.8.28.

· http://countingthefuture.net/node/294
· http://koreanair.com/
· http://www.iata.org/
· http://www.traveltimes.co.kr/
· https://www.pinterest.ca/pin/479844535293651278/

정보시스템

Chapter 05. 정보시스템

정/리/노/트

단서

· 질문 1

· 질문 2

· 토의문제 제시 1

· 토의문제 제시 2

Key Words

예습

복습

Case Study

Summary

참고: cornell note

1 정보시스템의 역사

컴퓨터를 이해하기 위해서는 비록 기간이 길지는 않지만, 컴퓨터의 집합체인 정보시스템의 역사를 이해할 필요가 있다.

컴퓨터 처리기술은 19세기 말, 미국의 인구조사자료를 통계처리하기 위해 사용된 헤르만 홀러리시의 펀치카드 배열장치와 같은 계산기를 비롯해서 단계적으로 개발되기 시작하였다. 최초의 컴퓨터는 '수처리기number-cruncher'가 아닌 언어처리기계로서, 1943년 영국의 암호 해독기관인 블레츨리 파크에서 사용한 '클러써스'라고 하는 컴퓨터이다. 이 클러써스는 제2차 세계대전 말기에 파괴되었다. 클러써스의 존재 자체가 비밀이었기 때문에, 진공관을 사용한 에니악이 최초의 컴퓨터로 알려지게 되었다.

1948년 애니악 컴퓨터가 발명된 이래 50년대 초부터 컴퓨터는 기업의 문제를 해결하기 위해 본격적으로 사용되기 시작하였다. 초기에는 급여 계산이나 회계처리 등 매우 단순한 가감승제 계산을 위한 목적으로 적용되어 이를 EDPSElectronic Data Processing System로 명명하였다. 이후 50년대의 거래처리시스템 TPSTransaction Processing System, 60년대의 경영정보시스템 MISManagement Information System, 70년대의 의사결정지원시스템 DSSDecision Support System, 80년대의 전략정보시스템 SISStrategic Information System 및 중역정보시스템 EISExecutive Information System로 발전하였다. 90년대에 기업의 정보를 통합관리하면서 글로벌 환경에서 초우량기업들의 혁신적 업무프로세스를 패키지화한 전사적 자원 계획 ERPEnterprise Resource Planning 시스템이 등장하면서 급격히 확산되기 시작하였다.

1 거래처리시스템

1960년대까지 조직에 있어서 정보시스템의 역할은 큰 변화를 보여왔다. 1960년대까지 조직에 있어 정보시스템은 주로 수작업으로 하던 거래자료처리와 같은 일을 컴퓨터로 처리하는 EDPElectronic Data Processing의 수준이었다. EDP라는 용어는 이제 거의 사용되지 않고 있는 대신 데이터처리시스템data processing system 또는 거래처리시스템transaction processing system으로 불리어진다.

② 경영정보시스템

경영정보시스템(MIS; Management Information System)의 개념은 1960년대부터 싹트기 시작하여 1970년대에 와서는 거의 유행어처럼 되었다. 정보시스템의 기능이 자료처리나 회계기록관리 등 수작업을 컴퓨터로 처리하는 개념에서 경영자들에 대한 정보지원이라는 개념으로의 전환은 획기적이었다. 이러한 경영정보시스템은 관리자들이 필요한 정보를 미리 정해진 형태로 출력하는 정보보고시스템이라고 할 수 있다.

③ 의사결정지원시스템

경영정보시스템은 관리자들의 문제해결에 필요한 정보를 제공할 수 없는 부분이 있었다. 따라서 이를 보완하기 위해 등장한 것이 의사결정지원시스템이다. 경영정보시스템이 주로 경영관리층의 정형적인 의사결정[10]을 지원하는 시스템이라고 하면 의사결정지원시스템은 관리층의 비정형적인 의사결정[11]의 지원을 한다고 볼 수 있다. 의사결정지원시스템은 관리자들이 그때그때 필요한 정보를 대화식(interactive)[12]의 형태로 제공하게 된다. 경영정보시스템이 모든 관리자들에게 일반적인 정보를 제공하는 시스템이라고 한다면, 의사결정지원시스템(DSS; Decision Support System)은 특정 관리자의 특정한 문제의 해결을 지원하는 시스템이라고 할 수 있을 것이다.

④ 전략정보시스템

1980년대 후반에는 정보시스템의 새로운 역할이 강조되기 시작하였는데 이것이 전

⊙ 10 정형적인 의사결정이란 일반적이고 형식적인 규칙성과 정형적 내용에 관한 의사결정을 말한다.

⊙ 11 비정형적 의사결정이란 의사결정을 함에 있어서 그 결정자가 직면하는 문제가 과거에 없었던 전혀 새로운 것이거나 문제의 핵심이 명확하지 않거나, 문제가 매우 까다로워 그 해결에 불확실성이 수반할 우려가 있기 때문에 사전에 많은 조사연구와 토론 및 심사숙고를 필요로 하는 결정을 말한다.

⊙ 12 인간과 컴퓨터가 점진적으로 상호 간에 주고받으면서 하나의 일을 해나가는 방식이다. 예를 들면, 좌석예약시스템(seat reservation system)에서는 이용자인 손님이 창구에 와서 '요구'나 '조건'을 데이터로서 단말장치(terminal)에 입력하면 기다리고 있는 사이에 그 데이터가 중앙의 컴퓨터로 통신 회선을 경유하여 보내지며 즉시 처리되어 적절한 해답이 되돌아오도록 되어 있다.

략정보시스템SIS: Strategic Information System이다. 정보시스템이 지금까지의 내부 업무 지원에서 벗어나 시장에서의 경쟁적 우위competitive advantage를 달성하는 데 핵심적인 역할을 수행하게 된다. 정보시스템이 기업 내의 다른 부서에 정보를 제공하는 서비스 기능의 수준을 넘어 정보기술을 경쟁적 무기로 사용하거나 기업에 직접 이윤을 줄 수 있는 정보관련 제품과 서비스를 생산하는 기능을 수행하게 된다.

5 중역정보시스템

중역정보시스템EIS: Executive Information System은 최고경영층의 정보요구에 맞게 개발된 시스템이다. 최고경영자들에게는 정보보고시스템에 의해 제공되는 정보나 의사결정시스템의 직접적인 사용이 현실적으로 어려워 이들에게 적합한 정보시스템의 개발이 필요하게 되었다. 중역정보시스템은 이들을 위해 개발된 시스템인데 사용하기가 쉽고 제공되는 정보의 형태도 이미지나 그래프의 형태로 제공된다.

6 전사적 자원계획

1990년대 이후 기업은 새로운 통합 정보시스템을 추구하기 시작했으며, 그것은 기업 내 기능 중심의 업무들을 프로세스 중심으로 하나의 시스템으로 통합한 ERPEnterprise Resource Planning 시스템이었다. 이를 위해 기업 내 경영 프로세스를 고객 중심으로 재정립하였다. 즉, 모든 업무를 고객에게 최대의 가치를 제공할 수 있도록 기능적인 단위 업무들을 고객 중심의 프로세스로 통합하게 되었다. ERP의 특징은 통합업무시스템, 파라미터 방식[13], 표준 프로세스, 개방형 시스템으로 사용자가 직접 데이터를 사용하는 것이 용이하다. 세계화, 개방화 시대를 맞이하여 기업 간의 경쟁이 격화됨에 따라 각 기업은 조직규모의 감량 혹은 슬림화의 필요성을 절실히 느끼고 있으며, 경영혁신의 도입 및

---

13 파라미터 방식은 자주 반복적으로 사용하는 기술을 변수화하고 ERP에 내장하여, 사용자로 하여금 프로세스나 알고리즘을 선택적으로 사용하도록 할 수 있다. 즉, 통화, 다국 언어, 각종 세법, 관습 등 다양한 기능을 포함하고 있다.

조직구조의 재구축과 같은 과감한 개혁을 시도하고 있다. ERP는 eERP extended ERP로 발전되어갔다. eERP는 확장형 ERP라고도 하는데 기업 내부 중심의 프로세스에서 공급자 및 고객이라는 외부 프로세스로 시스템을 확장해 나가는 것을 의미한다.

2 관광산업에서의 정보시스템

21세기는 정보경제의 시대이며 정보지식은 정보사회에서 결정적인 역할을 하게 된다. 경제 발전과 사회 진보, 사람들의 물질적, 문화적 생활 수준은 계속 향상되고 여가시간은 계속 증가하고 관광은 일종의 여가 방법으로 점점 인기를 얻고 있기 때문에 관광객은 꾸준히 증가하고 있으며 관광의 활발한 발전을 하고 있다. 특히 현대 관광산업에서의 정보시스템은 매우 빠른 성장이 큰 특징이다. 이러한 성장은 가처분소득의 가용성 증가, 신흥 세계 지역의 발전, 빠른 교통수단 및 업무 패턴의 변화 등의 다양한 영향요인이 있다.

관광산업에서 가장 많이 활용되는 정보시스템은 지리 개념 도입을 바탕으로 한 지리정보시스템 GIS 및 여행지리 정보시스템 TGIS이다. 지리정보시스템은 관광 영역에서 매우 유용하며 시스템 자체가 지리 연구 및 의사결정에 서비스를 제공하는 정보시스템이다. 관광 관리, 데이터 수집, 저장, 처리, 공간 분석 등 지리정보시스템은 관광 관리 서비스를 제공한다.

1 지리정보시스템

지리정보시스템 GIS: Geographic Information System은 지리, 컴퓨터, 수학, 통계, 과학, 관리, 측량을 하나로 맵핑하며 컴퓨터 하드웨어 및 소프트웨어에 의해 지리 공간 데이터를 수집하고 입력, 관리, 편집, 쿼리 14, 공간 데이터를 모델링하고 표시한다. 공간 모델 해석방법을 이용하여 다양한 지리 관련 서비스를 제공한다. 지리정보시스템의 주요 기능은 데이터 수집 및 편집, 데이터 저장, 데이터 처리 및 변화, 공간 분석 및 통계 처리 등이다. 지리적 검색을 통해 관광객은 데이터베이스를 빠르게 검색할 수 있고 지리정보시스템 내의 쿼리 기능을 활용하여 원하는 지점에서 가장 가까운 관광지 검색이 가능하다.

2 관광지리 정보시스템

관광의 가장 기본적인 것은 관광객들이 미지의 세계를 찾기 위해 거주지를 떠난다는 것이다. 이러한 과정에서 여행 정보 및 데이터는 지리적 속성에 토대를 두고 있으며, 관광지리 정보시스템TGIS: Travel Geographic Information System은 관광을 위한 지리정보 데이터베이스를 기반으로 여행 관련 정보들을 수집, 분석, 쿼리, 출력 등의 업무를 수행하는 하나의 통합된 시스템이다. 관광정보 관리에 있어서 관광지리 정보시스템의 역할은 정확한 여행 정보의 제공을 통해 비용을 절감할 수 있다. 또한, 여행을 할 때 관광지리 정보시스템의 종합적인 관광지도를 통해 관광객은 포괄적인 주제지도를 생성할 수 있다. 관리부서의 측면에서 관광지리 정보시스템은 저장된 방대한 데이터에서 비즈니스 운영

🍥 그림 5-1_ TGIS

📍 14 쿼리query: 데이터베이스 운영시스템이나 GIS를 통해 사용자가 데이터베이스에 질문하는 것으로서, 데이터 자체의 변경은 하지 않고 속성 데이터를 조사하는 것을 말한다. 논리 연산 등을 이용하여 조건 검색을 행한다.

및 개선에 대한 유용한 정보를 얻을 수 있고 관광 기획 부서에서는 정보를 바탕으로 관광명소에 대한 개발, 확장 계획 및 관광객이 선호하는 관광지 예측을 할 수 있다.

관광산업에서 서비스 업무의 상당 부분이 디지털로 전환되었다. 이러한 사례로 관광산업에서는 GIS나 TGIS 외에 호텔정보시스템, 여행정보시스템, 외식관리시스템 등이 이미 보급되어 운영되고 있다. 관광산업에 활용되고 있는 각각의 정보시스템은 다음과 같다.

 3 호텔정보시스템

1 호텔정보시스템의 개념

호텔정보시스템은 호텔에서 운영하는 시스템으로 고객을 위한 홍보, 예약업무, 객실관리, 성산업무 등을 처리하고, 호텔의 업무운영을 효과적으로 관리하기 위한 컴퓨터시스템이다. 이러한 정보시스템을 호텔정보시스템 HIS Hotel Information System나 호텔 자산을 관리하는 면에서 자산관리시스템 PMS Property Management System라고 한다. 호텔정보시스템은 프런트오피스시스템 front office system, 백오피스시스템 back office system, 인터페이스 시스템 Interface System으로 구성되어 모든 시스템이 유기적으로 통합되어 운영되고 있다.

이러한 호텔정보시스템은 호텔시설이 연중 쉬지 않고 운전되기 때문에 시스템이나 기기 및 재료의 신뢰성과 내구성을 중시하고, 보수 관리의 용이성은 물론, 사고나 고장, 검사 등으로 인한 운휴 시에도 최소한의 기능을 유지할 수 있도록 해야 한다.

2 호텔정보시스템의 발달

호텔에서 사용하는 컴퓨터의 도입은 1955년대 말 IBM이 호텔용 컴퓨터의 판매를 개시하였고, 1965년에 들어와서 대규모 호텔이 도입하기 시작했다. 호텔의 경영자들이 호텔 전산화에 관심을 기울인 것은 1960년대 이후의 일이다. 당시에는 호텔산업은 다른 제조업에 비해 업무 성격이 비정형화되어 있고 사업 규모가 소규모로 이루어져 있었기 때문에 호텔경영자들은 전산화에 대한 필요성을 느끼지 못했다. 그러나 제조업을 중심으로 한 기타 산업부문에서 적용하고 있는 업무 프로그램을 사용하면서 효과성 측면에서 긍정적인 평가를 하기 시작하였다. 1970년에 실질적으로 호텔정보시스템이 운영되기 시작하여 야간결산 작업시간이 11~12시간에서 2시간 이내로 감소하였다. 1980년은 호텔시스템의 패키지를 통하여 프런트오피스와 백오피스의 통합시스템이 등장하였다. 이때 전화교환 PBX, 판매시점관리 POS 등이 시스템에 추가되었고, 부가적인 기능으로 유료영화, 에너지관리, 미니 바 등의 인터페이스 기능들이 강화되었다. 신속한 야간결산과 야간고객의 체크인이 가능하게 되었다.

1990년대는 프런트오피스, 백오피스 그리고 인터페이스까지 통합된 시스템으로 발전하였다. 고객관리시스템CRM이 도입되고 외부와의 예약망 접속, 인터넷을 통한 예약 가능 등으로 시스템을 통한 판매경로가 확대되었다. 2000년대에는 시스템의 효율성을 강조하여 시스템들이 각 호텔 환경에 맞게 구축되어 운영되기 시작했다.

호텔업은 다른 산업에 비해서 거래의 다양성이 존재하고 거래가 많이 발생하며, 이로 인하여 오류발생 빈도가 높아 업무의 표준화를 통한 효율적 경영의 필요성이 대두되었다. 또한, 오늘날 호텔의 대형화 및 관광인구의 급증에 따라 호텔 전산화로 서비스의 질을 높이고 합리적인 운영에 기여하고 있다.

3 호텔정보시스템의 종류

1) 거래처리시스템

데이터를 효과적으로 처리하면 호텔은 고객을 좀 더 쉽게 이해할 수 있게 되고 비용을 절감할 수 있게 된다. 거래처리시스템 TPSTransaction Processing System는 데이터 거래에 대한 수집, 검색 및 수정과 관련된 비즈니스처리시스템이라고 할 수 있다. 이 시스템은 호텔에서 거래에 대해 생성된 데이터를 처리한다. 거래처리시스템에서는 다음과 같은 일들을 처리한다.

- 청구서 및 송장 생성

- 판매 오더 입력
- 예약 및 예약 항목
- 직원 급여
- 제품 및 판매 주문 배송

2) 판매시점관리시스템

POV Point of Sale는 호텔산업에서 사용되는 가장 일반적인 형태의 정보시스템이다. POS 의 역할은 호텔 레스토랑, 바, 커피숍 등의 호텔 내 입점 점포에서 발생하는 상품 판매를 추적하는 기능이 있다. POS는 호텔 내 시스템을 통합할 수 있고 급여, 노동 및 판매를 추적하고 회계 목적에 유용한 기록을 생성하기 때문에 매우 중요한 시스템이다. 마이크로 회사의 POS는 호텔, 레스토랑, 패스트푸드 레스토랑 및 독립형 레스토랑에서 일반적으로 사용되는 시스템이다.

3) 자산관리시스템

호텔의 자산관리시스템 PMS Property Management System는 호텔 비즈니스에 대한 재무 및 비즈니스 보고서를 제공한다. 객실 점유율, 고객의 체류기간, 지불 징수 방법 및 호텔에 대한 유사한 통계 예측에 대한 정보를 제공한다. 또한, 마케팅 활동을 하고, 호텔 홍보를 위해 이메일을 보내고, 직원 교육을 하며 프로세스를 원활하게 하기 위한 사내 커뮤니케이션 시스템을 개발하는 데 도움이 되며 프런트오피스 직원의 운영업무 조정, 영업 및 계획과 같은 기본 목표를 다루는 데 사용되는 포괄적인 시스템이다.

자산관리시스템은 고객 예약, 고객정보, 온라인 예약, 영업 및 마케팅과 같은 중요한 기능의 자동화를 쉽게 한다. 자산관리시스템 운영의 목적은 호텔의 다양한 운영을 관리하고 데이터를 간소화하는 데 있다. 환대산업 부문에서 많이 사용되고 있는 자산관리시스템은 다음과 같다.

- Oracle Hospitality
- Hotelogix
- Ezee Technosys

- MSI Cloud
- Opera PMS
- Maestro PMS

자산관리시스템은 운영 및 전략 활동을 분석하고 촉진하는 데 사용할 수 있으며, 다양한 영역에서 기능적으로 사용된다.

- 보안security
- 하우스키핑housekeeping
- 유지 관리maintenance
- 재무 관리 및 회계financial controls and accounting

4) 의사결정지원시스템

의사결정지원시스템 DSSDecision Support System는 호텔에서의 의사결정과정을 지원한다. 각 호텔은 호텔 설립의 운영 모델을 기반으로 의사결정시스템을 만든다. 의사결정시스템에 포함되는 내용들은 다음과 같다.

- 식품의 가격 관리price management of food items
- 호텔 객실 요금 관리rate management of hotel rooms
- 동적 가격dynamic pricing
- 호텔 객실 수요 계획demand planning of hotel rooms

5) GDS

GDSGlobal Distribution System는 환대산업의 여러 부문에서 환대 제품들을 연결하고, 고객 및 환대 회사의 프로세스를 단순화하는 데 사용된다. GDS 덕분에 모든 여행 웹사이트에 대한 서비스, 결제, 비디오, 제품 등의 원활한 통합이 가능하다. GDS의 대표적인 시스템은 다음과 같다.

- Amadeus

- SABRE
- Galileo
- Worldspan

고객에게 더 나은 환대 경험을 제공하기 위한 환대에 대한 모든 혁신을 통해 호텔정보시스템은 고객과 직원 모두의 경험을 개선하는 데 도움이 될 것이며, 호텔산업에서 정보기술은 지속적인 경쟁우위를 위한 가장 중요한 도구가 될 것이다. 즉, 호텔에서 위와 같은 정보시스템을 활용한다면 산업 내 경쟁우위를 확보하기 위한 호텔 마케팅 전략을 구현하는 데도 도움이 될 수 있을 것이다.

4 호텔정보시스템의 기능

호텔정보시스템의 기능은 일반적으로 프런트오피스시스템front office system, 백오피스시스템 back office system, 인터페이스시스템interface system 등으로 구분하고 있으나 최근에는 초고속 정보통신망에 의한 음성 및 데이터를 관리하는 정보통신 부분, 주출입구 및 주요 동선, 보안지역에 대한 통합방범 부분, CATV, 디스플레이 등의 영상, 음성 부분, 객실 자동제어 등 호텔 운영설비 부분, 호텔 내의 전력, 기계, 조명시설 자동제어에 대한 호텔 자동화부분으로 구분하고 있다.

1) 프런트오피스시스템

프런트오피스는 호텔에 숙박하기 위해 찾아오는 고객을 제일 먼저 접객하는 장소이다. 이곳은 고객이 체류하는 동안 호텔 내 모든 곳을 안내하는 역할과 고객이 호텔을 떠날 때까지 마지막으로 안내하는 호텔창구의 역할을 하는 곳이다. 따라서 이러한 모든 업무를 원활하고 신속하게 수행하기 위해서 시스템에서도 기능별로 구분되어 있다.

○ 통합고객관리시스템

통합고객관리 시스템은 호텔의 영업과 관련된 모든 고객의 정보를 통합 및 관리하는 시스템으로 모든 고객의 신상정보 및 회원의 계약정보, 연회비, 카드발급, 실적정보, DM 등을 관리한다. 호텔을 이용하는 모든 고객 데이터는 물리적으로 통합되고 각 사업별 고객의 특성을 모두 반영하여 데이터로 관리한다.

○ 객실영업관리시스템

예약시스템을 통하여 제공된 예약정보를 활용하거나, 통합 고객정보를 활용하여 등록업무를 쉽게 할 수 있으며 고객에 대한 정보를 정확히 등록할 수 있어야 한다. 따라서 고객에 대한 지속적인 방문을 이끌 수 있는 높은 수준의 서비스를 제공할 수 있도록 해야 하며 객실영업시스템과 객실관리시스템의 유기적 연계 및 객실 관리업무의 효율화를 이룰 수 있는 시스템이 필요하다. 통합고객관리시스템과 정보를 공유하여 회원 여부, 방문기록, 이용실적, 서비스 제공내역, 기호사항, 불만사항 등을 미리 파악하여 고객에 대해 보다 나은 서비스를 제공해야 하며 영업장과 투숙객 정보를 공유하여 통합 정산을 할 수 있어야 한다.

○ 영업장관리시스템

POS 관리는 영업장의 중심이 되는 업무로서 고객에 대한 판매, 정산, 마감 등을 관리하며 호텔의 전체 영업장에서 일관된 판매화면 및 업무처리를 통해 구성원들의 순환배치나 운영을 효율적으로 할 수 있다. POS를 통해서 고객에게 다양한 서비스 제공과 통합된 고객관리를 지원하여 고객의 만족도를 높일 수 있다. 영업장관리시스템과의 긴밀한 연동을 통하여 매출내역의 실시간 전송, 각종 고객 관련 조회 및 신용카드 등의 결제 조회 등을 할 수 있게 한다.

○ 연회행사관리시스템

연회행사관리는 동일한 목적을 가진 2인 이상의 고객에게 성공적인 행사 유치를 위

해 계획된 장소, 시간, 예산 내에서 식음료와 서비스를 제공하여 고객 만족을 극대화하고 연회를 기획, 운영하는 일이다.

연회행사 관련 정보는 고객관리, 객실 영업, 후불관리 등의 시스템과 연계될 수 있도록 함으로써 업무 효율성과 고객 서비스가 증대되고 행사를 예측하는 기능의 강화로 마케팅 능력이 제고되는 시스템으로 구축방안을 수립한다.

연회행사관리는 상품을 창조하여 판매하기 때문에 연회예약 관리자의 역할이 매우 중요하며 사내 관련 부서와의 긴밀한 협조하에서 이루어지는 특성을 가지고 있기 때문에 관련 부서와의 신속하고 정확한 업무 협조가 긴밀하게 이루어져야 한다. 따라서 프런트오피스, POS, 관련 부서 등에서 온라인으로 행사정보를 참조할 수 있도록 히고, 통합고객관리와 연계된 실적관리를 체계화할 수 있는 시스템들로 구성되어 있다.

◯ 수익관리시스템 revenue management system

호텔의 수익 전략은 복잡하다. 호텔의 요금은 변동성이 있고 비수기 또는 성수기, 도시 이벤트 및 예측하기 어려운 기타 사건들이 발생하게 된다. 수익관리시스템은 요금을 예측하고 객실 재고를 관리하는 데 도움을 줄 수 있다. 또한, 고객의 체크인 및 체크아웃, 숙박기간, 취소 등을 고려하여 가격 추천이 실시간으로 제공된다.

판매채널의 확장을 통한 예약의 다각화는 투숙률의 상승을 만들어 낼 수 있으며 이를 통해 총 객실 대비 판매단가를 상승시키고 이는 호텔 수익에 직접적인 영향을 줄 수 있다.

정량적 영역에서의 수익 개선과 더불어 정성적 영역에서의 손익도 관리되어야 한다. 호텔운영시스템이나 객실관리, 채널관리, 체크인 키오스크, 모바일 도어락 등의 IT 솔루션의 적용을 통해 정성적 영역에서도 수익 발생이 가능한 구조를 만들 수 있으며, 이를 통해 전반적인 손익구조를 긍정적인 방향으로 개선할 수 있다.

2) 백오피스시스템

백오피스 시스템의 주 업무는 호텔에서 발생하는 매출·매입·자금 관계를 관리하는 회계관리시스템, 종업원의 채용 및 교육 그리고 급여를 관리하는 인사관리시스템, 호텔

영업에 필요한 식·음료관리 및 원가를 관리하는 재고·원가관리시스템이 있다. 또한, 호텔 고객관리 및 판촉을 위한 업무를 집행하는 판촉·연회관리시스템 등이 있다. 그리고 이러한 모든 자료를 통합하여 최고경영자가 의사결정에 참조할 수 있도록 중역정보시스템 등이 있다.

○ 회계관리시스템

호텔 기업의 주 영업 분야는 크게 두 부문으로 나누어진다. 객실부문과 식음료부문으로 나누어지며, 객실부문은 호텔 기업이 고객에게 객실 서비스를 제공하여 숙박장소를 원하는 고객의 욕구와 필요를 만족시킴으로써 수익을 발생시키는 부문이며, 식음료부문은 객실 고객 혹은 외부 고객에게 식사와 음료 서비스를 제공함으로써 고객의 욕구와 필요를 만족시켜 수익을 발생시키는 부문이며 그 종류는 Room Service, Bar, Banquet 등으로 다양하다.

호텔에서 필요한 회계관리 영역은 호텔영업회계, 객실부문의 영업회계, 식음료부문의 영업회계, 야간감사, 현금수입관리, 외상매출금관리, 호텔수입회계, 호텔영업회계 등의 업무들이 있다. 호텔회계관리시스템은 객실부서 및 식음료부서의 계획과 통제를 위한 경영자의 의사결정과 관리활동을 위한 회계정보의 수입·분류·요약·분석 및 보고시스템이라 할 수 있다.

○ 인사관리시스템

과거부터 기업 내 인사부서의 역할과 비중은 여느 부서 못지않게 강조되어 왔다. 특히 호텔 내 인사업무는 사람을 중심으로 이뤄지는 호텔의 특성상 타 업계 인사부의 역할보다 더욱 중요성이 강조되었다. 따라서 호텔의 인사정책 역시 사회적, 경제적 변화에 빠르게 적응하며 탈바꿈하고 있다. 인사관리시스템은 단순한 지원업무의 범위를 벗어나 능동적으로 호텔 경영의 주도적 역할을 해내고 있다. 호텔업은 성수기와 비수기에 따라 매출 및 고객변동이 심하기 때문에 관리 및 운영인력도 탄력적으로 운영할 필요가 있으며, 채용이나 근태관리 부분에 자동운영시스템의 개념을 도입하여 불필요한 인

력 투입을 해소하는 것 등의 노력이 필요하다.

인사관리시스템은 조직에 필요한 인력을 선발해서 퇴직할 때까지 관리하며 직무별 인력채용계획, 선발계획, 교육계획을 수립하여 효율적인 조직 운영을 위한 기초자료를 제공한다. 인적자원을 어떻게 관리하고 기업의 경영 이념에 맞춰 운영해 가느냐에 따라 호텔 기업의 성패가 달려 있다고 할 수 있다.

☯ 재고·원가관리시스템

호텔의 임시보관구역으로 들여오는 소모품, 케이터링용 카트, 고객 수하물 추적 등 재고와 자산의 추적은 성공적인 호텔·리조트 운영에 필수적인 요소이다. 잘못된 추적 또는 라벨 관리는 고객에게 불쾌한 경험을 제공하여 매출 손실을 야기할 수 있다. 재고·원가관리시스템을 통해 호텔·리조트에서는 자동으로 재고를 추적할 수 있다. 즉, 언제 어디서든 상품과 서비스의 위치를 파악하여 고객 요구를 충족시키고 자산을 유지 관리할 수 있다. 또한, 모바일 기술 사용으로 주간 식재료 양을 자동으로 파악하고 식품 서비스 인력의 업무 효율화를 높일 수 있다. RFID Radio Frequency Identification를 통해서 향상된 운영 가시성으로 수하물 체크인, 보관, 검색시간을 줄이고 고객 만족을 높일 수 있다.

☯ 판촉·연회관리시스템

호텔에서는 숙박뿐만 아니라 웨딩과 연회 등 다양한 행사들이 열린다. 이러한 행사들을 기획하고 관리하는 업무가 바로 판촉연회부서이다. 판촉업무는 국내외 여행사 같은 곳을 담당하는 오프라인 업무와 인터넷과 스마트폰 앱 등에서 활동하는 온라인 업무가 있다. 모바일 시장이 확대됨에 따라 온라인 활동이 급격하게 증가되고 있는 실정이다. 호텔의 매출 신장을 위해 활발한 마케팅 활동과 고객예약시스템의 활용을 통해 고객의 만족도를 높여야 한다. 아울러 현재 트렌드에 발맞춰 호텔 홈페이지 관리와 모바일 서비스 제공을 통해 호텔 수익을 극대화시킬 수 있다.

☯ 수익경영관리시스템 yield management system

수익경영관리는 최대의 매출과 수익률을 창출하기 위해서 세분시장별 고객에게 그들의 특성에 따라 적절한 가격으로 적절한 유형의 객실을 제공하려는 것이다.

수익경영관리는 1970년대 미국에서 항공산업에 대한 규제완화법이 제정되어 여객항공사 간 극심한 경쟁체제하에서 시장우위를 선점하고, 더 많은 고객을 확보하기 위하여 보다 저렴한 가격으로 우수한 서비스를 제공한다는 목적으로 가격할인에 따라 가장 수익적인 좌석판매율이 어느 부분인가를 계산해내어 수익적 부분을 모색하고 이를 관리하는 기업으로 도입하였다. 최고의 수익을 올리기 위해 적절한 유형의 고객에게, 적절한 시간에, 합당한 가격으로 좌석을 공급하는 쪽으로 사고의 전환이 시작되었다.

즉, 객실 재고관리 및 가격관리를 통하여 이윤을 극대화하는 경영방식이다. 수익경영관리는 정확한 수요 예측에 근거하여 객실 가격결정 및 재고관리를 통하여 객실수익을 극대화하기 위한 기법이며, 정보시스템의 기술과 확률, 통계, 조직이론, 사업경험, 지식의 결합이라고 할 수 있다. 항공사에서 발전한 수익경영관리는 호텔, 렌터카, 식당, 유람선, 열차 등에서 광범위하게 적용되고 있다.

⚙ 중역정보시스템EIS; Executive Information System

중역정보시스템은 DSSDecision Support System의 일종으로 최고경영진에게 전략적인 의사결정에 필요한 정보를 제공하는 체계를 일컫는 사업 용어이다. 최고경영자의 업무 특성을 고려하여 의사결정에 필요한 정보를 제공하는 데 중점을 둔 시스템이다. 중역들의 정보욕구를 충족시켜 주기 위해 컴퓨터를 바탕으로 한 시스템으로 적절한 정보에 신속한 접근과 경영보고에 직접 접근, 그래픽 지원과 예외 사항 보고 및 전체 현황에서 필요시 상세 정보를 파악을 통하여 중역들의 의사결정에 도움을 준다.

3) 인터페이스시스템

인터페이스시스템은 호텔에서 한 시스템의 데이터를 다른 시스템으로 연결하는 것으로 객실에서 제공되는 객실정보, 업장에서 보고되는 업장정보 등을 통합하여 고객 및 종사원에게 정보를 제공하는 중요한 위치를 차지하고 있다. 이러한 시스템에는 CAS, ELS, EMS, 부가서비스, 고객작동장치 등이 있다.

○ 판매시점관리시스템POS; Point of Sale System

호텔의 POS 시스템은 레스토랑이나 식음료부문의 핵심시스템으로 판매시점에 고객의 매출관리, 물품의 재고관리 등을 효과적으로 관리하는 시스템이다.

○ 자동전화추적시스템CAS; Call Accounting System

국내 및 국제통화를 관리하는 시스템으로 고객의 전화사용내역을 기록하여 자동으로 요금을 정산관리하는 시스템이다.

○ 전자잠금장치ELS; Electronic Locking System

고객의 안전과 보호를 위해서 열쇠보다는 안전이 강화된 PMS와 연동하여, 객실 상태를 효율적으로 관리하는 시스템이다.

○ 에너지관리시스템EMS; Energy Management System

호텔 내에 있는 에너지관리장비를 통제하는 시스템으로 고객이 객실에 들어서면 조

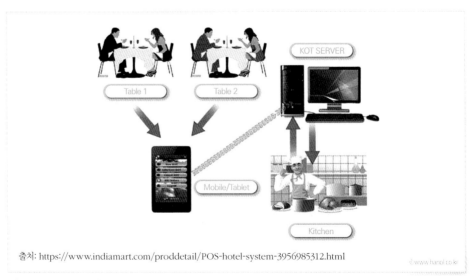

출처: https://www.indiamart.com/proddetail/POS-hotel-system-3956985312.html

그림 5-2_ Hotel POS System

명등, 에어컨, 난방시설 등을 센서로 통제하는 시스템이다.

○ 부가서비스auxiliary guest service

모닝콜 wake-up call이나 부재 중 메시지를 전달하는 것으로서, TV나 전화램프를 통화여 메시지를 전달하는 서비스가 해당된다.

○ 고객작동장치guest-operated device

대부분의 기기들은 호텔직원에 의해 작동되나 일부 장치들은 객실 내부 혹은 로비와 같은 공공장소 등에서 고객이 직접 작동한다. 대표적인 것이 셀프 체크인/체크아웃self check-in/check-out과 영화감상서비스, 비디오게임, 자동판매기, 미니바, 인터넷 등이 해당된다.

4 여행정보시스템

1 여행정보시스템의 개념

여행사는 수십 개가 넘는 상품을 취급하고 각 상품당 수십 개의 질문에 대비하여 수많은 정보를 가지고 있어야 한다. 여행상품 상담원이 모든 것을 알고 즉각적으로 고객을 대응한다는 것은 불가능하다. 이를 위해 전담 직원을 배정한다고 해도 한 지역에 고객이 집중되거나 새로운 직원이 배정된 경우 효과적인 운영이 어렵게 된다. 이러한 문제를 해결하는 방안으로 여행사는 정보시스템을 구축하고 있다.

여행사의 흐름에 따라 각각의 기능들을 여행사정보시스템에서 지원하고 있다. 이러한 정보시스템은 여행사가 고객에게 여행상품을 판매하기 위한 전반적인 프로그램으로 판매관리, 상품관리, 항공관리, 입금관리, 정산관리, 고객관리 등으로 나뉜다. 여행업

계에서는 이러한 여행사 운영프로그램을 전사적 자원관리시스템ERP: Enterprise Resource Planning으로 정의하고 있지만 다른 업종의 ERP보다는 작은 규모이다.

2 여행정보시스템의 운영프로그램

여행사 운영프로그램은 크게 두 가지로 상품판매관리와 고객관리로 구분된다. 상품판매관리는 영업관리상품·행사, 예약, 정산, 수속, 실적 등와 항공권 판매관리발권, BSP 등 그리고 인사·회계관리가 해당된다. 고객관리는 CRM, SMS, DM, 상담관리, 모니터링, CTI 콜센터 등으로 고객과의 접점으로 볼 수 있다. 하나투어의 경우에는 기간계 시스템C/S와 인트라넷에서 마케팅, 상품기획, 구매, 영업, 고객관리를 Core 비즈니스 영역과 정확한 피드백관리 영역Relevance Management으로 구분하여 처리하고 있다.

C/SClinet/Server에서 클라이언트client란 고객이라는 영어 뜻에서 알 수 있듯이, 서비스를 사용하는 사용자 혹은 사용자의 단말기를 말하며, 서버server란 서비스를 제공하는 컴퓨터를 의미한다. 그러므로 C/S는 다수의 클라이언트를 위해 존재하기 때문에 매우 큰 용량과 성능을 가지고 있는 것을 의미한다.

인트라넷Intranet은 인터넷 프로토콜을 쓰는 폐쇄적 근거리 통신망이다. 회사기업 내부망나 대학교학교망 등에서 빠르고 융통성 있는 네트워크를 구축하는 용도로 사용된다. 방화벽을 설치하여 외부로부터의 접근을 막거나 제한하여 보안을 유지하고 있다.

3 여행사의 운영프로그램 도입 현황

여행사 운영프로그램 패키지를 도입한 일부 여행사는 자사의 특화된 업무와 맞지 않아 초기 운영이 쉽지 않았다. 이러한 문제를 해결하기 위하여 여행사는 개발업체로부터 프로그램 소스를 구입하여 자사의 환경에 맞게 직접 개발을 하고, 홈페이지와의 연동하였다. 특히, 여행사에서 가장 중요한 항공예약 및 발권업무뿐만 아니라 항공권 자동체크 기능, 패키지 여행상품관리, 비자 및 여권관리, 회계관리, 인사관리 등 기능을 갖는 여행사를 위한 다양한 프로그램을 개발 및 운영하였다.

그 외 항공권관리프로그램 DSRDaily Sales Report을 통해 항공권관리, 판매 및 환불관리를 하고, 항공정산시스템 BSP Billing Settlement Plan[15]를 통해 CRS Computerized Reservation System에서 제공된 항공권 발권자료를 바탕으로 항공권의 정산업무를 하였다.

④ 여행사 솔루션

여행사 솔루션은 홈페이지나 운영프로그램을 제외하고 여행사의 마케팅을 위하여 별도로 운영되는 프로그램으로 볼 수 있다. 대표적인 여행사 솔루션으로는 실시간 항공예약솔루션, 고객관계관리시스템 CRM Customer Relationship Management, 고객콜센터 CTI Computer Telephony Integration, 콘텐츠관리시스템 CMS Contents Management System, 전자문서결제시스템, 문자발송서비스 SMS; Short Message Service, 이메일 마케팅 서비스 EMS E-mail Marketing System 등이 해당된다. 최근에 여행사에서 가장 관심이 있는 솔루션은 웹에서 고객이 항공권을 예약할 수 있는 인터넷 항공예약 환경이다. 이러한 환경은 주로 CRS 회사에서 여행사에게 제공하고 있다. 국내에서 대표적인 솔루션으로는 아시아나 애바카스의 WebConnect, 토파스의 Cyberplus 등이 이에 해당된다. 이미 일부 대형여행사는 CRS가 제공하는 항공예약 웹 솔루션으로 고객이 인터넷상에서 항공예약이 가능하도록 서비스를 하고 있다.

CRS는 B2C Business to Customer 예약엔진의 기능을 제공하여, 실시간으로 항공·호텔·렌터카 등으로 예약과 조회가 가능하게 되었다. 이러한 환경을 이용하는 여행사는 다양한 여행상품을 조합하여 웹사이트에서 예약과 조회가 가능하도록 고객에게 제공하고 있다.

여행사의 CRM은 여행객의 데이터를 수집, 통합, 가공, 분석하여 여행객의 특성에 맞게 마케팅 활동을 계획, 수행, 평가, 수정하는 일련의 과정이다. 여행사는 고객과의 커뮤니케이션에서 쇼핑몰과 다르게 이질적인 관계성을 갖고 있다. 상품구매, 상품이용, 사후처리에서 커뮤니케이션의 관계가 다르게 나타나는 특징 때문에 종종 여행객과 판매자

---

15 BSP Billing Settlement Plan: IATA에 의한 여행사와 항공사 간에 이루어지는 수많은 판매보고와 관리, 발권, 정산 등을 효율적으로 집행하기 위해 국제항공운송협회 IATA에서 시행하는 정산제도이며, 이를 통해 업무 표준화가 가능해졌다.

간의 분쟁을 야기하고 있다. 이러한 문제를 해결하기 위해 CRM이 중요한 역할을 하고 있다.

- 고객 입장에서는 상품구매단계에서 판매대리점과의 커뮤니케이션이 가장 빈번하게 발생되며, 상품판매에 중요한 위치를 차지하고 있다. 이때 일어난 커뮤니케이션의 내용들이 현지여행사랜드사에 정확하게 전달되지 않아 종종 문제점을 야기하고 있다.
- 고객이 여행상품을 이용하는 동안 현지 여행사와의 커뮤니케이션이 가장 빈번하게 발생된다.
- 고객의 사후처리 단계에서는 여행상품을 기획한 여행사와 커뮤니케이션이 가장 높아지게 된다.

위 사항을 진행하는 과정에서 고객이 여행상품에 불만이 생기는 경우 일치하지 않은 서비스가 진행될 가능성이 높다. 판매여행사, 여행사, 현지 여행사가 서로 다른 입장에서 고객에게 대응하게 되어 고객이 불만을 가지는 경우가 있다. 이러한 문제를 해결하는 방안으로 여행사는 CRM의 중요성에 대해서는 공통된 견해를 갖고 있지만, 비용적인 문제로 도입을 주저하고 있다. 현재 대형여행사만이 CRM을 도입하고 있다.

웹사이트에서 콘텐츠의 중요성이 부각되면서 CMS에 관심을 갖기 시작했다. CMS는 조직의 내외부에 존재하는 다양한 콘텐츠의 생성에서부터 최종 보관에 이르는 콘텐츠 라이프사이클을 총괄적으로 관리하는 시스템이다. 웹 문서 또는 웹 페이지를 손쉽게 제작하  고 관리하는 솔루션 환경의 시스템으로 콘텐츠를 생성하고 관리절차를 표준화하여, 다양한 고객에게 다양한 장치로 콘텐츠를 제공한다. 대부분의 여행사는 CMS 솔루션의 도입에 앞서 여행정보에 대한 수집, 저작권 및 관리에 여행사가 부담을 안고 있다. 이러한 여행정보의 수집과 저작권 문제가 해결되면 CMS의 도입이 가시화될 것이다.

CMS의 주요 특징을 보면
❶ 콘텐츠와 디자인 그리고 프로그램이 완벽하게 분리되고 서비스의 모든 구성요소를 체계적으로 분리 및 보관함으로써 관리기능이 뛰어나다. 또한, 기능별 분리 구

조로 콘텐츠 재사용, 목적별 다양한 소스로부터 공급받은 콘텐츠를 중앙에서 체계적으로 관리 및 생성 후 서비스가 가능하다.

② 한 번의 콘텐츠 입력으로 다양한 장치표시인 HTML, e-mail, WAP, PDA, XML, DB 등 문서 및 장치용으로 변환 가능하고 각 장치의 특성별 별도 디자인 처리가 가능하다.

③ 편리한 사용자 인터페이스로써 별도의 전용 프로그램 설치 없이 웹 브라우저를 통한 모든 관리가 가능하고 사용자가 개별적으로 접근이 가능한 구조이다.

④ 업무 흐름 정의에 따른 현업관리로써 모든 콘텐츠는 미리 정의된 업무 흐름에 맞게 승인 절차를 거쳐 최종 승인 후 반영하고, 모든 콘텐츠 카테고리는 해당 카테고리를 담당하는 조직 및 담당자에 의해 할당이 가능한 구조로 설계되어 있다.

⑤ 시각적인 HTML 입력 툴 및 웹 에디터 지원으로 웹 기반의 콘텐츠 작성도구를 자체 내장하고 있으며, 기존의 웹 툴과 호환된다.

⑥ 글로벌 환경을 위한 다국어 지원으로 내·외부 사용자가 전 세계에 펼쳐져 있는 인터넷 환경의 콘텐츠 운영이 가능하다.

5 외식정보시스템

외식산업에서 정보시스템은 없어서는 안 될 필수적인 도구이며, 경쟁우위 획득을 위한 중요한 마케팅 수단 및 관리 도구이다. 외식산업에서 정보시스템이 대표적으로 적용된 경우는 판매시점관리시스템 POSPoint Of Sale이다. 외식산업의 정보시스템은 크게 판매부문과 관리부문으로 구분할 수 있다.

판매부문은 서비스기능으로 판매관리, 현금관리, 메뉴분석 등을 자동화하는 것이다.

관리부문은 재고관리, 고정자산관리, 직원관리의 내부관리로서 효율적으로 이루어질 수 있기 때문에 영업이익을 증대하는 데 중요한 역할을 하고 있다.

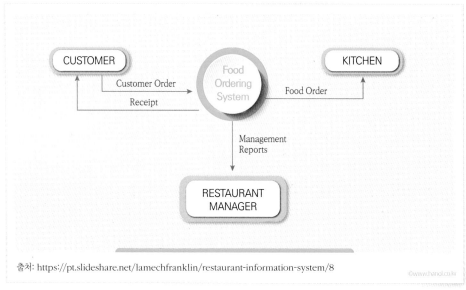

◌ 그림 5-3_ RIS; Restaurant Information System

이러한 외식정보시스템 구축의 효과는 다음과 같다.

❶ 전표의 누락 및 오기전표 발생을 방지하여 정확한 매출집계를 할 수 있다.

❷ 단골고객을 지속적으로 관리할 수 있으며, 신규고객을 단골고객으로 전환시킬 수 있다. 이러한 방법으로는 회원카드에 의한 고객자료를 관리, 누적포인트제를 활용한 사은품 또는 무료식사권을 증정하는 등 다양한 마케팅 전략 수립이 해당된다.

❸ 통신을 이용한 점포별 매출집계 분석, 식·자재 전산 발주 및 집계, 일일 마감 자료의 분사 전송 등 본사에서 일괄관리를 가능케 해준다.

❹ 업체의 경영방식에 따라 다양한 정보시스템을 구축하여 외식산업 경영업무를 과학화하여 업무를 효율화한다.

이와 같은 정보시스템의 효용을 인식하지 못하는 외식업체는 급변하는 경영정보환경 속에서 지속적인 우위를 보장받지 못한다. 또한, 외식업정보시스템은 POS에 집중되어 있다.

POS 시스템 이외에도 조리법관리시스템, 판매분석시스템, 메뉴관리시스템, 백오피스

시스템, 음료통제시스템 등이 외식업정보시스템으로 구성되어 있다.

외식업계 경영컨설턴트인 Braian Sill에 따르면, 레스토랑의 생산과 서비스 체인이 모든 단계에서 원활하게 일제히 이루어져야만 양질의 음식을 정확한 시간에 적당한 가격으로 올바른 고객에게 제공할 수 있고, 레스토랑의 정보기술을 통하여 적합한 방법으로 이러한 활동들이 모니터링되고 조정될 수 있으며, 만약 이러한 과정들이 원활하게 수행되지 못한다면 재고의 초과, 만족스럽지 못한 음식과 서비스, 비용초과 등을 초래하여 레스토랑 본래의 능력을 제대로 발휘하지 못하게 된다고 하였다. 이처럼 레스토랑의 효율적인 경영관리에 필요한 정보를 레스토랑의 각 부서에서 정확하고 신속하게 수집하여 종합적, 조직적으로 축척, 가공, 제공하는 종합정보시스템이 레스토랑 정보시스템 RIS Restaurant Information System이며, 레스토랑 정보시스템은 POS 시스템, 업장관리시스템 Table Management System, 고객자가입력 주문시스템 Order-Entry System, 생산지원시스템 Production Support System 등이 포함된다.

2020년은 COVID-19 팬데믹으로 여행업 종사자들에게는 지우고 싶은 한 해였다. 유엔 세계관광기구 UNWTO가 2021년 1월에 발표한 2020년 국제 관광 현황 보고서 제목은 〈2021년은 관광 역사상 최악의 해〉였다. 항공, 호텔, 면세점 등 주요 여행산업은 고사 직전의 위기로 내몰렸다. 글로벌 여행 예약 서비스 업체도 타격이 컸다. 보고서는 전 세계에서 아시아·태평양 지역의 피해가 제일 컸다고 전했다. 아·태지역에서 2020년의 여행객 규모가 2019년보다 84% 줄었나. 이런 암울한 분위기 속에서 올해 1월 국산 토종 여행 앱 트리플은 야놀자 등으로부터 200억 원 투자금을 유치했다. 누적 투자금은 620억에 달한다.

트리플은 2017년 7월 정식 버전을 출시하고 아직 만 4년이 안 된 여행 플랫폼이다. 동행인과 여행 일정을 공유하고 여행지에 대한 풍부한 정보를 얻을 수 있고, 상황에 따른 맞춤형 여행상품 추천을 받을 수 있어 짧은 기간 내에 '국민 여행 앱'으로 도약했다. 가입자는 현재 630만이 넘었고, 전 세계 여행지 정보만 140만 개가 넘는다. 그렇지만, 트리플에게도 COVID-19는 위기였다. 본래 2020년 하기로 계획했던 해외시장 진출을 잠시 보류할 수밖에 없었다. 대신 해외여행을 겨냥했던 역량을 국내시장으로 전환했다. 작년 3월 항공 예약 서비스를 추가하고, 5월에는 제주 서비스를 추가, 8월에는 강릉, 속초, 부산 등으로 국내 여행지를 확장했다. 빠른 태세 전환은 주효했다. 작년에는 국내여행으로 전환하는 데 바빴기 때문에 성공했다고 말하기는 어렵지만, 빨리 방향을 전환해서 투자를 받을 수 있는 계기를 마련했다. 국

내에서 해외여행을 대체할 수 있는 가장 비슷한 도시인 제주를 시작으로, 관광이 가장 많이 이루어지는 도시를 찾아서 서비스하기 시작했다. 트리플이 베타 서비스를 처음 출시할 때 한국인들이 가장 많이 가는 해외 7개 도시로 시작해서 현재 220여 개 도시로 확장하였다.

트리플은 그동안 여행 빅데이터를 이용해 개별 여행자에게 맞는 맞춤정보와 여행상품을 추천해 왔다. 국내여행을 강화하는 시전에 야놀자의 숙소, 레저 티켓 등 경쟁력 있는 다양한 상품군을 확보하게 되었고, 예상보다 빠르게 개별 맞춤상품 추천도 가능해졌다. 이외에도 레스토랑, 항공 등 여러 분야 협업을 이야기하고 있고, 포스트 코로나 해외여행이 가능해질 시기에는 더 많은 협업이 이루어질 것으로 보고 있다. 트리플은 관광지와 맛집 등 장소정보에는 8 대 2 법칙을 적용한다. 예를 들어, 장소정보가 100곳이 있다면, 100개의 정보를 랭킹화해서 유저들이 많이 이용하는 20% 안에 드는 장소는 더욱 신경을 쓴다. 사진도 더 검열하고 직접 가서 찍기도 하고 정보 정확성에 더 심혈을 기울인다. 경로상 장소 추천 기능도 장점이다. 예를 들어, 제주도에서는 대부분 렌터카를 이용한다. 제주 공항에서 차를 빌리고, 서귀포 펜션을 예약하면 펜션까지 가는 내비게이션 경로상의 관광지, 맛집을 추천해준다. 경로상에 없는 음식점을 추천해주면 쓸모가 없겠지만, 트리플은 이동 중에 들러서 갈 수 있는 식당을 추천한다. 동행자가 아이인지 부모님인지에 따라서도 추천 장소가 다 다르다. 또한, 기존에 이용한 식당 혹은 관광지 정보를 바탕으로 사용자가 선호하는 타입

에 맞춰서 추천한다. 처음 이용하는 관광객들에게는 트리플의 기본 랭킹 데이터를 많이 활용하고, 장소나 식당을 클릭한 것을 토대로 분석해서 가장 비슷한 사용자가 선호하는 곳들을 추천한다. 서비스를 많이 사용할수록 개인의 취향과 습관을 더 잘 알 수 있기에, 숙소의 성급, 숙소에서 가까운 식당을 좋아한다든지 등 개별 여행 타입과 선호가 더 고려된 추천목록이 제공된다. 트리플은 마케팅 비용을 밖에다 쓰기보다는, 앱 사용자에게 포인트를 주거나 상품을 구매한 사람에게 할인 혜택을 제공하는 등의 형태로 쓴다. 유저들이 꾸준히 트리플에 들어와서 다른 유저들이 남긴 리뷰 정보도 보고, 서비스도 이용하고, 상품도 예약하고, 광고도 보는 것이다. 트리플이 여행자들에게 놀이터를 만들어주는 형태라고 볼 수 있다.

트리플은 항공예약시스템을 강화했다. 10년 이상의 항공기술을 가지고 있는 팀이 2019년에 트리플에 왔고, 2020년 3월에 해외 항공, 9월에 국내 항공을 오픈했다. 항공사를 제외하면 자체적으로 내부에 항공시스템을 개발한 회사가 거의 없다. 개발을 외부에서 하고 운영만 내부에서 하는 경우가 대다수다. 내부에 시스템을 갖추고 예약 결제를 트리플에서 할 수 있도록 했다. 기존의 항공 결제가 수동 발권으로 모두 사람의 손을 거치는 7단계였다면, 트리플의 자동결제시스템은 결제를 가능한 한 자동화해 4단계로 끝낸다. 그만큼 유연한 시스템이기 때문에, 향후에는 항공 예약 후에 기내식이나 좌석 선택을 위해 번거롭게 항공사 홈페이지를 찾아가지 않아도 되도록, 트리플에서 다 끝낼 수 있도록 서비스를 선보일 계획을 갖고 있다. 훨씬 더 빠르게 좋은 티켓을 확보할 수 있고, 더 편리하게 유저들이 사용할 수 있도록 서비스를 구축해 놓은 상태다.

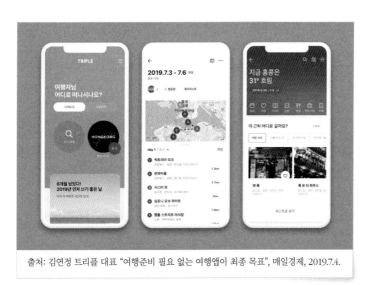

출처: 김연정 트리플 대표 "여행준비 필요 없는 여행앱이 최종 목표", 매일경제, 2019.7.4.

https://www.mk.co.kr/news/business/view/2019/07/486297/

Cases & Practice
기업 사례 & 실습

국내 공항의 항공안전 향상을 위한 생체인식 기반 항공 보안시스템 도입에 관한 사례 연구

생체인식 기술은 사람과 디지털이 결합된 인증 방법이다. 개인을 고유하게 정의한 생체적 특징에는 여러 가지 방법이 있다.

얼굴인식

얼굴인식은 기술의 진화로 데이터를 포착, 저장하는 것이 눈 깜짝할 새에 이뤄지게 되면서 주요 컨슈머 애플리케이션들에도 얼굴인식이 본격적으로 사용되고 있다. 두 눈 사이의 거리, 귀의 위치, 코의 길이와 폭, 안와깊이, 광대뼈 형태와 같은 것들이 개개인의 고유한 특징들이다. 스마트폰 개발사들과 모바일 결제 애플리케이

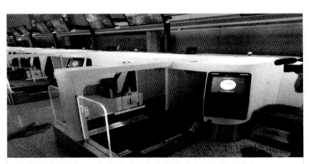

출처: 홍차오공항 T1 체크인부터 탑승까지 전 과정 셀프, 상하이방, 2018.10.18.
중국 홍차오공항 얼굴인식시스템

션은 사용자 식별에 얼굴인식 기능을 활용하고 있으며 SNS상에서 사진 속 개인을 태그하는 것을 자동화하고, 스마트홈 애플리케이션으로 회사의 출입문을 여는 곳에도 사용하고 있다. 얼굴인식은 비접촉식으로 편리하고 시스템 비용이 저렴하며 원격인증이 가능한 반면, 빛의 세기, 촬영 각도, 자세, 안경, 가발 등에 따라 인식을 저하하는 요소들이 많다.

사례

중국 홍차오공항 얼굴인식시스템: 중국 홍차오공항은 세계 최초로 얼굴인식 기술을 이용해 체크인 전 과정을 자동화하였다. 신분증을 스캔하면 예약한 항공권과 짐표가 동시에 출력되며, 짐을 부친 뒤 심사대로 가 신분증을 다시 스캔하고 얼굴인식기를 통과하면 바로 탑승장으로 들어갈 수 있다.

홍채인식

홍채인식은 스마트폰 잠금해제용으로 사용되고 있으며, 이는 홍채에 빛을 비춰 카메라가 홍채의 고유한 패턴 사진을 찍을 수 있도록 한다. 잘못 인식될 가능성이 낮고 보안성이 높으며, 위조가 불가능하다는 점이 홍채인식의 장점이며 인식거리나 장비가 고가인 것은 단점이다.

사례

인천공항은 홍채인식보안시스템을 2020년부터 도입하여 운영할 계획이다. 또한, 국내 금고시장의 약 80% 점유율을 보유하고 있는 국내 금고 제작업체인 선일금

출처: https://www.koit.co.kr/news/articleView.html?idxno=78957 정보

↻ 인천공항공사 청사에 설치된 홍채인식 시스템

고는 홍채와 얼굴인식 기술이 적용된 강력한 보안성의 금고를 선보였으며, 아이리시스는 홍채인식과 암호화 기술을 휴대하는 USB 형태의 보안 솔루션을 개발하였다. 홍채인식은 기존의 지문이나 망막인식 기술보다 고유성이 높아 정보보안, 금융, 전자상거래, 스마트폰 개인 인증까지 다양한 영역에서 적용되고 있으며, 최근에는 얼굴인식, 지문 등과 결합하여 상호 단점을 보완하고 있다.

지정맥

지정맥 인식은 적외선을 손가락에 비춘 뒤 나타나는 손가락 정맥 혈관의 패턴을 활용해 본인인증을 하는 기술이다. 근적외선을 통해 혈관 속의 헤모글로빈을 인식하고, 정맥 패턴을 인식하게 된다. 지문이나 홍채, 안면 등의 생체정보처럼 신체 외부의 정보를 읽는 것이 아니라, 신체 내부의 정보를 확인하기 때문에 사실상 복제가 불가능하다. 복제가 불가능하지만 구축비용이 높다는 단점이 있다.

사례

코리센은 다른 생체인증 기술들의 취약점을 보완할 수 있는 지정맥 인식 원천기술을 보유하고 있다. 코리센의 지정맥 인식 모듈은 다양한 인증 분야에 적용이 가능하다. 은행 ATM 기기를 비롯해 모바일 뱅킹 로그인을 통해 공인인증서를 대체하는 비대면 본인인증을 지원한다.

최근 국내 공항의 탑승수속이 빨라졌다. 김포공항과 제주공항을 포함한 전국 14개 국내선이 정맥인식을 활용한 '생체정보인증 신분확인 서비스'를 운영 중이다. 이 서비스로 항공기 탑승수속과 항공사별 무인 체크인 서비스를 빠르게 진행할 수 있다.

스캐너에 손바닥을 갖다 대기만 하면 개인의 정맥 정보를 식별해 신분증 없이도 신원을 확인할 수 있고, 탑승 고객은 한 번만 생체정보를 등록하면 향후 제약 없이 사용할 수 있어 편리하다.

2020년 말 시범운행을 목표로 한 인천국제공항은 손바닥 정맥과 지문을 이용한 생체인식시스템 용역을 착수할 예정이고, 국제선 탑승수속 간소화, 항공보안출입국관리 강화 등을 목적으로 생체정보를 활용한 승객 신원확인시스템 도입을 위한 관계기관 협의체를 구성하고 운영 중이다. 이제 발권부터 탑승 확인까지, 모든 수속 절차를 생체인식으로 진행할 수 있도록 확대할 계획이다.

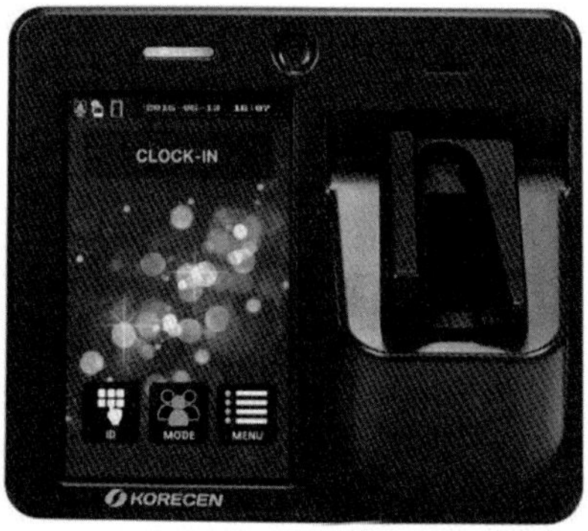

출처: 정보통신신문, COVID-19 공항에 비대면·비접촉 문화 불러, 2020.6.22.

코리센 지정맥 인식 단말기

복잡한 절차 없이 터치하거나 바라보는 것만으로도 개인을 인증할 수 있는 시대가 다가왔다. 향후 생체인증 시상이 어떤 드라마틱한 변화를 가져올지 기대가 된다. 분실 위험이 적고 간편하다는 장점으로 각광받는 생체인식이지만 신체정보로 외부에 노출이 될 수 있다는 우려점도 있다. 뛰어난 기술과 함께 그 이면에 발생할 수 있는 오류나 문제점도 함께 해결해 나감으로써 우리 삶에 가져올 변화를 기대해본다.

문제 1 생체인식 기술이 항공, 호텔, 관광 영역에서 활용되고 있는 사례를 찾아보세요.

문제 2 항공사의 많은 업무가 정보기술의 활용을 통해 무인화 및 자동화가 되어가는데, 향후 항공사의 업무 중 인력 역할의 중요도가 높아질 것이라고 예상되는 업무들에 대해 논의해 보세요.

연구문제

문제 1 관광산업에 수많은 정보시스템들이 존재하고 있습니다. 이 중 업종별로 어떠한 정보시스템이 있는지 설명하세요.

문제 2 호텔정보시스템은 프런트오피스시스템, 백오피스시스템, 인터페이스시스템으로 구성되어 있습니다. 이들 각각의 특징을 설명하세요.

문제 3 여행정보시스템은 웹사이트와 연동되어 운영되는 업무 분야가 있습니다. 어느 부분이 주로 연동되어 있는지를 설명하세요.

문제 4 POS의 도입 효과에 대하여 설명하세요.

토론 문제

미래 일상생활에서의 정보기술 활용

연결성은 모든 사람들에게 혜택을 준다. 연결성을 확보하지 못한 사람들은 어느 정도 연결성을 확보할 것이고, 많은 연결성을 확보한 사람들은 더 많은 연결성을 확보할 것이다. 당신의 일상적인 아침은 다음과 같은 풍경일지 모른다.

알람시계는 없다. 대신 당신은 새로 끓인 커피 향을 맡고, 자동으로 커튼이 열리면서 방 안으로 쏟아지는 햇볕을 쬐고, 최첨단 침대가 제공하는 부드러운 등 마사지를 받으며 잠에서 깰 것이다. 매트리스 안에는 수명 리듬을 감시하면서 수면 주기를 방해하지 않고 당신을 깨울 시점을 정확히 판단하는 특별 센서가 내장되어 있어, 보다 상쾌한 기분으로 일어날 가능성이 크다.

간단한 손목의 움직임과 구두 지시만으로 당신을 온도, 습도, 음악, 조명을 조종할 수 있다. 오늘 중요한 회의가 있다는 것을 달력이 알려주자, 자동화된 옷장에서 깨끗한 양복이 나온다. 그동안 당신은 반투명 화면을 통해 그날의 뉴스를 훑어볼 수 있다. 아침식사를 하러 부엌으로 향하면, 당신이 복도를 따라 걷는 움직임을 감지하면서, 반투명 뉴스 디스플레이가 눈앞에서 투사되는 홀로그램 형식으로 당신을 따라 움직인다. 당신은 습도를 통제하며 오븐에서 완벽하게 요리된 신선한 페이스트리를 커피에 곁들여 먹으면서, 눈앞에 투사도니 홀로그래픽 태블릿 PC로 이메일을 읽는다. 중앙컴퓨터 시스템은 오늘 당신의 가사 로봇이 해야 할 일의 목록을 제시한다. 당신이 승인한 일들이다. 로봇은 다음 주 수요일이면 커피가 떨어질테니 현재 온라인에서 세일 중인 대형 포장용기에 담긴 커피를 사면 어떻겠느냐는 제안을 한다. 당신이 마음에 안 들어 하자, 친구들이 즐기는 다른 커피에 대한 최근의 몇 가지 평가를 전달해준다.

어떤 커피를 살지 고민하는 한편, 당신은 국외에 있는 중요한 신규고객을 대상으로 오늘 오후에 할 프레젠테이션에 필요한 내용을 정리한다. 사생활 및 직장생활에서 얻은 모든 데이터는 사실상 무한대의 저장능력을 가진 원격 디지털 저장시스템인 클라우드cloud에 저장된다. 클라우드는 다양한 기기를 통해 접근 가능하다. 당신은 종류는 달라도 번갈아 쓸 수 있는 몇 가지 디지털 기기를 갖고 있다. 하나는 태블릿 PC 크기의 기기이고, 다른 하나는 회중시계 크기의 기기다. 변형 가능 기기flexible devices나 착용 가능 기기wearable devices가 있을지도 모른다. 모든 기기가 가볍고, 믿기 어려울 만큼 처리속도도 빠르다. 이것들은 오늘날 구할 수 있는 그 어떤 기기보다 강력한 프로세서를 사용한다.

당신은 오늘 프레젠테이션에서 고객들에게 깊은 인상을 심어줄 것이라 확신하며, 다시 커피를 한 모금 마신다. 회의가 가상-현실 인터페이스에서 진행되어왔기 때문에, 당신은 개인적으로 고객을 한 번도 만나본 적이 없다. 하지만 그들을 잘 알고 있는 것처럼 느낀다. 당신은 고객의 동선과 말을 정확히 포착해내는 홀로그래픽 '아바타'와 상호작용한다. 자동 언어번역 프로그램이 당신과 고객이 하는 말을 실시간으로 거의 완벽하게 번역해주기 때문에, 당신은 그들의 요구사항을 잘 이해한다. 이처럼 실시간으로 진행되는 가상 상호작용은 서류와 다른 프로젝트들을 편집하고 통합하는 능력만큼이나 당신과 고객들 사이의 실제 거리를 무시해도 좋을 만큼 가깝게 느끼도록 만든다.

부엌을 돌아다니다가 발가락이 캐비닛 모서리에 강하게 부딪쳤다. 고통을 느낀 당신은 진단 애플리케이션을 켠다. 기기 안에는 엑스레이처럼 당신 몸을 스캔할 수 있는 파장 1밀리미터 이하의 저준위 방사선을 이용한 소형 마이크로 칩이 내장되어 있다. 신속한 스캔 결과, 발가락은 골절되지 않고 멍만 들었다는 것이 확인된다.

이제 출근할 때까지 남은 시간이 얼마 없다. 물론 직장까지의 출근은 무인자동차를 이용한다. 당신의 자동차는 일정을 파악하여 매일 아침 당신이 사무실에 몇시까지 도착해야 하는지 계산한다. 또한, 교통 데이터를 감안하여 집에서 출발하는 시간을 설정하고, 그로부터 1시간 전에는 손목시계로 카운트다운을 시작한다. 당신은 원하는 만큼 생산적으로 편안하게 출근할 수 있다.

커피 한 잔을 더 마실까 고민하고 있는데, 신발 뒤꿈치에 장착된 햅틱haptic[16] 기기가 당신 발을 살짝 자극한다. 더 이상 머뭇거리면 아침회의에 늦을지 모른다는 신호다.

우리는 현실세계에서 여러 도전과제를 만날 것이다. 하지만 가상세계와 온라인에서 가능한 일들이 확대되고, 50억 명이 넘는 사람들의 생각이 합쳐지면 완벽한 해결책은 아니더라도 도움이 되는 정보를 얻고 지원을 얻어낼 수 있는 새로운 방법을 알게 될 것이다.

문제 1 미래 일상생활에서 정보기술을 활용하는 사례를 읽고, 향후 10년 후 정보기술을 활용하고 있는 본인의 모습을 기술해 보세요. 아침에 일어나 출근해서 퇴근하기까지 본인의 집에서, 직장에서 정보기술을 활용하고 있는 모습을 상상해 본 후 간단히 약술해 보세요.

문제 2 미래에 항공, 호텔, 관광 영역에서 활용할 수 있는 정보기술 및 정보시스템들은 어떤 것들이 있는지 팀원들과 토의해 보세요.

---

16 햅틱: 컴퓨터의 기능 가운데 촉각과 힘, 운동감 등을 느끼게 하는 기술

 참고문헌

· 고석연·박경호·박승영·김성현, 호텔경영정보론 이론과 실무, 백산출판사, 2011
· 에릭 슈미트·제러드 코언, 새로운 디지털 시대, 알키, 2014
· 이갑조 역, 숙박시설, 화영사, 1993
· 이경근·노영, e-biz+U, 이프레스, 2008
· 정유경·오지은, "외식기업의 POS 시스템 활용효과에 관한 연구", 호텔경영학연구, 14(29), 295-316, 2011
· 조성환·윤한영, "항공안전 향상을 위한 생체인식 기반 항공보안시스템도입 및 국제표준화 활성화 연구", Journal of the Korea Academia-Industrial, 21(5), 637-647, 2020
· 차운상·홍일유, 디지털 기업을 위한 경영정보시스템, 법문사, 2019
· 편석준·진현호·정명호·임정선, 사물인터넷, 미래의창, 2014

· "관광 역사상 최악의 해 극복하고 200억 투자 유치한 여행 앱-트리플", 매일경제, 2021.2.11.
· "김연정 트리플 대표 '여행준비 필요 없는 여행앱이 최종 목표'", 매일경제, 2019.7.4.
· "COVID-19, 공항에 비대면 비접촉 문화 불러", 정보통신신문, 2020.6.22.
· "호텔 운영수익 개선을 위한 시스템의 활용", 숙박매거진, 2021.2.
· "홍차오공항 T1 체크인부터 탑승까지 전 과정 셀프", 상하이방, 2018.10.18.

· http://terms.naver.com, 네이버 용어사전
· http://www.google.com image
· http://ko.wikipedia.org, 위키백과사전
· http://www.traveltimes.co.kr, 여행신문
· https://pt.slideshare.net/lamechfranklin/restaurant-information-system/8
· https://www.indiamart.com/proddetail/POS-hotel-system-3956985312.html
· https://www.koit.co.kr/news/articleView.html?idxno=78957
· https://www.techm.kr/news/articleView.html?idxno=4303

· Wei, W., Research on the Application of Geographic Information System in Tourism Management, SciVerse ScienceDirect, 12, 1104-1109, 2012

4차 산업시대의
관광정보론

여행정보시스템

Chapter 06. 여행정보시스템

정/리/노/트

단서

· 질문 1

· 질문 2

· 토의문제 제시 1

· 토의문제 제시 2

Key Words

예습

복습

Case Study

Summary

참고: cornell note

1 여행정보시스템의 개념

여행사는 수십 개가 넘는 상품을 취급하고 각 상품당 수십 개의 질문에 대비하여 수많은 정보를 가지고 있어야 한다. 여행상품 상담원이 모든 것을 알고 즉각적으로 고객이 대응한다는 것은 불가능하다. 이를 위해 전담직원을 배정한다고 해도 한 지역에 고객이 집중되거나 새로운 직원이 배정된 경우 효과적인 운영이 어렵게 된다. 이러한 문제를 해결하는 방안으로 여행사는 정보시스템TIS; Travel Information System을 구축하고 있다.

여행사의 흐름에 따라 각각의 기능들을 여행사정보시스템에서 지원하고 있다. 이러한 정보시스템은 여행사가 고객에게 여행상품을 판매하기 위한 전반적인 프로그램으로 판매관리, 상품관리, 항공권 관리, 입금관리, 정산관리, 고객관리 등으로 나뉜다. 여행업계에서는 이러한 여행사 운영프로그램을 전사적 자원관리시스템ERP; Enterprise Resource Planning으로 정의하고 있지만 다른 업종의 ERP보다는 작은 규모이다. 그 외 웹사이트홈페이지, 항공예약, 호텔예약 등와 업무에 필요한 기본적인 솔루션으로 SMS문자발송, EMS이메일 발송, CRM고객관리 등이 있고, 조금 더 확장된 기능으로 CMS콘텐츠 관리, CRS · GDS항공예약 등과 연결되어 있다.

최근 스마트폰의 보급으로 온라인 여행사 OTAOnline Travel Agency가 등장하면서 여행사 업무의 80% 이상을 온라인 플랫폼에서 처리하고 있다. 전통적인 패키지 여행사는 고객과의 거래에서 전문가 역할을 할 수 있었지만, 온라인 여행사의 등장으로 인해 이용자는 상품과 서비스를 비교하는 등 관광상품 탐색활동에서 주도적 위치를 차지하게 되었다. 이로 인해 OTA는 온라인 유통채널의 핵심적인 역할을 주도하며 관광산업을 지배하게 되었다. 이러한 OTA는 온라인을 기반으로 하므로 단순한 여행상품 판매를 넘어 전 세계적으로 그 범위를 확대하고 있고, 정보를 공유하는 통로가 되었다.

국내에서도 OTA는 급격하게 성장하고 있다. 앞서 전술한 정의에 비추어본다면 국내 OTA는 국내의 기업으로 구성된 여행사라 할 수 있다. 주요 국내 OTA는 '인터파크 투어', '하나투어', '야놀자', '여기 어때', '네이버' 등이 있으며, 이 중 '야놀자'와 '여기 어때'는 정보통신기술 ICTInformation and Communication Technology를 기반으로 성장한 신흥 기업들로 온라인 플랫폼을 이용하여 여행서비스를 제공하고 있다. 이 외에도 '모두투어', '온라인 여행사' 등의 패키지 여행사뿐만 아니라, 각 여행지나 여행 특성에 따른 전문적인 브랜드 온라인 여행사가 급속하게 증가하면서 경쟁이 시작되었다. 온라인 여행사는 OTA가 기반으로 스타트업 업체가 출범하고 있다. 대표적인 여행사가 마이리얼트립이다. 온라인 여행사로 인하여 여행상품의 유통과 중개 구조가 재편되었다. OTA의 유통구조를 살펴보면, OTA에서 항공사나 호텔을 소유하고 있지 않지만, 항공사나 호텔 정보, 가격 비교, 할인 등의 기회를 이용자에게 제공하여 수수료를 기반으로 수익을 창출하고 있다.

1 여행사정보시스템의 운영프로그램

여행사 운영프로그램은 크게 2가지로 여행상품 판매관리와 고객관리로 구분된다. 여행상품 판매관리는 영업관리상품·행사, 예약, 정산, 수속, 실적 등와 항공권 판매관리발권, 정산 등 그리고 인사·회계관리가 포함된다. 고객관리는 CRM, SMS, DM, 상담관리, 모니터링, CTI 콜센터 등으로 고객과의 접점으로 볼 수 있다.

일반적으로 여행사의 직원은 상품을 기획하고 기획된 상품을 온라인, SNS 등에 홍보하게 된다. 이러한 상품을 그림과 같이 여행사 업무흐름도에 따라 진행한다.

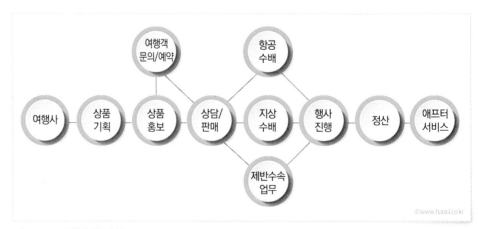

🌙 그림 6-1_ 여행사 업무흐름도

여행객은 여행상품에 관하여 문의하고 예약하며, 여행사는 상담을 통하여 판매하게 된다. 여행사는 판매된 상품에 대하여 항공수배와 지상수배를 통하여 여행상품 행사를 위한 진행을 시작한다. 이후 예산 대비 결산 비용에 관한 정산으로 얼마나 수익을 냈는지 시스템에서 자동으로 처리할 수 있게 하는 것이 여행상품 판매관리시스템이다.

이러한 여행상품 판매관리시스템 운영은 다음과 같다.

○ 여행상품 기획 및 등록

처음 여행상품을 기획할 때 어떤 상품의 형태와 노선을 구분한다. 그리고 조건에 따라 상품을 등록한다. 상품 구분 코드에 대하여 패키지, 에어텔 등을 입력한다. 노선에는 유럽, 동남아 등을, 항공사 코드에는 대한항공, 아시아나항공 등을, 상품명, 여행기간, 출발요일, 상품가격 순으로 입력한다. 상품기획이나 입력 후에는 일정표를 등록한다.

일정표등록 등록 삭제 취소 인쇄

상품코드 PKAS0210111
상품명 동양의 진주 "푸켓"여행
여행여정 인천-푸켓(3)-기내(1)-인천

일수	지역	교통편	시간	세부일정	식사
1	인천 푸켓	OZ3435	13:30 18:00	인천출발 푸켓도착 가이드 미팅후 호텔투숙 호텔명:하얏트	석:기내식
2	푸켓	전용버스	전 일	호텔조식후 태국의 계림이라 불리우는 팡아만으로 이동 롱테일보트로 판히섬으로 이동하여 팡아만의 먼진 경관 관광 이슬람 수상 마을에서 중식(이슬람식 해선요리) 영화 007시리즈의 촬영지인 제임스본드섬 관광 석식후 호텔 투숙 호텔명:하얏트	조:호텔식 중:해선요리 석:한 식
3	푸켓	전용버스	전 일	호텔조식후 "씨트란"호에 탑승하며 피피섬으로 이동 피피섬 해변에서 자유시간 푸켓으로 귀환후 석식 호텔투숙 호텔명:하얏트	조:호텔식 중:현지식 석:한 식

그림 6-2_ 여행사의 상품기획에서 일정표 등록

○ 예약 및 수배업무

여행객에게 상품 판매가 완료된 후에는 수배업무를 진행한다. 이때 수배업무는 항공 수배와 지상수배로 나누어 관리한다. 수배업무라고 하는 것은 고객이 희망하는 교통수

🕙 그림 6-3_ 고객의 항공수배

🕙 그림 6-4_ 고객의 지상수배

단과 숙박시설 등에 대해 예약하는 업무이다. 그림과 같이 항공권 발권 의뢰서를 작성하기 위한 화면이다. 출발상품의 발권에 필요한 사항들을 정리하여 카운터(발권담당자)에 의뢰하는 작업이다.

이러한 수배업무는 전통적인 CRS, GDS 등으로 이루어진다. CRS, GDS는 항공, 호텔, 렌터카 등 수배가 가능하고, 별도로 공급자 웹사이트를 통하여 수배할 수 있다. 이러한 수배활동을 통하여 여행사는 일정 수수료의 이익을 공급자(관광사업자)로부터 받고 있다. 일반적으로 패키지 여행사일 때 여행상품의 옵션 등을 통해 여행자 상품구성에 융통성을 두어 상품을 판매하고 있다. 그림과 같이 지상수배 의뢰서는 단체를 구성하는 여행사와 현지 여행사에서 여행지 업체에 행사예약을 의뢰하는 것이다.

입금관리

여행정보시스템에서는 여행상품의 경비를 누가 지불하는지가 매우 중요하다. 실제로 입금자와 여행객은 다른 예도 있다. 정보시스템에는 입금자와 여행객을 구분하여 관리할 수 있다. 입금처리를 할 때 상품 코드에 유의해서 입력해야 하며, 상품예약자가 입금

그림 6-5_ 고객의 입금관리

되지 않았을 때 미수 확인도 가능하다. 그림과 같이 입금일, 입금자, 입금액, 입금 구분현금입금. 카드입금. 통장 등, 은행명, 상품 코드, 성명 등으로 나타내고 있다. 입금처리에 있어 은행이나 카드사와 연동될 경우 입금입력이 자동으로 정보시스템에 처리된다.

○ 정산관리

정산업무는 행사가 종료되고 나서 수익과 지출을 기록하여 행사에 대한 손익을 확정 짓는 작업이다. 예를 들어, 단체에 대한 정산을 항목별로 정리하기 위하여 먼저 입금확인을 한다. 입금확인 후에는 항목별항공료. 숙박료. 교통비. 보험료 등로 비용을 정산한다. 이러한 정산이 끝난 후에 1인당 수익을 파악하거나 전체 수익을 상품 코드별로 볼 수 있다.

정산처리   등록 삭제 조회 인쇄

정산종류

항공료	지상비(호텔)	지상비(차량)	지상비(가이드)	지상비(식사)	인솔자비용	보험료	기타비용

상품코드 [   ] [?] [▼]

총인원 :

정산명	내 역	$(외화)	환율	인원	금액(₩)	Com(%)	수익	비 고

총 입금액   총잔폐가   총수익

비고 [   ]

⤴ 그림 6-6_ 고객의 정산처리

② TIS의 운영프로그램 도입 현황

TIS 패키지를 도입한 일부 여행사는 자사의 특화된 업무와 부합되는 문제점과 초기 개발이 쉽지 않았다. 이후에 대부분 여행사는 개발업체로부터 프로그램 소스를 구매하

여 직접 개발을 하며 CRM과 웹사이트를 연동하였다. 또한, 일부 대형 여행사는 항공권 판매를 위하여 GDS에서 제공하는 솔루션으로 항공예약 및 발권 업무시스템을 도입하였다. TIS의 운영프로그램은 여행상품 판매, 웹사이트, 모바일 앱, 회계관리, 인사관리, 고객관리, 항공예약 및 발권 등이 있다.

한편, 소규모 여행사는 대형_{도매} 여행사가 제공하는 프로그램을 사용하거나 자체적인 프로그램_{또는 엑셀}을 이용한다. 또한, 항공권 판매관리를 위하여 GDS 회사_{토파스, 아시아나세이버 등}에서 유료로 제공하는 항공권 관리프로그램[17] DSR Daily Sales Report를 사용한다.

대표적인 DSR 프로그램인 토파스의 Value Office Pro는 항공권 신청부터 APSR, 미수금/환불 관리, BSP 제출 서류 관리까지 One Stop Service로 모든 업무를 한자리에서 처리할 수 있다. TOPAS Value Office Pro는 고객관리, 패키지관리, 발권관리, 미수금관리, BSP 관리 등의 업무를 카운터 업무와 연결한다. 항공권 발권 및 환불 data를 자동으로 다운받아서 전산으로 처리하여 e-ticket agent 쿠폰관리, BSP 정산자료 체크기능 등을 통해 카운터의 업무 간소화 및 효율성을 증대할 수 있다. 또한, 경영층들을 위한 판매 분석 보고서 기능이 있다. Value Office Pro의 주요 기능은 다음과 같다.

❶ Agent Coupon 관리　기존 Paper Ticket Image 형식으로 E-Ticket Agent Coupon 관리가 가능하다. 발권일 기준 보관기간은 5년을 제공하고 있다. 추가로, 다양한 검색조건으로 발권일·출발일, 티켓번호, 특정항공사, 발권카운터, 거래처 등으로 조회가 가능하다.

❷ 노선별 집계표　대노선_{지역} 및 소노선_{도시} 별 상세 실적 관리가 가능하다. 또한, 노선별 클래스별 실적 조회가 가능하다.

❸ 고객관리　예약 Data와 자동 연계로 해당 고객의 여정정보를 자동 저장한다. 추가로 여권만기일, 비자만기일, 취미, 종교, 거래처 등 SMS, e-mail, DM 발송이 가능하도록 검색이 된다.

---

17 아시아나애바카스의 A-One, 토파스의 Value Office, 갈릴레오의 Auto DSR

출처: https://www.topasweb.com/

○ 그림 6-7_ 토파스 Value Office Pro

④ 예약관리 익일 예약자료를 자동 저장하고, PNR_{Passenger Name Record} 상태, 발권시한, 예약담당자, 영업담당자 등으로 조회가 가능하다.

3 TIS 솔루션

여행사 솔루션은 홈페이지나 운영프로그램을 제외하고 여행사의 마케팅을 위하여 확장된 시스템 또는 프로그램으로 볼 수 있다. 대표적인 여행사 솔루션으로는 실시간 항공예약솔루션, 고객관계관리시스템_{CRM}, 고객콜센터_{CTI}, 콘텐츠관리시스템_{CMS}, 전자

문서결제시스템, 문자발송서비스SMS, 이메일 마케팅 서비스EMS 등이 해당한다.

TIS도 정보기술이 적용되어 다음과 같이 여행사에 적용되고 있다.

첫째, 여행사에서 가장 관심이 있는 솔루션은 웹에서 고객이 항공권을 예약할 수 있는 인터넷 항공예약 환경이다. 이러한 환경은 주로 GDS 회사에서 여행사에 제공하고 있다. 국내에서 대표적인 솔루션으로는 아시아나애바카스의 WebConnect, 토파스의 e-Travel 등이 이에 해당한다. 이미 일부 대형 여행사는 GDS가 제공하는 항공예약 웹 솔루션으로 고객이 인터넷상에서 항공예약이 가능하도록 서비스를 하고 있다.

둘째, 항공권, 호텔, 렌터카는 하나의 쇼핑몰 상품에 불과하다. 따라서 일종의 항공상품도 장바구니로 구매하는 형태로 전환된다. 이를 대비한 여행사는 온라인에서 항공예약이 가능하도록 좌석 조회, 예약, 결제가 One-Stop으로 가능하도록 서비스를 제공하고 있다. GDS는 B2CBusiness to Consumer 예약 엔진의 기능을 제공하여, 실시간으로 항공·호텔·렌터카 등의 예약과 조회를 할 수 있게 되었다. 이러한 환경을 이용하는 여행사는 다양한 여행상품을 조합하여 웹사이트에서 예약과 조회를 할 수 있도록 고객에게 제공하고 있다.

셋째, 여행사의 CRM은 여행객의 빅데이터Big data를 수집, 통합, 가공, 분석하여 여행객의 특성에 맞게 마케팅 활동을 계획, 수행, 평가, 수정하는 일련의 과정이다. 여행사는 고객과의 커뮤니케이션에서 쇼핑몰과 다르게 이질적인 관계성을 갖고 있다. 상품구매, 상품이용, 사후처리에서 커뮤니케이션의 관계가 다르게 나타나는 특징 때문에 종종 여행객과 판매자 간의 분쟁을 야기하고 있다. 이러한 문제를 해결하기 위해 CRM이 중요한 역할을 하고 있다.

고객 입장에서는 상품구매 단계에서 판매대리점과의 커뮤니케이션이 가장 빈번하게 발생하며, 상품판매에 중요한 위치를 차지하고 있다. 이때 일어난 커뮤니케이션의 내용이 현지 여행사지역여행사에 정확하게 전달되지 않아 종종 문제점을 야기하고 있다.

고객이 여행상품을 이용하는 동안 현지 여행사와의 커뮤니케이션이 가장 빈번하게 발생한다. 고객의 사후처리 단계에서는 여행상품을 기획한 여행사와 커뮤니케이션이 가장 높아지게 된다.

위 사항을 진행하는 과정에서 고객이 여행상품에 불만이 생기는 경우 일치하지 않은

서비스가 진행될 가능성이 크다. 판매 여행사, 여행사, 현지 여행사가 서로 다른 입장에서 고객에게 대응하게 되어 고객이 불만을 가질 수가 있다. 이러한 문제를 해결하는 방안으로 여행사는 CRM의 중요성에 대해서는 공통된 견해를 갖고 있지만, 비용적인 문제로 도입을 주저하고 있다. 현재 대형 여행사만이 CRM을 도입하고 있다.

넷째, 여행사 웹사이트에서 콘텐츠의 중요성이 두드러지면서 CMS에 관심을 두기 시작했다. CMS는 조직의 내외부에 존재하는 다양한 콘텐츠의 생성에서부터 최종 보관에 이르는 콘텐츠 라이프사이클을 총괄적으로 관리하는 시스템이다. 웹 문서 또는 웹 페이지를 손쉽게 제작하고 관리하는 솔루션 환경의 시스템으로 콘텐츠를 생성하고 관리절차를 표준화하여, 다양한 고객에게 다양한 장치로 콘텐츠를 제공한다. 대부분 여행사는 CMS 솔루션의 도입에 앞서 여행정보에 대한 수집, 저작권 및 관리에 부담을 안고 있다. 이러한 여행정보의 수집과 저작권 문제가 해결되면 CMS를 도입하였다.

2 여행정보시스템의 사례

1 토파스의 e-Travel

TOPAS와 Amadeus글로벌 유럽계 GDS 회사는 풍부한 온라인 콘텐츠와 최신 IT 기술을 바탕으로 온라인 여행시장에서 필요로 하는 다양한 솔루션과 서비스를 제공하였다.

① e-Travel Standard   150개 여행사 및 항공사가 사용 중인 'ready-made' 형식의 예약 엔진으로 간단한 Link 작업을 통해 최단기간에 적용이 가능한 상품이다. 주로 B2C에서 항공예약에 적용되며, 중소형 여행사가 사용하고 있다.

② e-Travel Customizing   e-Travel Standard의 표준 UIUser Interface를 여행사의 기호에 맞게 구성이 가능한 상품이다. 주로 B2C/B2B에서 항공예약에 적용되며, 중형급 여행사가 사용하고 있다.

③ e-Travel Premium   여행사의 요구사항에 맞추어 여행사시스템 환경에서 개발

e-Travel

TOPAS와 Amadeus의 풍부한 온라인 컨텐츠와 최신 IT기술을
바탕으로 온라인 여행시장에서 필요로 하는 다양한 솔루션과
서비스를 제공하여 여행시장의 새로운 장을 열어갑니다.

출처: https://www.topasweb.com/

🌙 그림 6-8_ 토파스 e-Travel

을 진행하며, Muti-GDS 연결 등 외부시스템과 연동을 할 수 있는 온라인 상품이
다. 주로 B2C/B2B에서 항공, 호텔, 에어텔 예약에 적용되며, 온라인 전문여행사/
대형 패키지여행사가 사용하고 있다.

④ e-Travel Webservice   Amadeus의 Web Service를 제공하여 여행사가 직접
Booking Engine을 개발할 수 있도록 지원하는 상품이다. 주로 직접 개발할 수
있는 기술인력을 보유한 대형 및 온라인 여행사가 사용하고 있다.

⑤ e-Travel Business   기업출장을 지원하는 여행사를 위해 개발한 BTMS Business
Travel Management System 상품이다. 주로 BTMS에서 항공, 호텔, 에어텔 예약에 적용
되며, 상용 기업지원 여행사가 사용하고 있다.

2 아시아나세이버의 Sabre Red Web

Sabre Red Web은 모바일 기기를 통해 SABRE의 예약과 발권 후속 작업을 진행할
수 있도록 제작된 모바일 기반의 서비스이다. SABRE 호스트 기능에 기반을 두고 있으
나 한국지역에서 사용되는 주요 기능에 맞춰 커스터마이징하여 최대한 사용자의 편리
성을 높였다. Sabre Red Web을 통해 사무실이 아닌 외부에서도 자유롭게 SABRE를
이용할 수 있다. Sabre Red Web의 국제선 예약은 다음과 같다.

도시 항공사
코드 조회

항공편 좌석 상태
조회

PNR 작성 및
여정 변경

부가서비스 신청
(OSI, SSR 외)

추가정보 입력
(Remarks, 사전좌석 배정,
마일리지 적립 외)

ITR 전송 가능
(TripCase 사용)

출처: https://www.asianasabre.co.kr/

🌙 그림 6-9_ 아시아나세이버 Red Web

출처: https://www.asianasabre.co.kr/

🌙 그림 6-10_ 예약조회의 응답모드 비교(Classic vs Graphical Style)

News! 하나투어, 국내 여행업계 최초 차세대 시스템 오픈…"고객 중심형 서비스 강화 핵심"

하나투어는 국내 여행업계 최초로 글로벌 OTAOnline Travel Agencies의 사업영역 확대를 위한 패키지·항공·호텔을 아우르는 차세대 포함한 IT 시스템을 오픈했다고 20일 밝혔다.

하나투어는 차세대 시스템을 통해 고객 맞춤형 상품을 보다 확대하고 상품 공급 경쟁력을 강화한다는 방침이다.

먼저 상품기획 및 마케팅, 예약관리, 현지 행사 등 수작업으로 진행되던 기존 업무 프로세스를 표준화·자동화해 업무 효율성을 높인다. 또한, 프라이빗 클라우드를 도입해 급변하는 시장에 대응할 수 있는 유연한 인프라 환경을 구축하고 보안 강화를 위한 각종 솔루션을 도입하는 등 IT 시스템을 대폭 개선 및 고도화할 계획이다.

프라이빗 클라우드는 직원이나 고객에게 서비스를 제공하는 기술 방식 중 하나로, 회사 내부 네트워크를 통해 원격 서버에 접속해 처리하는 기술을 말한다.

아울러 고객 분석이 가능한 차세대 정보계 시스템과 차세대 닷컴과 차세대 CRM 시스템 연계를 통해 세분화된 고객 맞춤형 서비스를 제공하고, 고객 중심의 UI·UX 강화와 다양한 상품 필터링 기능으로 고객 편의성도 높일 예정이다. CRM 데이터 기반의 고객 맞춤형 상품 추천과 구매 유형별 인기 정보, 프리미엄 상품평은 고객의 상품 예약 만족도를 끌어올릴 것으로 하나투어 측은 기대하고 있다.

차세대 시스템의 핵심은 '하나허브'로, 이는 협력사의 쉬운 상품 공급과 고객의 편리한 여행상품 구매를 돕는 여행 플랫폼이다. 패키지여행의 경우 기본 일정에서 공급사가 함께 등록한 선택 관광을 추가하거나 제외할 수 있는 고객 맞춤형 상품구성이 가능한 것이 특징이다.

항공은 실시간 항공권 조회를 할 수 있고 전 세계 주요 도시별 할인항공권을 조회할 수 있는 전 세계 할인항공권 목록도 제공한다. 일별 최저가 및 주변 일자 요금 검색 기능과 회원 특가, 마일리지 특별적립 운임도 선보인다. 호텔의 경우 전 세계 호텔 공급상품 인벤토리를 기존보다 3배 이상 확대하고 검색 속도 개선과 다양한 검색 필터 기능을 제공한다. 최대 3개 호텔을 한눈에 비교할 수도 있다.

하나투어 관계자는 "차세대 시스템 도입으로 고객의 새로운 니즈를 발굴하는 등 고객 중심형 서비스를 강화할 계획"이라며, "고객이 원하는 다양하고 경쟁력 있는 상품과 콘텐츠를 공급해 여행의 패러다임 전환을 선도하겠다."고 말했다.

Cases & Practice
기업 사례 & 실습

통합정보시스템 구축 '절반의 성공'

스피드경영의 비결은 무엇보다 잘 갖춰진 정보시스템이다. 인트라넷이나 엑스트라넷으로 조직의 정보가 광속으로 순환되고 소비자나 상품에 대한 정보를 다각적으로 분석해 사업전략에 필요한 정보를 산출하는 기업이라면 스피드경영의 기초는 마련한 셈이다.

...

지난 6월 엑스트라넷을 구축한 하나투어의 전화와 팩스사용량이 크게 줄었다. 전화 대신 컴퓨터를 이용해 여행일정과 예약상황을 확인하고 조정할 수 있게 됐기 때문이다. 엑스트라넷은 인트라넷을 협력사나 대리점 등에서 사용할 수 있도록 확장한 웹 기반의 그룹웨어다. 그동안 인트라넷은 문서결재 혹은 전자우편 등을 업무에 활용하는 프로그램으로 주로 기업 내 업무용으로 사용됐다. 전국에 대리점이 산재한 하나투어는 이러한 인트라넷을 사외에서 접속할 수 있게 만들었다. 엑스트라넷을 사용하면서 하나투어의 업무처리 속도가 몰라보게 빨라졌다. 종전에는 부산대리점에 카탈로그를 작성·발송하는 데 2주일, 대리점에서 여행객을 신청받이 판매실적을 파악하는 데 3일이 걸렸는데 지금은 신상품 안내에서 여행객 접수까지 하루면 충분하다. 인터넷을 이용해 하나투어의 여행정보시스템에 접속해 원하는 패키지를 고르고 참여인원의 명단을 입력하고 여행 일정을 확인하면 모든 게 마무리된다. 게다가 예약접수 현황은 데이터베이스에 그대로 집적돼 유용한 경영 데이터로 활용된다. 이 회사의 엑스트라넷은 해외의 현지 협력사에서도 유용하다. 현지 여행사가 패키지의 일정을 조정해야 할 일이 생기면 인터넷으로 한국에 있는 여행정보시스템에 접속해 필요한 사항을 입력하면 된다.

문제 1 통합정보시스템 구축이 왜 절반의 성공인지를 여행사를 중심으로 분석해 보세요.

문제 2 정보시스템 이전과 이후를 여행사 고객 응대 사례로 들어서 어떠한 차이가 있는지를 설명해 보세요.

연구문제

🎤 **문제 1**   여행사정보시스템에서 가장 중요한 역할은 무엇인지를 설명하세요.

🎤 **문제 2**   여행사가 CRM을 도입하면, 어떠한 효과가 있는지를 설명하세요.

🎤 **문제 3**   여행사를 위한 토파스의 Value Office Pro의 주요 기능에 관하여 설명하세요.

🎤 **문제 4**   여행사정보시스템의 정산기능은 어떤 업무를 처리하는지를 설명하세요.

🎤 **문제 5**   여행사가 정보시스템을 왜 구축하려고 하는지를 사례로 설명하세요.

Team-based
토론 문제

국내 여행정보 어디서 얻지? '포털' 지고 '유튜브' 뜬다.

COVID-19 이후 여행정보 검색채널 선호도에 변화가 조사됐다. 여행 수요가 크게 줄어들면서 이용의향이 대체로 하락하더니 올해 들어 소폭으로 반등세를 이루고 있다.

소통과 공감 위주 채널인 '유튜브'와 '사회관계망서비스SNS'의 상승폭이 컸던 반면, TV 같은 상업적인 채널과 정보전달 중심인 포털은 부진하다. 거리 두기 규제가 완화되고 여행산업이 회복되면 다시 상업적 채널들이 주목받게 될지 관심이 모아진다.

컨슈머인사이트가 '주례 여행행태 및 계획조사'매주 500명, 연간 2만 6,000명에서 여행 소비자를 대상으로 향후 국내 여행 때 이용할 정보탐색 채널에 대한 이용의향에 관해 묻고 추이를 비교했다.

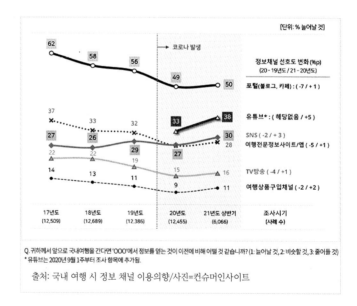

Q. 귀하께서 앞으로 국내여행을 간다면 'OOO'에서 정보를 얻는 것이 이전에 비해 어떨 것 같습니까? (1: 늘어날 것, 2: 비슷할 것, 3: 줄어들 것)
* 유튜브는 2020년 9월 1주부터 조사 항목에 추가됨.

출처: 국내 여행 시 정보 채널 이용의향/사진=컨슈머인사이트

2021년 상반기 6개 여행정보 채널별 국내 여행 시 이용의향 증가 전망%, 늘어날 것은 △포털블로그·카페 50% △유튜브 38% △사회관계망서비스SNS 30% △여행전문사이트·애플리케이션 28% 순이었다. △TV방송16% △여행상품구매 채널11%은 상대적으로 낮았다.

2020년 코로나가 확산하면서 이전보다 내림세가 빨라지더니 2021년 들어 소폭 회복된 결과다. 코로나 피로감

으로 여행 욕구가 되살아나고 해외 여행 대신 국내 여행에 관한 관심이 커진 영향인 것으로 보인다. 이용의향은 여전히 포털이 가장 앞서지만, 상승폭은 유튜브와 SNS에 쏠렸다. △유튜브는 전년 대비 5%p 상승했고 △SNS도 3%p 올랐고 나머지 정보 채널은 1~2%p 상승에 그쳤다.

코로나 직전2019년과 직후2020년 1년 사이 큰 폭의 내림세를 보였던 데 비하면 의외의 반전이다. 이 기간 △포털이 -7%p, △여행전문정보사이트·애플리케이션은 -5%p, △TV방송 -4%p, △SNS와 △여행상품 구입채널 각각 -2%p 하락했다. 다만, 유튜브는 2020년 9월부터 조사항목에 포함돼 비교에서 제외했다. 2017년 이후 4년간의 대세 하락 국면에서 잠시 숨 고르기를 하는 모양새다.

여행정보 채널의 신흥 강자인 유튜브와 다른 사회관계망서비스SNS를 비교해 보면 두 채널 모두 낮은 연령대일수록 이용의향이 높다는 공통점이 있다. 반면 △유튜브는 남성남 42%, 여 34%, △SNS는 여성여 32%, 남 29% 중심이라는 점, 유튜브가 2030 남녀뿐 아니라 4050 남성의 팬심을 얻은 데 비해, SNS는 오로지 2030 남녀, 특히 여성의 로열티에 의존하는 점에 차이가 있었다.

TV를 켜기만 하면 나오던 여행 방송은 코로나 이후 거의 자취를 감췄다. 생존 위기에 직면한 여행업계는 여행정보 콘텐츠에 신경 쓸 여력이 없었다. 그 빈자리에서 유튜브와 SNS가 입지를 넓혀가고 있다. 대중이 자발적으로 올리는 콘텐츠로 상업성이 낮고 공감과 소통을 선호하는 젊은 소비자층의 취향과도 맞아떨어진 것으로 분석된다.

문제 1 만약, 국내 여행을 한다면, 어떻게 정보를 수집하고, 결정할 것인지 구체적으로 작성하고, 토의해 보세요. 예 제주도를 여행할 경우, 교통편, 숙박편, 음식, 관광지 방문 등.

문제 2 여행정보 수집에 있어서 가장 신뢰할 수 있는 플랫폼을 선정하고 그 이유를 팀원들과 토의해 보세요. 예 유튜브, 인스타그램, 포털(네이버, 카카오톡 등), 쇼핑(야놀자, 인터파크 등), 여행사(하나투어, 모두투어 등)

 참고문헌

· 김재석, 디지털 관광론, 새로미, 2008
· 윤종훈 외, 4차 산업혁명 시대를 위한 경영정보시스템, 2017
· 이동훈, 4차 산업혁명 시대의 경영정보시스템, 2021
· 이선미, 항공 예약, 백산출판사, 2019
· 이진희 외 2명, "국내 온라인 여행사의 정보시스템 품질이 신뢰, 이용 의도, 실제 이용에 미치는 영향, 관광연구", 35(6), 73-92, 2020
· 전약표외 4명, 항공사경영론, 2017
· 한국기업평판연구소, 브랜드평판 레저 상장기업 브랜드 2020년 1월, 2020
· 한국문화관광연구원, 해외 OTA의 영향과 대응 방향, 2019

· 국내 여행정보 어디서 얻지? '포털' 지고 '유튜브' 뜬다, 파이낸셜뉴스, 2021.7.30.
· "통합정보시스템 구축 '절반의 성공'", 매거진 환경, 2006.9.2.
· "하나투어, 국내 여행업계 최초 차세대 시스템 오픈… '고객 중심형 서비스 강화 핵심'", 매일경제, 2020.4.20.

· http://www.iata.org/
· https://www.asianasabre.co.kr/
· https://www.topasweb.com/

· Kaynama, S. A., & Black, C. I., A proposal to assess the service quality of online travel agencies: An exploratory study, Journal of Professional Services Marketing, 21(1), 2000
· Weigert, M., Jumia travel in Africa: Expanding the boundaries of the online travel agency business model, Tourism Review, 74(6), 1167-1178, 2019

4차 산업시대의
관광정보론

관광지정보시스템

Chapter 07. 관광지정보시스템

정/리/노/트

단서

· 질문 1

· 질문 2

· 토의문제 제시 1

· 토의문제 제시 2

Key Words

예습

복습

Case Study

Summary

참고: cornell note

관광지정보시스템의 개념

오래전부터 신년 초에 여행을 가기로 마음먹었지만, 도무지 시간이 나질 않아 차일피일 미뤄왔던 김 이사, 그는 드디어 스마트폰 앱으로 모든 것을 처리하기로 했다. 여유 시간에 여행사와 전화를 하다 보면 아무래도 해를 넘길 것 같아서다. 그의 손에 있는 스마트폰에 앱을 설치하고 예약을 시작한다. 관광지는 바다와 산이 있는 속초로 정했다. 자, 지금부터 속초시에서 운영하는 관광 앱에 터치! 자동차로 갈 때 이렇게, 숙박은 여기 근처, 갈 곳이 이곳저곳, 음식은 거기, 온천은 여기 등의 모든 여행 일정을 VR가상현실, AR증강현실로 경험하고 내 입맛에 맞게 선정한 후 추천코스를 등록했다. 이후 조회된 결과를 살펴보니 모든 일정과 비용 등이 한 번에 나타났다. 이제 결제만 하면 숙박, 음식 예약, 테마파크 할인, 스키 예약 등이 한 번에 처리된다. 그의 고민이 한 방에 처리된다.

그러나 그의 아내는 깜짝 놀란다. "당신 지금 뭐 하는 거예요? 3년 만에 여행을 스마트폰으로 예약한다는 말이에요? 지금 제정신이에요, 당신?" 그 소리를 들으니 스마트폰으로 예약한 것이 약간 미심쩍지만, 그래도 지금이 어떤 시대인가?

1 관광지정보시스템의 개념

관광지정보시스템 DIS Destination Information System는 IT를 이용하여 효과적으로 관광지 정보를 관리하고 이를 관광객에게 제공하기 위한 목적으로 개발된 시스템이다. 이는 보는 관점에 따라 관광지관리시스템 DMS Destination Management System 또는 관광지마케팅시스템 DMS Destination Marketing System 등 다양하게 정의하고 있다. DIS의 정보는 인터넷, 스마트폰, 키오스크, GPS 등의 다양한 통신수단을 통해 이용할 수 있다. 최근에는 관광정보를 관리하기 위하여 콘텐츠관리시스템 CMS Content Management System를 도입하고 있다.

인터넷 환경의 DIS가 등장하면서 관광객은 여행사를 방문하지 않고 여행에 필요한 정보를 검색하고 여행상품을 구매할 수 있게 되었다. 일찍이 90년대 초반부터 한국관광공사는 관광정보를 하이텔과 천리안에 제공하였다. 그러나 이 시기는 모뎀의 통신 속도가 느려서 텍스트 위주의 정보로 수준이 높지 않았고, 제공하는 정보량도 많지 않았다. 따라서 관광객이 필요로 하는 정보를 검색하는 한 방향 정보체계를 벗어나지 못했다. 한국관광연구원현, 한국문화관광연구원의 전신은 관광업체와 관광연구자들이 필요로 하는 심층적인 관광정보를 제공할 목적으로 1997년부터 자체 홈페이지를 운영하면서, 관광 관련 국내외 관계기관의 웹사이트 수록, 관광뉴스, 관광통계, 관광정책자료, 관광도서정보, 관광연구포럼, 분야별 관광정보를 제공하고 있었다. 정보통신에 관심이 높은 일부 공공기관, 지방자치단체들이 자체 홈페이지를 운영하기 시작한 것도 이 무렵이다. 이러한 시대적 흐름에 편승해 지방자치단체들도 지역을 홍보할 목적으로 홈페이지를 구축해 지역의 관광정보를 제공하기 시작했다.

1998년 11월 문화체육부는 OECD와 공동으로 '정보통신기술이 관광정책에 미치는

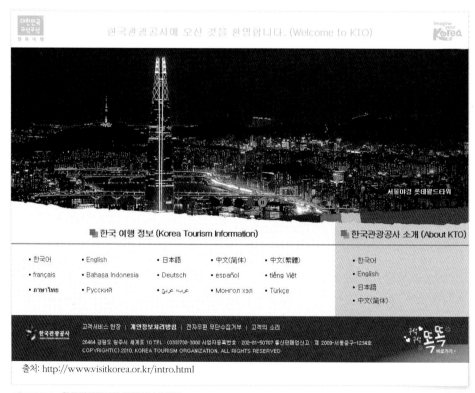

출처: http://www.visitkorea.or.kr/intro.html

⟳ 그림 7-1_ 한국관광공사의 여행정보사이트

의미'라는 주제로 심포지엄을 개최하였다. 90년대 중후반 이후 온라인을 기반으로 CRS처럼 관광정보를 제공하는 시스템이 등장하면서, 여행상품을 판매하는 여행업체의 마케팅 전략에도 많은 변화가 이루어졌다. 여행상품을 구매하기 위해서 직접 여행사를 방문하던 관광수요자가 야후, 다음, 네이버와 같은 포털 사이트에 접속하여 필요한 정보를 검색하게 되었다. 이들 포털 사이트는 다시 다양한 관광 웹사이트 등과 연계하여 관광객과 연결하는 통로 역할을 수행하였다.

DIS의 기능으로는 기본적인 관광매력물의 정보를 제공할 뿐만 아니라 숙박 예약, 음식점 정보제공, 교통정보, 쇼핑정보, 지리정보 등을 제공하고 있다. 이러한 역할은 단순한 관광안내정보 제공이 아닌 지역경제 활성을 유도할 수 있는 관광사업체와 관광객을 서로 연결하는 매개체로 볼 수 있다. 또한 한류의 바람을 타고 증가하는 외국 관광객들의 불편을 최소화하기 위하여 영어, 일어, 중국어 등 다국어 서비스를 제공하고 있다.

대표적인 DIS는 한국관광공사가 운영하는 여행정보사이트www.visitkorea.or.kr이다. 한국

출처: https://korean.visitseoul.net/index

🌙 그림 7-2_ 서울관광 웹사이트

관광공사의 여행정보사이트는 내국인뿐만 아니라 외국 관광객에게도 홍보하는 중요한 역할을 한다.

또한, 중앙정부 이외의 지방자치단체는 관광정보시스템을 구축할 때 3가지 부분을 고려하고 있다.

① 혁신 단계　숙박산업의 e-Transformation 및 IT화 촉진
② 통합 단계　온라인 숙박예약 강화 및 관광부문 전자상거래 기반 조성
③ 장착 단계　관광부문 전자상거래 정착

이러한 사업은 스마트 정보서비스를 고려한 시스템 구축으로 관광객의 상황에 따라 스마트폰, 무선노트북 등을 통해 언제, 어디서나 관광정보서비스를 이용할 수 있도록 시스템을 구축하였다. 또한, 웹 기반의 관광 통합 예약서비스를 실시간으로 제공하여 관광객이 현장에서 항공, 철도, 버스 등 교통편과 방문지역의 숙박업체를 검색·예약할 수 있는 서비스를 제공한다. DIS는 방문하고자 하는 관광지를 중심으로 숙박시설, 음식점 등 부대 정보를 통합적으로 제공함으로써 관광객들에게 One-Stop/One-Click 서비스를 제공한다. DIS가 지역을 관광정보화함으로써 다음과 같은 기대효과가 있다.

첫째, 방문객이 방문지역의 관문인 철도역, 터미널 등의 현장에서 실시간으로 One-Stop/One-Click 서비스를 받을 수 있어 쉽고 편리하게 여행할 수 있게 되고, 기존 1330^{관광안내전화} 서비스가 질적으로 개선된다.

둘째, 관광지 개발을 통한 관광산업 활성화 방식에서 탈피하여 KIOSK를 이용한 기존 자원의 적극적인 홍보와 마케팅을 함으로써 지역의 유망 관광자원을 상품화하는 형태로 관광산업을 활성화할 수 있을 것이다.

셋째, 개별적으로 제공되던 교통, 숙박, 관광지 정보 등을 통합하여 해당 관광지 중심으로 제공함으로써 정보제공의 시너지 효과를 극대화할 수 있고, 실시간 숙박예약 등을 통해 지역 관광산업 전반의 정보화 수준을 향상할 수 있다.

넷째, 증가하는 외국 관광객들이 쉽고 편리하게 여행할 수 있도록 영어, 일어, 중국어 등 외국어 서비스를 제공하고, 정보 검색 및 예약을 함께 처리할 수 있도록 시스템을 구현함으로써 국내·외 방문객의 지역 재방문을 유도할 수 있다.

다섯째, 방문지역의 교통, 숙박업체, 음식점 등 관광서비스 생산자와 관광서비스 소비자와의 연계 매개체의 역할을 통해 지역경제 활성화를 도모한다.

여섯째, 지역 이미지 제고뿐만 아니라 첨단기술인 IT를 활용한 관광정보를 제공함으로써 대내·외 관광산업 이미지 제고에 기여할 것이다.

❷ 관광지정보시스템의 구조

관광지정보시스템은 크게 두 가지 특성으로 구분된다. 첫째, 관광안내정보를 가지고, 관광산업체_{숙박, 음식, 테마파크}와 관광객을 연결하는 매개체로써 지역경제의 활성화를 유도할 수 있는 시스템이다. 둘째, 위치정보시스템_{GPS}을 통한 관광지도서비스를 제공하는 시스템으로써 관광지를 방문하는 관광객의 여행계획 수립을 지원하고, 교통정보, 숙박정보 등을 제공하여 여행 시 개인 맞춤 여행을 지원한다. 이러한 DIS를 구축할 때 고려사항을 살펴보면 다음과 같다.

◯ 관광정보의 신속·정확한 제공

- 시간과 장소와 관계없는 관광정보 전달을 위한 관광 웹사이트_앱
- 관광정보 검색의 신속, 정확성 개선
- 유지관리를 통한 최신 관광정보의 업그레이드

◯ 언어별 차별화된 관광정보 제공

- 국내, 국외 관광객들에게 맞는 차별화된 관광정보를 제공하여 경쟁력 강화
- 외국 관광객들에게 어필할 수 있는 관광정보의 제공
- 관계마케팅 활용을 위한 언어별 관광 웹사이트의 구성

◯ 첨단과 관광지 자연환경을 포용하는 디자인

- 첨단문화와 관광지 자연환경을 포용할 수 있도록 디자인된 웹사이트
- 각종 문화관광 자원과 자연환경, 매력물이 어우러지게 디자인 구성

✪ 멀티미디어 요소의 강화

- 고화질의 관광지 가상현실VR, 증강현실AR 영상기능 구현
- 애니메이션·플래시 영상 서비스
- 역동적 디자인과 시각적인 요소로 관광객 만족도 극대화

✪ 고객 커뮤니티 강화

- 최적의 데이터베이스 설계로 차별화된 커뮤니티 구성
- 무인관광안내시스템앱을 통한 고객 서비스 강화
- 관리자 기능 강화로 1:1 커뮤니티 구현

✪ 지리정보시스템GIS을 활용한 위치 파악

- 문화, 관광, 여가 등 관광객들에게 필요한 위치정보의 세분화

출처: https://www.visitjeju.net/kr

🌙 그림 7-3_ 제주관광 홈페이지

- 최적의 내비게이션을 통한 효율적 검색기능 구현
- 검색을 통한 위치 파악

◯ 편리한 관광서비스 제공

- 고객의 관광비용 예측이 가능한 지능형 앱 안내시스템 구현
- 관광지 특성에 맞는 고객별 맞춤 관광 안내구현
- 가상체험 효과를 통한 보다 현실감 있는 관광 웹사이트 구현

3 스마트 관광 시대

향후 수년 내에 스마트 관광 관련 기술이 고도화된다면 스마트 관광도시를 방문하는 관광객들은 관광 전 목적지 결정부터 실제 관광활동_{이동, 식사, 체험, 쇼핑, 숙박 등}과 관광 이후 활동_{여행 후기 공유, 관광지 불편신고 및 개선사항 제안 등}에 이르는 모든 과정에서 기술이 융합된 개인별 맞춤형 관광서비스를 받게 될 것으로 기대된다. 거대자료_{빅데이터}와 인공지능, 5세대 이동 통신, 가상현실 및 증강현실 등의 4차 산업혁명 관련 첨단 기술력으로 관광지정보시스 템이 진화할 것으로 예상한다.

스마트 관광은 VR/AR, 빅데이터, 챗봇, O2O, 모빌리티 등 신기술에 관광을 융·복합 하여 관광객들에게 차별화된 경험·편의·서비스를 제공하고, 관광인프라를 지속해서 발전시켜 만족도를 강화하는 관광활동이다.

2020년부터 본격적으로 기술 혁신 기반의 미래 관광산업을 육성하기 위해 '스마트 관광도시 조성사업'을 시작하였다. '스마트 관광도시 조성사업'은 첨단정보통신기술을 관광 분야에 접목해 경쟁력 있고 편리한 관광서비스를 제공할 수 있는 기반을 마련하 고, 여행객들의 만족도를 높이기 위한 지역관광 첨단화 기반사업이다. 지금은 스마트 관 광 시대의 초기나 시작 단계에 머무르고 있다.

스마트 관광도시에서 스마트 관광요소 구현으로 관광객 관점의 매력적인 관광지 조 성이 중요하다. 지역 특화 스마트 관광서비스를 제공으로 지역관광 특성에 따라 관광객 요구를 만족하는 스마트 관광서비스 제공할 필요가 있다. 예를 들어, 관광정보 큐레이

션, 스마트 예약·결제, VR/AR 관광체험, AR 내비게이션 등이 여기에 해당한다.

스마트 관광 5대 요소는 스마트 경험, 스마트 편의, 스마트 서비스, 스마트 모빌리티, 스마트 플랫폼으로 구성된다.

표 7-1_ **스마트 관광 5대 요소**

5대 요소	세부내용	연계 관광요소	연계 기술요소	핵심가치
스마트 경험	최신 기술(AR/VR/MR/홀로그램)을 활용, 자연, 문화, 역사 등 관광 매력 극대화	관광 콘텐츠	VR, AR, MR, 홀로그램 등	관광 매력
스마트 편의	편리한 체류를 위하여 식당, 체험 등 정보를 실시간으로 알려주고 예약 및 결제 지원	관광 인프라	O2O, 디지털 사이니지 등	관광일정 관리
스마트 서비스	다국어, 불편신고, 짐 배송 등 관광지 현장의 불편에 대한 신속 대응	관광 지원 서비스	챗봇, 로보틱스 등	관광품질 개선
스마트 모빌리티	공유 자동차, 수요대응형 자동차 등 도시 간 이동 및 퍼스널 모빌리티 등 도시 내 이용 가능한 2차 교통수단	관광교통	공유 플랫폼, 자율주행, MaaS 등	방문범위 확대
스마트 플랫폼	스마트 관광도시 내 다양한 서비스를 등록, 이용하며 그 기록이 수집 및 공유	관광정보	AI, Data Analytics 등	관광정보 공유

그림 7-4_ 스마트 관광도시 서비스 시나리오

스마트 관광도시 서비스 시나리오는 다음과 같다.

표 7-2_ **스마트 관광도시 서비스 시나리오**

구분		서비스 시나리오	기술
여행전	AI 일정 수립	스마트 관광도시 앱 설치 후 회원가입(취향 등 입력)을 통해 자동으로 여행일정을 받음	빅데이터, 인공지능
	간편 예약/결제	받은 여행일정에서 결제가 필요한 부분은 한 번에 모두 결제	간편 예약·결제
	스마트 모빌리티	공항 도착 후 여행지까지 맞춤형 셔틀을 통해 이동, AR 내비게이션, 위치기반 관광정보 제공서비스 등을 통해 여행정보를 받음	AR, 위치기반 정보제공
여행중	무료 관광 와이파이	스마트 관광도시에 도착하여 무료 와이파이 자동으로 연결	와이파이
	스마트 모빌리티	관광지 입구에 거치된 전동킥보드를 스마트 관광도시 앱을 통해 탑승하여 이동	퍼스널 모빌리티, 간편 예약·결제
	스마트 짐 보관	모바일 QR코드를 활용한 간편인증시스템을 통해 비대면 짐 보관, 배송 서비스를 이용	QR코드
	AR/VR 콘텐츠	지역 역사 기반의 홀로그램·AR/VR 콘텐츠 체험	홀로그램, AR/VR
	오디오 도슨트	위치기반 정보제공서비스를 기반으로 해당 관광지의 오디오 가이드 서비스 이용	위치기반 정보제공, 스마트 오디오 가이드
	스마트 오더	스마트폰으로 QR코드를 통해 예약, 주문, 결제까지 원스톱 해결 및 메뉴판 다국어 번역 이용	QR코드, 간편결제, AR 등
여행후	설문 조사	설문 조사 또는 SNS 후기 자료수집을 활용해 향후 관광 일정 추천 및 스마트 관광도시 인프라·콘텐츠 개선에 활용	빅데이터 위치기반 정보제공

한국관광공사는 스마트 관광을 '첨단 정보통신기술에 기반한 집단 소통과 위치기반 서비스를 통해 내외국인 관광객에게 실시간, 맞춤형 서비스 제공'으로 정의하고, 관광콘텐츠 생태계와 관광산업 구조의 혁신을 통해 고부가가치를 유발하는 차세대 관광으로 간주하고 있다.

☼ Smart Tourism

- Standard 표준에 기반한 상호 호환성
- Multi Function 융·복합을 통한 다양성
- Accessibility 시·공간 제약 없이 빠른 접근성
- Reliability 시장, 고객으로부터의 신뢰성
- Time Saving 관광객 편리성

스마트 관광의 계획 및 실행에서 배경을 살펴보면 스마트 기기 시장의 성장이다. 국내외로 스마트 기기 이용자 수가 급격하게 증가하면서 해당 시장의 성장 속도도 점점 빨라지고 있다. 다양한 분야에서 스마트 서비스가 활성화되고 있고 이에 따라 시간, 장소를 중심으로 하는 콘텐츠가 발달하면서 비즈니스의 다양화, 고부가가치의 새로운 산업이 등장 중이다.

또 다른 배경은 가치 지향적인 관광서비스에 대한 수요가 증가했다는 것이다. 한국을 방문하는 외래 관광객 중 단체 관광객의 비율은 줄어들고 개별 관광객의 수가 증가하면서 소비력이 높아지고 그에 따른 높은 가치를 창출할 수 있는 관광서비스에 대한 수요가 높아지면서 스마트 관광서비스의 필요성이 높아지고 있다. 그 외에는 한국 관광 경쟁력 제고, 지역관광의 활성화, 신사업모델 활성화 등이 스마트 관광 성장의 배경으로 꼽히고 있다

한국관광공사가 운영하는 스마트 관광의 구도는 홈페이지, SNS, 스마트폰 애플리케이션 사이의 연결을 토대로 SNS, 애플리케이션에서 인지한 정보를 홈페이지에서 자세하게 알아보는 데 문제가 없었다. 하지만 3개 채널 간의 연동만이 주로 운영되고 있어서 싱가포르, 서호주 관광청의 시스템처럼 외부 뉴스, 개인 블로그와의 연관성을 찾아보기는 어려웠다. 하지만 홈페이지, SNS와 애플리케이션 사이의 연결이 부족했던 싱가포르, 서호주의 시스템과 달리 게재되는 정보가 홈페이지, SNS, 애플리케이션 모두 동일하고 업데이트도 동시에 이루어지고 있어 애플리케이션, 트위터에서 인지한 정보를 즉시 페이스북, 홈페이지에서 찾을 수 있었다. 외부 채널과의 연동성은 아쉽지만 직접 운영하는 3개의 채널 간의 연결 효과는 두드러졌다.

최근 애플에 인수된 '메타이오metaio'는 길 안내 화살표 대신에 펭귄과 함께 길을 걸으면서 안내를 받도록 하는 증강현실 서비스도 선보이고 있다. 앞으로는 자신이 원하는 아바타와 함께 길을 걸으면서 개인별 안내를 받을 기회도 제공될 것으로 기대된다. 영국의 런던박물관에서 선보인 'Street Museum'은 증강현실기술을 활용하여 주요 런던 거리의 현재 모습에 과거 역사 속 런던 사진들이 합성되어 보이게 함으로써 도시의 역사를 생생하게 경험할 수 있는 서비스다.

지도에서 자신의 위치에서 가장 가까운 곳의 역사 체험을 할 수 있는 장소가 표시되고 그 위치에서 스마트폰을 비춰보면 과거의 모습 사진이 화면에 등장하게 된다. 첨단 ICT 기술을 접목하여 영국의 역사와 사라진 장소를 재생해 박물관의 옛 기억을 부활시키고 동시에 관람객들에게 새로운 경험을 제시할 수 있었다는 데 그 의의가 있다.

기존의 컴퓨터 화면 등과 같은 디스플레이 장치에서 그래픽을 통하여 체험하던 가상현실VR: Virtual Reality은 가상cyber의 공간space과 사물object만을 대상으로 하고 있었다. 완전한 가상세계를 전제로 하는 가상현실과는 달리 현실세계의 환경 위에 가상의 대상을 결합해 현실의 효과를 더욱 증가시키는 기술이 증강현실기술이다. 즉, 증강현실은 실제와 가상 사이의 영역인 혼합현실Mixed Reality의 한 종류로서, 현실세계를 바탕으로 가상세계를 합성한 것을 이른다. 이와 반대로 혼합현실 중 가상세계에 현실세계를 합성하면 증강가상AV: Augmented Virtuality이라고 부른다.

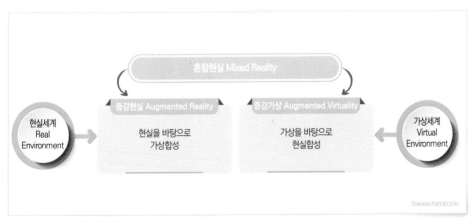

🌀 그림 7-5_ 혼합현실의 개요

국내에서도 한국관광공사를 중심으로 스마트 신한류 관광서비스의 목적으로 한류 콘텐츠의 기반이 되는 드라마, 뮤직비디오 촬영장소 등을 중심으로 ICT, 증강현실 등의 첨단기술을 사용하여 한류를 직접 체험할 수 있게 VR 서비스를 제공하고 있다. 특히, KT는 'JEJU TOVR 360'에서 360° 회전이 가능한 VR 영상으로 제주도를 더욱 생생하게 느낄 수 있는 체험서비스를 제공한다.

AR증강현실을 활성화한 관광사례로 돈의문이 있다. 돈의문은 본래 서울 4대문 가운데 서쪽에 있는 문이었으나, 일본 강점기에 도로 확장으로 현재는 남아 있지 않은 사라진 문화유산이다. 최근 AR을 통해 104년 만에 그 모습을 드러냈다.

그림 7-6_ 증강현실로 복원한 돈의문

2 관광지식정보시스템

관광지식정보시스템은 한국문화관광연구원에서 콘텐츠를 제공하고 있다. 이 시스템에서 국내 관광자원의 정보와 관광산업에 대한 전반적인 지식정보를 체계적으로 볼 수 있다. 1999년도 전국을 대상으로 전국 관광자원 기초자료조사를 하여 확보된 문화자원, 자연 및 생태자원 등 58,000건의 조사자료의 결과를 바탕으로 전국 관광자원정보를 GIS와 연계하여 지리정보 기반을 구축하고, 종합적으로 관광자원정보를 관리하고 있다.

관광지식정보시스템은 지식기반 사회로의 이양 및 정보기술 발전 추세에 따라 관광부문의 정보화 사업 추진 전략을 제시한 국가관광 정보화 추진 전략 계획문화관광부, 2002년에 근거하여 연차사업으로 운영되고 있다. 현재 관광 DB 서비스를 통하여 통계 DB, 지식 DB, 자원 DB 등의 수요자 중심의 관광 관련 서비스를 제공하고 있으며, 통계 수요의 증가에 따른 다양한 형태로의 통계제공이 가능토록 지속적인 시스템 개선을 통해 수요자 요구에 맞는 서비스를 제공하고 있다.

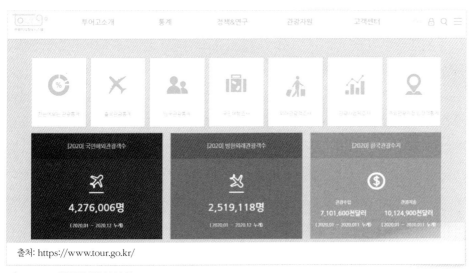

출처: https://www.tour.go.kr/

🍚 그림 7-7_ 관광지식정보시스템

3 국가관광자원개발 통합정보시스템

문화관광부의 초기 관광 정보화 사업은 다양한 정보전달 매체를 통한 국내여행 정보 이용의 수요급증 및 온라인을 통한 맞춤형 관광정보 입수 욕구의 증가로 시작되었다. 또한, 전 세계 인터넷 이용자들의 온라인을 통한 여행정보 입수비율 증가 및 다양한 한국 문화·관광 콘텐츠에 대한 욕구에 부응하기 위한 해외시장·언어권별로 차별화된 온라인 홍보활동의 목적으로 시작되었다. 이를 위해 다음과 같이 기본 목표를 설정하였다.

첫째, 인터넷을 활용한 국내 최대 디지털 관광 콘텐츠의 제공과 국내 관광 촉진 및 여행 편의를 위한 대국민 관광정보 제공이다.

둘째, 한국 관광 온라인 홍보활동 전개를 통한 국가 브랜드 이미지 제고, 외래 관광객 유치 및 관광외화 수입 증대이다.

셋째, 새로운 유비쿼터스 기술 도입을 통한 U-관광정보서비스 기반 확대로 U-Korea 를 실현한다.

관광 정보화 추진 방향은 다양한 관광정보 콘텐츠와 DB 확장을 통한 관광정보 확충에 있다. 또한, 외래 관광객 유치를 위해 해외 관광시장의 특성에 맞는 차별화된 관광 콘텐츠 개발 및 온라인 해외 관광 마케팅 전개 그리고 위치기반 무선관광 정보서비스를 통한 외국인 관광안내체계 개선이 중요하다. 그런데도 관광 정보화에 있어 현재의 문제점 및 개선 방향은 다음과 같다.

첫째, 현재 국문 및 외국어로 분리 운영되는 개별 사이트 관광정보 DB를 통합하여 자원 낭비를 방지하고 고객 접점의 단일화를 통한 체계적인 고객관리시스템을 구축할 필요가 있다.

둘째, 관광정보의 최신성·적시성을 위하여 체계적인 콘텐츠 관리 프로세스를 정립하고 효율적 정보관리를 위한 외부 정보제공자IP, 콘텐츠 제공자CP의 체계적인 시스템이 있어야 한다.

셋째, 관광정보 웹사이트의 고객 만족도 제고를 위하여 이용자를 활용한 콘텐츠 생성 및 온라인 커뮤니티 구축이 필요하다.

위와 같은 점을 해결하기 위하여 ITIS통합관광정보시스템를 구축할 필요가 있다. ITIS는 고객 참여 확대를 통한 여행 관련 정보의 공유 강화 및 DB화, 지방자치단체와의 정보교류 및 협력체계를 강화하고 홈페이지 관리 강화, 이용자 만족도 등 이용자 측면에서의 평가지표 개발, 기존 회원들의 충성도 및 고객 만족도 제고를 위해, 우수 고객관리 프로그램 전개, 휴면고객 활성화를 위한 고객관리 캠페인 전개, 커뮤니티 회원서비스를 강화할 필요가 있다.

ITIS 이후, 2020년에 국가관광자원개발 통합정보시스템Tourism Development Support System으로 전환되었다. 국가관광자원개발 통합정보시스템은 문화체육관광부에서 지원하는 관광자원개발사업을 대상으로 사업추진 단계별 사업관리를 지원하고, 맞춤형 사업정보와 관련 지식정보를 제공하는 통합정보시스템이다.

국가관광자원개발 통합정보시스템은 초기에는 담당 공무원만 사용할 수 있었으나, 지금은 누구나 사용할 수 있다.

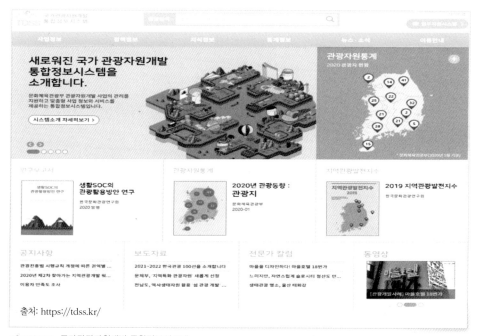

출처: https://tdss.kr/

그림 7-8_ 국가관광자원개발 통합정보시스템

News! 갈 길 먼 한국 관광산업 ··· GDP 기여도 51개국 중 꼴찌

우리나라 경제에서 관광산업이 차지하는 비중이 3%도 안 되는 것으로 나타났다. 한국문화관광연구원 관광지식정보시스템에 따르면, 지난해 관광산업이 우리나라 GDP에 기여한 정도는 2.8%에 불과했다.

관련 통계가 있는 주요국 51곳 중 꼴찌로, 지난해 주요 200여 국가의 평균 기여도는 10.4%였다. 가장 기여도가 높은 국가는 마카오로 72%에 달했고, 33.8%의 아이슬란드와 25.1%의 크로아티아, 24.6%의 필리핀과 21.9%의 태국이 뒤를 이었다. 중국 10.9%, 미국이 7.8%, 일본도 7.5%를 기록하는 등 우리나라보다 더 높은 모습을 보였다.

우리나라 관광산업이 고용에 미치는 영향도 미미했다. 지난해 우리나라 관광산업의 고용 기여도는 3.1%로 역시 51개국 중 가장 낮았다. 기여도 1위 국가였던 마카오가 고용 기여도에서도 50.3%로 역시 1위를 차지했다. 이렇게 관광산업의 기여도가 낮은 데는, 기본적으로 우리나라가 제조업 비중이 큰 수출국이라는 점도 있지만, 부족한 관광자원과 접근성도 한몫한다는 평가이다. 일반적인 육로가 없어 비행기를 주로 타고 와야 하니 비용이 많이 든다는 건데, 이 때문에라도 관광자원을 더 적극적으로 발굴해야 한다는 지적이 나오고 있다.

Cases & Practice
기업 사례 & 실습

강화군, '빅데이터 솔루션' 도입해 관광콘텐츠 구축

강화군이 KT와 함께 올해 하반기부터 빅데이터 솔루션을 도입한다고 27일 밝혔다. 군은 그동안 관광과 정보통신기술ICT을 접목한 관광콘텐츠 구축 등을 KT와 지속해서 협의해 왔다. 현재 문화체육관광부의 주요 관광지 관광객통계시스템이 운영되고 있지만, 시스템에 등록된 관광지 외에는 관광객 파악이 어려운 실정이다.

군은 이를 해결하기 위해 빅데이터 솔루션을 도입해 △관광객의 증가패턴 △관광객 밀집지역 △성별·연령별 증감률 △SNS 데이터를 통한 관광지별 방문 현황 △체류형 관광객 현황 △소비성향 등을 분석할 계획이다. 빅데이터는 디지털 환경에서 생성되는 문자와 영상 등의 대규모 데이터를 말하며, 종류가 다양해 사람들의 행동은 물론 위치정보와 SNS를 통해 생각과 의견을 분석하고 예측할 수 있다. 이에 유통업계 등에서는 이미 빠른 속도로 변해가는 현대사회의 특성을 반영해 다양한 기술을 도입하고 있다.

 문제 1 강화군은 지금까지 왜 관광객에 관련된 정보를 파악할 수 없었을까요?

 문제 2 강화군이 빅데이터 솔루션을 통해 관광콘텐츠를 어떻게 확보할지 방법을 논의해 보세요.

Question

research question
연구문제

🎤 **문제 1** 지방자치단체의 관광지정보시스템은 어떠한 역할을 하는지 설명하세요.

🎤 **문제 2** 가상현실, 증강현실을 적용한 지방자치단체를 선정하고, 그 사례를 설명하세요.

🎤 **문제 3** 관광지식정보시스템에서 가장 중요한 역할을 하는 기능이 무엇인지 설명하세요.

🎤 **문제 4** 국가관광자원개발 통합정보시스템과 관광지식정보시스템의 중요한 몇 가지의 차이를 설명하세요.

🎤 **문제 5** 지방자치단체에서 가상현실, 증강현실을 관광지정보시스템에 왜 적용하려고 하는지 설명하세요.

Team-based
토론 문제

스마트 관광도시 조성사업

첨단정보통신기술을 관광 분야에 접목해 경쟁력 있고 편리한 관광서비스를 제공할 수 있는 기반을 마련하고, 여행객들의 만족도를 높이기 위한 지역관광 첨단화 기반사업이다.

출처: 픽사베이

이를 통해 스마트 관광도시를 방문하는 관광객들은 관광 전 목적지 결정부터 실제 관광활동이동, 식사, 체험, 쇼핑, 숙박 등과 관광 이후 활동여행 후기 공유, 관광지 불편신고 및 개선사항 제안 등에 이르는 모든 과정에서 기술이 융합된 개인별 맞춤형 관광서비스를 받게 될 것으로 전망된다.

🎤 문제1
스마트 관광요소를 구현하여 소비자 관점의 매력적인 관광지 조성으로 지역 특화 관광자원이 있는 한정된 지역을 선정해, 해당 지역 대상 스마트 관광요소를 융·복합하여 차별화된 관광경험 강화 전략을 수립한다면 특히 지역관광 특성에 따라 다른 관광객 요구에 맞는 스마트 관광서비스를 제공할 것으로 보고 있습니다. 그러면 소비자 관점에서 가장 만족할 서비스가 무엇인지를 토론해 보세요.

🎤 문제2
지역 의견 수렴을 위한 공청회 개최 등 이해관계자와의 거버넌스 구축을 통한 체계적인 스마트 관광도시 운영방안을 수립할 수 있고, 또 지속 가능한 스마트 관광도시 구현 등 스마트 관광 생태계를 조성할 수 있습니다. 생태계가 조성되었다면 어떠한 시너지 효과가 있을지 지역관광자원 연계의 관점에서 토론해 보세요.

🪴 참고문헌

· 구철모 외 3명, "스마트 관광 발전을 위한 사례 분석 연구: 한국관광공사 사례", 15(8), 519-531, 2015

· 김익재, "AR/VR 기반한 콘텐츠로 탄생하다: 지방자치단체의 AR/VR의 다양한 활용 사례 소개", 지역정보화, 114(0), 34-37, 2019

· 김재석, 디지털 관광론, 새로미, 2008

· 문화체육관광부, 기술혁신 기반의 미래 관광산업을 육성한다, 보도자료, 2020

· 이봉규, 증강현실을 활용한 제주관광발전전략, 제주연구원, 2018

· 한국관광공사, 스마트관광도시 시범사업 기본계획 수립, 2019

· "갈 길 먼 한국 관광산업… GDP 기여도 51개국 중 꼴찌", SBS Biz, 2020.10.9.

· "강화군, '빅데이터 솔루션' 도입해 관광 콘텐츠 구축", News1 뉴스, 2017.4.27.

· "스마트관광도시 조성사업", 네이버 지식백과, 2021.2.5.

· https://jeju.tovr360.com/

· https://korean.visitseoul.net/index

· https://tdss.kr/

· https://www.cha.go.kr/

· https://www.tour.go.kr/

· https://www.visitjeju.net/kr

4차 산업시대의
관광정보론

Chapter 08

4차 산업혁명과 관광

Chapter 08. 4차 산업혁명과 관광

정/리/노/트

단서

· 질문 1

Key Words

예습

· 질문 2

· 토의문제 제시 1

복습

· 토의문제 제시 2

Case Study

Summary

참고: cornell note

산업혁명의 역사와 4차 산업혁명의 개념

서구 문명은 이미 세 번의 산업혁명을 경험했다. 이 산업혁명들은 산업 과정에서 상당히 높은 생산성의 향상을 가져왔다. 1차 산업혁명에서는 수력발전, 증기기관, 기계의 발전을 통하여 생산성의 극대화가 이루어졌다. 2차 산업혁명에서는 전기와 조립 라인을 통해 분업에 의한 대량 생산이 가능해졌으며, 3차 산업혁명에서는 전자공학과 정보기술을 이용한 자동화를 통해 인간이 다루기 어려운 복잡한 작업을 기계가 수행함으로써 생산성이 한층 더 증가했다. 4차 산업혁명은 이미 진행 중이다. 하지만 어떤 분야에서는 빠르고 파괴적인 변화가 진행되는 반면, 다른 분야에서는 서서히 지속적으로, 조금 더 진화적인 속도로 변화가 일어났다. 오늘날, 물리적 대상은 아주 매끄럽게 정보 네트워크에 통합된다. 인터넷은 지능형 기계, 시스템 생산 및 프로세스와 결합해 더욱 정교한 네트워크를 형성한다. 현실세상은 하나의 거대한 정보시스템으로 변하고 있다.

세계경제포럼에서는 산업혁명사에 대해 다음과 같이 각 산업혁명 세대별 주력 부문을 제시하였다.

4차 산업혁명을 정의해 보면 "인공지능과 빅데이터를 기반으로 무인차와 VR\ :sub:`Virtual Reality`\ 을 사용하는 정보화 혁명이다. 이와 더불어 4차 산업혁명으로 인해 산업기술이 발달되어 인간이 자유로움과 평화를 얻을 수 있게 된다." 4차 산업혁명은 독일의 인더스트리 4.0에서 그 기원을 찾아볼 수 있다. '인더스트리 4.0 공장'이라는 독일 지멘스의 암베르크 공장은 독일의 엔지니어링 기업으로 독일의 4차 산업혁명 대비 경제정책인

표 8-1_ 세계경제포럼의 산업혁명사에 대한 인식

구 분	시작년도	주력 부문
1차 산업혁명	1784년	수력과 증기력, 기계적 생산설비
2차 산업혁명	1870년	분업, 전기, 대량생산
3차 산업혁명	1969년	전자공학, 정보기술, 자동화 생산
4차 산업혁명	?	CPS(Cyber-Physical Systems)

출처: Davis(2016)

인더스트리 4.0에 맞추어 2억 유로가 넘는 비용을 들여 생산 라인 전체를 자동화한 스마트 팩토리다. 즉, 4차 산업혁명은 제조업과 ICT Information and Communication Technology의 결합이라고 볼 수 있다. 암베르크 공장은 모든 생산 공정에 컴퓨터가 투입되었고 투입된 컴퓨터는 매일 5,000만 건의 정보를 생산한다. 그리고 이렇게 모인 빅데이터를 바탕으로 가동률과 불량률 등을 실시간으로 점검해 놀라운 생산성 향상을 이루게 되었다. 쌓인 정보에 따라 컴퓨터는 오랜 시간 작동하지 않아도 문제가 없다고 판단된 기계의 전원 스위치를 내려 전력 소모를 방지할 수 있었다.

2 4차 산업혁명의 특징

4차 산업혁명의 주요 기술은 정보기술, 전자공학, 로봇공학, 나노공학, 생명공학 등을 기반으로 한다. 4차 사업혁명에서 비즈니스는 사회적 측면과 기술적 측면 양쪽에서 향상된 기술을 필요로 할 것이다. 생산 중심의 사고에서 디자인 중심의 사고로 전환될 것이며 끊임없는 직업훈련과 평생학습을 추구하는 기업 문화가 핵심 경쟁력이 될 것이다. 기업은 네트워크 환경에서 지속 가능한 기업으로 향하기 위해서 협력과 다문화적 경쟁력을 갖춰야 한다. 4차 산업혁명의 특징은 다음과 같다.

1 가상 물리 시스템과 시장

4차 혁명은 독일의 인더스트리 4.0 Industrie 4.0에서 시작됐다. 4차 산업혁명론은 독일인공지능연구소 DFKI가 2011년 '인더스트리 4.0'에 관한 논의를 계승한 성격을 띠고 있다. 인더스트리 4.0은 지속적인 디지털화와 모든 생산단위의 연결성을 강조한다. 4차 산업혁명에서 시스템은 모든 하부 시스템, 프로세스, 공급자와 소비자 네트워크 등과 훨씬 긴밀하게 연결되고, 이로 인해 시장은 전보다 더 복잡하고 정교한 제품을 요구할 것이다. IT 시스템은 표준 정의를 따르는 기계, 스토리지 시스템 및 공급 중심으로 구축될 것이며 가상 물리 시스템CPS: Cyber Physical System으로 연결될 것이다. 이러한 시스템은 실시간 제어가 가능하다. 미래의 공장과 시스템에는 분명하게 정의된 유사 인터페이스가 장착된다. 이러한 기술 활용으로 기계는 가치 사슬Value Chain에 맞춰 유연하게 대체될 수 있다. 예고 없이도 생산 프로세스 변경이 가능하고, 시스템을 이용할 수 없는 시간, 즉 다운 타임down time을 줄여 효율성을 끌어올릴 수 있다.

② 지능형 로봇과 기계

로봇Robot이라는 말은 1920년 체코슬로바키아의 극작가 카렐 차페크Karel Čapek의 희곡 '로섬의 만능 로봇R.U.R.: Rosuum's Universal Robots'에서 처음 사용되었다. 로봇의 사전적 의미는 인간의 업무 방식에 적응하고 인간과 소통하며 상호작용할 수 있다는 것이다. 로봇의 어원은 체코어의 노동을 의미하는 단어 'robota'에서 나왔으며 다음과 같이 세 가지로 정의할 수 있다. 제조공장에서 조립, 용접, 핸들링 등을 수행하는 자동화된 로봇인 산업용 로봇, 환경을 인식하고 스스로 판단하는 기능을 가진 로봇인 지능형 로봇, 사람과 닮은 모습을 한 안드로이드이다.

로봇은 다양한 분야에서 활용되고 있다. 산업 현장에서는 단조로운 반복 작업이나 지루한 작업을 로봇이 처리하고, 조립 공장에서는 리벳 박는 일, 용접, 자동차 차체를 칠하는 등 높은 수준의 정밀도와 정확도로 지속적으로 작업할 수 있기 때문에 인간보다 로봇이 더 잘 해낼 수 있다. 또한, 로봇은 위험한 작업을 대신할 수가 있다. 방호복을 입지 않고 원자력 공장에서 방사성 물질을 취급하거나, 유독 화학물질을 취급할 수가 있으며, 인간에게는 너무 덥거나 추운 환경에서도 일할 수가 있다. 인간의 생명이 위험에 노출될 수 있는 곳에서도 로봇을 사용할 수 있다. 예를 들면, 폭발물을 수색하거나 폭탄의 뇌관을 제거하는 일, 그리고 우주 공간에서의 작업도 그중의 하나이다. 로봇은 우주 공간에서의 지구를 돌고 있는 인공위성을 수리하거나 유지하는 데 사용되기도 하고, 보이저호와 같이 탐사와 발견을 목적으로 먼 천체까지 비행하는 데도 로봇이 사용된다. 한편 가정에서도 점점 많은 로봇이 가사를 돕기 위해 사용되고 있다. 그리고 육체적인 장애를 가진 사람들을 돌보는 일에도 많이 이용될 것으로 기대된다. 로봇 간호보

조자는 장애자나 노령으로 인해 체력이 약해진 사람들이 가족들에게서 독립하여 혼자서도 살 수 있도록 해주며, 병원에 입원하지 않아도 될 수 있도록 도와주게 될 것이다.

유럽에서 사용 중인 다목적 산업 로봇의 수는 매우 증가하였으며, 체코나 헝가리 같은 나라에서의 성장세는 훨씬 더 두드러져 미래의 로봇은 지능화될 것이다.

인간이 기계를 산업 전반에서 활용하게 되면서 일어난 변화 중 가장 극적인 변화를 보여준 것이 커뮤니케이션의 변화이다. 인간이 서로 얼굴을 마주하는 면대면 커뮤니케이션이 전부였던 시기에 등장한 도구 및 기계는 인간 사이에 존재하는 물리적 거리를 점차 좁혀주었고, 인간-인간 커뮤니케이션을 넘어 기계-기계 커뮤니케이션까지 가능하게 되었다.

세계 로봇의 패러다임은 공장에서 제품 생산을 담당한 산업용 로봇에서 인간의 삶을 보다 편하고 풍요롭게 해주는 서비스용 로봇으로 변해왔다. 이제는 인간의 모습을 닮은 것은 물론 대화까지 가능한 로봇도 활용되고 있다.

③ 빅데이터

빅데이터big data는 기존 데이터베이스 관리도구의 능력을 넘어서는 대량수십 테라바이트의 정형 또는 심지어 데이터베이스 형태가 아닌 비정형의 데이터 집합조차 포함한 데이터로부터 가치를 추출하고 결과를 분석하는 기술이다. 즉, 기존의 데이터베이스로는 처리하기 어려울 정도로 방대한 양의 데이터를 의미한다.

빅데이터의 출현은 인터넷 환경의 개선과 함께 인터넷 매체의 발달, 스마트 기기의 광범위한 보급, SNS 이용자의 급속한 증가 등으로 인해 기하급수적으로 늘어난 데이터의 양적 확보에 따른 것이다. 그러나 빅데이터는 단순히 데이터를 수집·축적하는 역할로 그치는 것이 아니라, 데이터 안에서 겉으로 드러나지 않은 규칙적인 흐름을 발견해 냄으로써 초현실을 감지할 수가 있기 때문에 곧 도래할 미래를 예견하여 현재 민간 분야 외에도 행정, 복지, 재난, 범죄 예측 등 공적 분야에서도 다양하게 활용되고 있다.

3차 혁명과 4차 혁명을 구분 짓는 핵심 기술인 인공지능 구현 및 고도화의 기반은 데이터이다. 빅데이터를 통해 각 소비자마다 상대적으로 가치를 바꿀 수 있는 상품과 서비스가 잇달아 등장하고 있다. 인간의 행동이나 컨디션, 기호, 나아가 신용까지, 개인의 데이터와 개인이 사회에 관여할 때의 데이터들을 기록하고, 인공지능 등을 활용하여 기록된 데이터를 분석한다. 또한 보험, 융자, 숙박 등 이전부터 존재해온 서비스가 빅데이터를 통해 새로운 가치를 갖는 시대가 열릴 것이다.

④ 강한 연결성

21세기 초반에 연결성은 단지 디지털 세계 내의 특징에 불과했지만, 4차 산업혁명에서는 디지털 세계의 범위를 벗어나 실제 현실세계의 특징이 된다. 기계, 가공물, 시스템, 인간이 끊임없이 인터넷 프로토콜을 통해 디지털 정보를 주고받는다. 이는 사물이 데이터 공간과 직접 연결될 것이라는 의미다. 상호 연결된 기계를 통해 생산은 매끄럽게 진행된다. 부품이 하나의 기계나 컨베이어 벨트, 혹은 물류 공급 로봇에서 생산되면, 또 다른 기계는 즉시 이에 대한 정보를 받는다. 기계는 마치 발레를 하듯 조화롭게 부품 제조의 각 생산 단계에 맞춰 자동으로 적응한다.

⑤ 가상 산업화

공장에서 신제품을 출시할 때에는 애로사항이 많다. 모바일 마케팅은 상품, 서비스, 약속 알림 및 아이디어 적응시간, 반복적 시도, 고급 인력의 구성, 사전 제품 테스트 등 수행해야 할 일이 많고 예상치 못한 수많은 추가 비용이 발생할 수 있다. 생산 중단으로 허비된 하루는 막대한 수

익상실로 이어진다. 이런 문제 때문에 4차 산업혁명 시대에서는 실제 생산을 준비하기 위한 가상 공장과 제품의 역할이 크게 될 것이다. 모든 과정은 사전에 시뮬레이션을 거치게 되고 가상에서 검증된다. 가상 공장은 3D로 설계되어 쉽게 시각화될 수 있으며 이는 작업자와 기계가 직접 상호작용하는 방식으로 활용될 것이다.

3 4차 산업혁명의 기술과 사례

1 인공지능

1) 인공지능의 개념

인공지능Artificial Intelligence은 1940년대 후반과 1950년대 초반에 이르러서 수학, 철학, 공학, 경제 등 다양한 영역의 과학자들이 인공적인 두뇌의 가능성에 대해 논의하면서 시작되었다. 1956년에 이르러서, 인공지능이 학문 분야로 들어섰다. 생각하는 기계에 대한 초기 연구는 30년대 후기에서부터 50년대 초기의 유행한 아이디어에 영감을 얻은 것이었다. 당시 신경학의 최신 연구는 실제 뇌가 뉴런으로 이루어진 전기적인 네트워크라고 보았다. 위너가 인공두뇌학을 전기적 네트워크의 제어와 안정화로 묘사했으며, 새넌의 정보 과학은 디지털 신호로 묘사했다. 또 튜링의 계산 이론은 어떤 형태의 계산도 디지털로 나타낼 수 있음을 보였다. 이런 여러 밀접한 연관에서, 인공두뇌의 전자적 구축에 대한 아이디어가 나온 것이다. 월터의 거북이 로봇이 이 아이디어를 중요하게 포함한 연구의 예이다. 이 기계는 컴퓨터를 사용하지 않고 아날로그 회로를 이용했지만, 디지털의 전자적, 상징적 추리를 보여주기엔 충분했다. 월터 피츠Walter Pitts와 워런 매컬러Warren Sturgis McCulloch는 인공신경망에 기인한 네트워크를 분석하고 그들이 어떻게 간단한 논리적 기능을 하는지 보여주었다. 그들은 후에 신경 네트워크라 부르는 기술을 첫 번째로 연구하였다. 피츠와 매컬러는 24살의 대학원생인 젊은 마빈 민스키를 만났고, 민스키는 1951년 첫 번째 신경 네트워크 기계인 SNARC[18]를 구축했다. 민스키는

---

18 SNARCStochastic Neural Analog Reinforcement Calculator는 마빈 민스키가 설계한 신경망 기계다. 1951년 여름 조지 아미티지 밀러는 공군과학연구소에서 자금을 받아 당시 프린스턴 대학의 수학과 대학원생이던 민스키에게 프로젝트를 수행하도록 했다. 당시 프린스턴대 물리학과 대학생인 딘 S. 에드먼즈가 전자기기에 능숙하다며 자원했고, 민스키가 그를 프로젝트로 끌어들였다. 기계 자체는 약 40개의 헵Hebb 시냅스들이 무작위로 연결된 네트워크다. 이러한 시냅스는 각각 한 번 입력하면 신호가 들어오고 다른 신호를 출력하는 확률을 지닌 메모리로 이루어진다. '확률식'에 따라 신호 전달은 0에서 1까지 확률을 보인다. 확률 신호가 통과하면, 콘덴서는 수식을 기억해 '클러치'를 결합한다. 이때, 운영자는 버튼을 눌러 기계에 보상을 준다. 큰 모터가 움직여 40개의 시냅스 기계 모두를 연결하는 체인이 있어, 클러치가 연결되었는지 아닌지를 점검한다. 콘덴서는 일정 시간 동안만 '기억'하기 때문에, 체인은 최근 업데이트된 확률만을 반영한다. 출처: https://ko.wikipedia.org/wiki/SNARC

※ 표 8-2_ 인공지능 연구자의 예측 내용

연도	인공지능 연구자	예측
1958년	사이먼(H. A. Simon)과 뉴얼(Allen Newell)	10년 내에 디지털 컴퓨터가 체스 세계 챔피언을 이길 것이다. 덧붙여 10년 내에 디지털 컴퓨터는 중요한 새로운 수학적 정리를 발견하고 증명할 것이다.
1965년	사이먼(H. A. Simon)	20년 내에 기계가 사람이 할 수 있는 모든 일을 할 것이다.
1967년	마빈 민스키(Marvin Minsky)	이번 세기에 인공지능을 개발하는 문제는 거의 해결될 것이다.
1970년	마빈 민스키(Marvin Minsky)	3~8년 안에 우리는 평균 정도의 인간지능을 가진 기계를 개발할 것이다.

향후 50년 동안 인공지능의 가장 중요한 지도적, 혁신적 인물 중 하나가 되었다.

인공지능의 첫 번째 세대의 연구자들은 그들의 연구 결과에 대해 다음과 같이 예측했다.

인공지능이란 인간의 학습능력, 추론능력, 지각능력 등 인공적으로 구현한 컴퓨터 프로그램 또는 컴퓨터 시스템이다. 즉, 인공지능AI은 인간처럼 생각하고 행동을 모방하도록 프로그래밍된 기계에서 인간지능을 시뮬레이션하는 것을 말한다. 인공지능은 학습 및 문제해결과 같은 인간의 마음과 관련된 특성을 나타내는 모든 기계에 적용될 수 있다. 인공지능의 하위 집합은 컴퓨터 프로그램이 인간의 도움 없이 자동으로 새로운 데이터를 학습하고 새로운 데이터에 적응할 수 있는 개념을 나타내는 기계학습이다. 딥러닝 기술은 텍스트, 이미지 또는 비디오와 같은 방대한 양의 구조화되지 않은 데이터를 흡수하여 이러한 자동학습을 가능하게 한다. 인공지능의 목표는 학습, 추론 및 인식이 포함되며 금융 및 의료 등 다양한 산업에서 사용되고 있다.

2) 인공지능의 분류

○ Weak AI

약 인공지능시스템에는 본 체스 예제와 같은 비디오 게임과 Amazon의 Alexa 및

Apple의 Siri와 같은 개인 비서가 포함된다. 즉, 어시스턴트에게 질문하면 답을 해주는 역할을 하게 된다.

Strong AI

강한 인공지능시스템은 인간과 같은 작업을 수행하는 시스템이다. 이들은 더 복잡한 시스템이다. 사람이 개입하지 않고 문제를 해결하는 데 필요할 수 있는 상황을 처리하도록 프로그래밍되어 있다. 이러한 종류의 시스템은 자율주행 자동차나 병원 수술실과 같은 애플리케이션에서 찾을 수 있다.

Knowledge Engineering

지식공학은 인간 전문가의 사고 과정을 모방하기 위해 데이터에 적용할 규칙을 만드는 인공지능 분야다. 특정 주제에 대한 전문가인 인간의 사고 과정을 모방하기 위해 데이터에 적용되는 규칙을 개발하는 인공지능의 한 분야이다. 결론에 도달하는 방법을 식별하기 위해 작업의 구조 또는 결정을 살펴본 후 문제해결 방법의 라이브러리와 각각에 사용되는 부수적인 지식을 생성하여 시스템에서 진단할 문제로 사용할 수 있다. 결과적으로 소프트웨어는 진단, 문제해결 및 문제해결을 자체적으로 또는 인간 에이전트에 대한 지원 역할로 지원할 수 있게 된다.

초기 형태에서 지식공학은 전달 과정에 초점을 맞추었다. 문제를 해결하는 사람의 전문지식을 동일한 데이터를 가지고 동일한 결론을 내릴 수 있는 프로그램으로 이전하는 것이다. 전송 처리에는 인간이 결정을 내리는 방식을 정확하게 반영하지 않았기 때문에 한계가 있으며, 종종 논리적이지 않을 수 있는 유사한 추론과 비선형적 사고로 알려진 직감을 고려하지 않는다. 따라서 오늘날 지식공학은 동일한 경로를 따르거나 동일한 정보 소스를 사용하지 않고 전문가와 동일한 결과를 다루는 시스템을 만드는 모델링 프로세스를 사용한다.

지식공학의 목표는 재무 고문과 같이 인간 전문가가 결정을 내리는 소프트웨어로 구현하는 것이다. 이미 지식공학은 의사결정 지원 소프트웨어에 사용되고 있으며 어느 시점에서는 인간 전문가보다 더 나은 의사결정을 내리는 데 사용될 것으로 예상된다.

○ Deep Learning

딥 러닝은 데이터를 처리하고 의사결정에 사용할 패턴을 생성할 때 인간 두뇌의 작동을 모방하는 인공지능 기능이다. 즉, 딥 러닝은 물체 감지, 음성 인식, 언어 번역 및 의사결정에 사용하기 위해 데이터를 처리하는 데 있어 인간 두뇌의 작동을 모방한 인공지능 기능이다. 딥 러닝은 구조화되지 않았거나 레이블이 지정되지 않은 데이터에서 감독 없이 학습할 수 있는 네트워크가 있는 인공지능의 기계학습 하위 집합이다. 심층 신경학습 또는 심층 신경망이라고도 한다. 머신 러닝의 한 형태인 딥 러닝은 여러 기능 중 사기 또는 자금 세탁을 감지하는 데 사용할 수 있다. 또한 딥 러닝은 정확한 예측을 통해 가치를 창출하는 데이터가 풍부한 영역에서 유용하다. 간단히 빅데이터라고 하는 이 데이터는 소셜 미디어, 인터넷 검색엔진, 전자상거래 플랫폼 및 온라인 영화관과 같은 소스에서 가져온다. 이 엄청난 양의 데이터는 쉽게 액세스할 수 있으며 클라우드 컴퓨팅과 같은 핀 테크 애플리케이션을 통해 공유할 수 있다. 그러나 일반적으로 구조화되지 않은 데이터는 너무 방대하여 인간이 이를 이해하고 관련 정보를 추출하는 데 수십 년이 걸릴 수 있다. 기업들은 이처럼 풍부한 정보를 밝혀 낼 수 있는 놀라운 잠재력을 깨닫고 자동화된 지원을 위해 점점 더 인공지능시스템에 적응하고 있다.

3) 인공지능의 활용 사례

AI는 의료산업에서 환자의 약물 투여 및 다양한 치료와 수술실의 수술 절차를 위해 테스트되고 사용되고 있다. 인공지능을 가진 기계의 다른 예로는 체스와 자율주행차의 활용 사례가 있다. 각 작업은 최종 결과에 영향을 미치므로 이러한 각 기계는 수행한 작업의 결과를 평가해야 한다. 체스에서 최종 결과는 게임에서 승리하는 것이며, 자율주행차의 경우 컴퓨터시스템은 모든 외부 데이터를 고려하여 충돌을 방지하는 방식으로 작동하도록 계산해야 한다.

인공지능을 활용한 금융산업 내의 응용 프로그램은 비정상적인 직불카드 사용 및 대

규모 계좌 입금과 같은 은행 및 금융 활동을 감지하고 표시하는 데 사용되며, 이 모든 것이 은행 사기 부서에 도움이 될 수 있다. 인공지능용 애플리케이션은 거래를 간소화하고 더 쉽게 만드는 데에도 사용되고 있다. 이는 유가증권의 공급, 수요 및 가격을 보다 쉽게 추정할 수 있도록 한다. 이 밖에 구글 딥마인드Google DeepMind가 개발한 바둑 프로그램 알파고와 암을 진단하는 IBM사의 닥터 왓슨이 있다. IBM 왓슨은 현재 가장 인공지능에 가까운 플랫폼 중 하나이다. 닥터 왓슨은 부산대병원, 길병원, 조선대학교병원 등에서도 도입하여 운영하고 있다. 인간과의 퀴즈, 번역 대결뿐만 아니라 암 진단까지 하는 다양하고 전문적인 인공지능이 전 세계인들을 놀라게 하고 있고, 다양한 산업군에서 인공지능이 개발되고 있는 상황이다.

키바KIVA는 아마존 글로벌 물류센터에 도입된 로봇으로 최대 1.4t까지 짐을 들어 옮길 수 있다. 오토드로우AutoDraw는 구글에서 개발한 로봇으로 그림 실력이 없어도 사용자가 대충 그린 그림을 인식하여 디자이너와 일러스트레이터가 그린 데이터를 검색, 유사한 이미지를 추천하는 인공지능 서비스이다. 딥페이스DeepFace는 사용자 자신의 얼굴이 있는 단체 사진 한 장을 인식시키면 그 사진에 포함된 페이스북 유저의 인적 네트워

출처: www.google.com image

그림 8-1_ 아마존의 짐을 옮겨주는 로봇 KIVA

크를 분석하는 인공지능 서비스이다. 소프트뱅크의 페퍼Pepper는 일본의 세계 최초 휴머노이드 로봇으로 사람의 감정과 주변 상황을 파악하여 자율적인 판단이 가능한 로봇으로 다양한 기업의 고객 접수, 도우미, 간병 역할을 하고 있다. 한편, 채팅하는 로봇으로 챗봇이 있다. 이는 인터넷 메신저 서비스와 인공지능의 만남으로 별도의 앱을 실행하지 않고도 기업용 메신저에 채팅하듯 질문하면 인공지능이 마치 사람처럼 대화하며 대답하는 서비스이다.

4) 환대산업에서의 인공지능 활용

인공지능은 주로 하루 중 언제라도 인간의 기능을 수행할 수 있는 능력 때문에 환대산업 관리에서 점점 더 중요한 역할을 하고 있다. 이는 잠재적으로 호텔 소유주가 상당한 비용을 절감하고 인적 오류를 제거하며 우수한 서비스를 제공할 수 있음을 의미한다.

특히 고객 서비스는 여행산업의 중요한 부분으로, 호텔에서 양질의 고객서비스는 고객의 마음을 여는 방법이다. 인공지능을 통해 이러한 측면을 개선할 수 있는 가능성은 개인화에서 맞춤형 권장사항에 이르기까지 거의 무한하다고 할 수 있다.

호텔의 주요 고객 서비스 과제 중 하나는 고객 질문에 신속하게 응답하는 것이며 이제 인공지능이 이 문제를 해결해주고 있다. 또한, 데이터 분석과 같은 작업을 지원할 수 있는 능력이 있으며 데이터 수집을 통해 효과적으로 '학습'하고 고객 상호작용에 적응할 수 있다.

호텔산업에서 인공지능의 사용은 아직 초기 단계에 있지만 이미 수많은 실용적인 응용 프로그램이 있다.

○ 대면 고객 서비스코니 Connie

환대산업에서 인공지능의 예는 AI를 사용하여 직접 고객 서비스를 제공하는 것이다. 우리는 이미 인공지능을 갖춘 로봇의 개발을 보고 있으며 이러한 기술이 성장할 잠재력은 엄청나다. 이미 기본적인 고객 대면 상황을 처리할 수 있다. 지금까지 가장 좋은 예는 힐튼이 채택한 '코니Connie'라는 AI 로봇이다. 로봇은 상호작용하는 고객에게 관광

정보를 제공할 수 있다. 가장 인상적인 것은 인간의 말에서 배우고 개인에게 적응할 수 있다는 것이다.

⊙ 챗봇 및 메시징 지능형 여행 챗봇 Sam

접객업 부문에서 인공지능을 배포할 수 있는 가장 확실한 방법은 전면 고객 서비스를 위한 것이다. 특히 이 기술은 간단한 질문이나 요청에 응답하는 다이렉트 메시징 및 온라인 채팅 서비스에 있어 매우 효과적인 것으로 나타났다. 예를 들어, AI 챗봇은 소셜 미디어 플랫폼에서 활용되어 고객이 하루 24시간 연중무휴로 질문을 하고 거의 즉각적인 응답을 받을 수 있다. 이것은 인간과 인간의 상호작용으로 유지하기가 거의 불가능한 응답시간에 서비스를 제공하기 때문에 호텔에 매우 중요하다.

⊙ 데이터 분석

순수한 고객 서비스에서 벗어나 호텔업계에서 AI를 활용하는 또 다른 방법은 데이터 분석이다. 이 능력에서 인공지능 기술은 대량의 데이터를 빠르게 분류하고 고객 또는 잠재 고객에 대한 중요한 결론을 도출하는 데 사용할 수 있다.

Metis AI 플랫폼을 사용한 Dorchester Collection 호텔 체인에서 그 예를 볼 수 있다. AI를 사용함으로써 회사는 설문 조사, 온라인 리뷰 등을 통해 수집된 데이터를 분류 할 수 있었고 AI는 이를 분석하여 전반적인 성과에 대한 결론을 도출할 수 있다.

② 빅데이터

1) 빅데이터의 개념

빅데이터 big data 란 기존 데이터베이스 관리도구의 능력을 넘어서는 대량 수십 테라바이트 의 정형 또는 심지어 데이터베이스 형태가 아닌 비정형의 데이터 집합조차 포함한 데이터로부터 가치를 추출하고 결과를 분석하는 기술이다. 즉, 데이터베이스 등 기존의 데이터 처리 응용 소프트웨어 data-processing application software 로는 수집·저장·분석·처리하기 어려울 정도로 방대한 양의 데이터를 의미한다. 세계적인 컨설팅 기관인 매킨지 Mckinsey

는 빅데이터를 기존 데이터베이스 관리도구의 데이터 수집, 관리, 분석하는 역량을 넘어서는 규모로서 그 정의는 주관적이며, 앞으로도 계속 변화될 것이라고 한다.

역량 배양을 위해 2000년대 초반부터 세심한 공을 들여온 구글의 수석 경제학자 할배리언(Hal Varian)은 "데이터를 얻는 능력, 즉 데이터를 이해하는 능력, 처리하는 능력, 가치를 뽑아내는 능력, 시각화하는 능력, 전달하는 능력이야말로 앞으로 10년간 엄청나게 중요한 능력이 될 것 같다."고 하였다. 2012년은 이러한 능력이 본격적으로 빛을 발하는 하나의 전환점, 즉 빅데이터 시대의 원년이 되리라 예측이 팽배하였다. 지난 10년이 빅데이터 기술의 가능성을 확인하는 시간이었다면, 앞으로의 10년은 단계적으로 여러 고비를 거쳐 가며 빅데이터 기술이 실생활로 파고드는 시간이 될 것이다. 이미 발 빠른 기업들은 이러한 능력을 확보하고 빅데이터 금맥을 움켜쥐기 위해 골든 러시를 시작한 상태이다.

2) 빅데이터의 유용성

◯ 규모 측면의 유용성

빅데이터 수준으로 큰 데이터를 다룰 수 있게 되면 정보의 왜곡을 줄일 수 있다. 기존에는 데이터를 수집하는 데 비용과 시간이 많이 들었기 때문에 표본 추출과 통계와 같이 제한된 데이터로부터 전체의 특성을 알아내는 기법에 의존할 수밖에 없었다. 그러나 표본 추출은 표본이 적절히 설계되지 않거나 추출이 편향되게 이루어질 경우 표본 오차가능성이 높으며, 실제 조사 과정상의 문제로 결과가 왜곡될 위험이 많다. 분석이 가능한 수준으로 데이터를 병합하거나 디테일한 정보를 삭제하면서 정형화된 형태로 끼워 맞춰야 하기 때문에 정보의 왜곡이 생길 가능성이 높다. 그간 이 과정에서 소실되는 정보의 가치에 별로 주목하지 않았으나, 이것이 상당한 가치를 지니고 있다는 점이 밝혀지고 있다. 그뿐만 아니라 빅데이터는 데이터가 커지면서 오히려 작은 데이터에서는 사용할 수 없었던 색다른 기법들이 가능해졌다. 빅데이터는 막대한 데이터를 토대로 새로운 데이터 분석 기법을 적용할 수 있게 되었다.

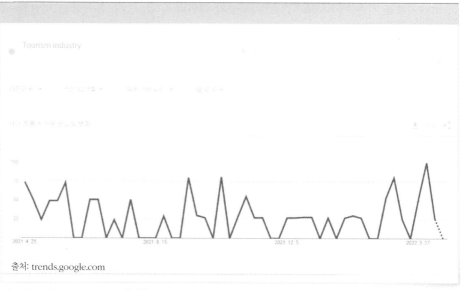

출처: trends.google.com

◡ 그림 8-2_ Tourism industry에 대한 구글 트렌드 분석

◌ 다양성 측면의 유용성

빅데이터를 수집하고 분석할 수 있게 되면서 다양하게 데이터를 활용할 수 있게 되었다. 특히 다양한 비정형 데이터에서 생각지도 못했던 결과를 얻는 일이 빈번해졌다. '구글 트렌드Google Trends' 서비스는 국내 포털 사이트에서 제공하는 실시간 검색어 순위와 비슷하다. 차이점은 검색어별로 과거에 어느 정도 검색이 많이 이루어졌는지 일목요연한 이력을 제공해준다는 점이다. 이러한 데이터를 이용하면 각 시점별로 특정 사안에 대해 사람들의 관심이 얼마나 집중되고 있는지 파악할 수 있다.

◌ 속도 측면의 유용성

빅데이터는 무엇보다 빠른 발생과 유통 속도 덕분에 실시간으로 광범위한 상황 파악이 가능하다. 공개된 빅데이터를 제대로 분석한다면 상황 파악에 걸리는 시간을 단축시킬 수 있다. 이처럼 상황이 악화되기 전에 빠르게 선제 대응할수록 비용 절감 효과가 높아지게 된다. 각국 정부 및 기업은 방재시스템 개선에 빅데이터를 적극적으로 활용하고 있다.

3) 빅데이터의 활용 사례

빅데이터는 개인 차원에서도, 조직, 국가 차원에서도 다양한 분야에 걸쳐 그 활용 범위가 매우 넓다. IBM의 분석 솔루션이 적용된 지능형 운영센터에는 교통, 전력, 홍수, 산사태 등의 자연재해와 수자원 등을 통합 관리할 수 있는 체계가 갖추어져 있다. IBM이 제공한 고해상도 날씨 예측 시스템은 날씨와 관련한 방대한 데이터를 분석해 폭우를 48시간 이전에 예측한다. 싱가포르는 차량의 기하급수적인 증가로 인한 교통체증을 줄이기 위해 교통량 예측 시스템을 도입하였다. 싱가포르는 이 시스템을 통해 85% 이상의 정확성으로 교통량을 측정하고 있다. 그럼 이렇게 쌓인 빅데이터가 어떻게 활용되고 있는지에 대해서 몇 가지 사례를 소개하고자 한다.

미국의 아마존Amazon은 빅데이터에 쌓인 정보를 마케팅 활동에 활용하고 있다. 즉, 소비자의 소비 패턴을 데이터로 축적하고 이 데이터를 분석하여 소비자에게 구매의사가 있을 만한 아이템이나 쿠폰 등을 제공한다.

구글은 2008년 '플루 트렌드 Flu Trends'라는 독감 예측 프로그램을 공개했다. 플루 트렌드는 미국에서 사람들이 독감에 걸렸을 때 검색하는 약 40여 가지의 검색어를 바탕으로 독감의 발병을 예측하는 서비스인데, 빅데이터의 대표적인 사례라고 볼 수 있다. 사람들은 무슨 문제가 생기면 일단 검색부터 한다. 특히 미국에서는 검색하다와 구글링Googling이 동의어로 사용될 정도로 구글 의존도가 매우 높다. 구글 엔지니어들은 독감 기운을 느끼면 구글링을 하며 여러 가지 독감 관련 단어몸살, 발열 들들을 검색하는 것에 착안하여 검색 데이터와 실제 발병이 되었던 시점과 지역에 대한 데이터를 교차분석을 해 본 결과 매년 독감 시즌이 되면 특정 검색어 패턴이 눈에 띄게 나타나는 것을 발견하고 거기에서 상관관계가 높은 검색어를 45개 추출했는데, 이 검색어들을 미국 질병방제센터의 데이터와 비교해 보았더니 놀랍게도 97% 이상 맞아 떨어졌다. 즉, 어느 지역에서 그 단어들의 검색이 늘어나면 그 지역에 독감이 발병할 것이라고 예측할 수 있는 것이다. 또 독감의 이동경로도 미리 예측해서 다른 도시로의 감염을 사전에 차단할 수 있게 되었다. 이러한 분석 방식은 미국 질병방제센터CDC: Centers for Disease Control and Prevention가 정보를 제공하는 방식보다 빠르고 정확했다. 미국 질병방제센터는 각 병원들로부터 독감 환자의 수를 보고받고 그것을 집계해서 어느 지역에 독감이 감염되었다고

파악하는 데 1~2주의 시간이 소요되는데 이는 이미 독감이 퍼진 후에 사후 약 처방하는 셈이 된다. 이제 미국 질병방제센터는 구글의 플루 트렌드 Flu Trend를 활용하고 있다. 구글이 플루 트렌드를 만들 수 있었던 것은 빅데이터의 힘이다.

4) 환대산업에서의 빅데이터 활용트립어드바이저-팩추얼의 제휴

팩추얼은 세상에 관한 가치 있는 사실을 수집, 정리해 기업들의 의사결정을 돕는 것을 주요 사업 내용으로 한다. 팩추얼은 완전히 투명한 양질의 정형화된 데이터를 다운로드나 API시스템 간 개방형 인터페이스를 통해 기업과 개발자에게 제공한다. 또한, 정보기관이나 기업들의 혁신에 필요한 세상의 데이터를 수집해 품질관리를 한 후, 더 쉽고 저렴하게 사용할 수 있도록 한다. 이렇게 상품화된 데이터를 오픈 데이트 플랫폼을 통해 고객들에게 제공한다. 팩추얼의 차별화된 데이터는 기업 고객, 사용자 커뮤니티, 웹 등 수백만 곳의 소스로부터 실시간으로 수집되고 취합되어 오류나 누락을 점검하고 표준화해서 첨단 기계학습machine learning 방식으로 앱 개발자, 광고사, 기업들에게 제공된다. 팩추얼이 사용하는 가장 간단한 기계학습 방법은 의사결정나무decision tree로 미리 정해놓은 기준들에 따라 대상을 분류해 결과를 도출하는 것이다. 예를 들면 사람을 성별, 나이, 직업 등 순차적 기준으로 분류하는 것으로, 호텔의 수준을 분석할 경우 단순히 별 등급 외에도 위치 기준 등에 따라 판단한다. 즉, 별이 2개이고 강남역 근처에 위치해 있다면 '저렴한 비즈니스 호텔'이라고 판단하는 것이다. 이 밖에 팩추얼은 위치와 관련된 데이터 등 다양한 데이터를 수집 서비스한다. 웹에서의 위치 관련 데이터를 수집하기 위해 팩추얼은 직접 웹 크롤러web crawler로 단어들을 인덱스하는 것은 물론 그 의미를 파악해 위치, 장소에 관한 다차원적 데이터 모델을 만든다. 또한, 팩추얼이 직접 수집하는 대신에 위치 기반 SNS 서비스인 포스퀘어foursquare나 여행 검색 서비스인 시티서치citysearch와 같이 위치 관련 데이터가 많은 제3자로부터 데이터를 사들이기도 한다. 팩추얼은 이런 데이터들을 위치에 대한 다양한 키워드지역, 유형, 거리 등로 검색 가능하도록 정리한 후 다차원적인 통합 데이터 모델multi-dimensional integrated data model을 구축한다.

팩추얼은 실시간으로 새로운 데이터를 발굴하고 수집해 데이터베이스를 계속 업데이트하고 있는데, 신규 데이터를 제공하는 소스는 사업 파트너들이다. 여행 평가 사이트인 트립어드바이저TripAdvisor도 이런 소스 중 하나다. 전 세계 여행자들이 해외로 나갈 때 현지 식당, 관광지 등 여행지에 관한 정보를 얻기 위해 즐겨 찾는 사이트 중 하나가 트립어드바이저다. 트립어드바이저는 호텔이나 휴가지에 대한 전 세계 실제 여행자들의 꾸밈없는 리뷰를 찾아볼 수 있는 것으로 유명한 사이트로서, 추천 정보를 다양한 기준위치, 가격, 특징 등으로 순위를 매겨 보여준다. 트립어드바이저는 자사의 식당 정보 제공 서비스를 위해 팩추얼 글로벌 플레이스Global Places의 식당 관련 데이터위치, 주소, 전화번호 등와 자사가 보유하고 있는 고객들의 식당 평가, 리뷰 데이터를 결합하기로 했다. 그런데 이미 여행지에 대한 여행자들의 수많은 데이터를 보유하고 있는 트립어드바이저가 왜 팩추얼의 서비스를 필요로 하는 것일까? 팩추얼의 데이터를 결합시킴으로써 트립어드바이저는 전 세계 100만 곳 이상의 식당에 대한 상세한 리뷰 정보를 확보해 경쟁자인 구글 플레이스나 엘프를 뛰어넘을 수 있었다. 자체 데이터를 팩추얼 데이터로 보완한 것이다.

한편, 사람들이 트립어드바이저의 추천 정보를 보고 특정 식당을 찾은 후 이 사이트에 남기는 리뷰나 코멘트는 팩추얼의 데이터베이스에도 추가된다. 이러한 협력으로 팩추얼은 트립어드바이저가 30여 개국으로부터 수집한 7,500만 건의 리뷰와 코멘트들을 활용할 수 있게 되었다. 팩추얼은 트립어드바이저 같은 파트너를 통해 데이터를 수집, 보완하고 있는 것이다.

❸ 사물인터넷

1) 사물인터넷의 개념

사물인터넷Internet of Things이란 세상의 모든 물건에 통신기능이 장착되어 정보를 교환하는 상호 소통이 가능한 인프라를 뜻한다. 사물인터넷이라는 용어를 처음 사용한 사람은 P&G의 연구원이었던 케빈 애쉬톤Kevin Ashton이다. 그는 1999년 "RFID와 기타 센서를 일상의 사물에 탑재하면 사물인터넷이 구축될 것"이라고 말했다. 사람이 개입하지 않아도 사물들끼리 알아서 정보를 교환할 수 있게 된다는 뜻이다. 케빈 애쉬톤이 사물인터넷을 말한지 2년 뒤인 2000년에 한국도로공사는 하이패스 시험 실시 계획을 발표했다. 하이패스는 차량에 부착된 하이패스 카드 단말기와 톨게이트의 하이패스 안테

출처: https://www.ki.re.kr

그림 8-3_ one world, 사물인터넷

나가 '커뮤니케이션'을 통해 통행료를 자동으로 결제하는 시스템이다. 한국에서는 2009년에 공식 명칭 공모전을 통해 사물지능통신이란 용어를 채택하였으며 2013년부터 IoT, 즉 사물인터넷이란 용어가 본격적으로 쓰이기 시작했다. 유럽연합의 공동연구 프로젝트인 카사그라스CASAGRAS에서는 사물인터넷을 "데이터 캡처 및 통신기능의 가용성을 활용해 물리적 객체 및 가상 객체를 연결하는 글로벌 네트워크 인프라로 기존의 인터넷을 포함한다."고 정의하고 있다.

인터넷은 커뮤니케이션을 목적으로 여러 대상들을 연결하는 수단이다. 현재까지 인터넷은 '사람과 사람 간'의 커뮤니케이션 용도로만 주로 활용되었다. 사물인터넷은 '사람과 사물 간', '사물과 사물 간'까지 커뮤니케이션을 확장한 것이다.

최근에는 모든 디지털 행위 흔적을 수집 및 분석하는 '행동인터넷IoB: Internet of Behaviors'이 새로운 전략 기술로 주목되고 있다. 행동인터넷이란 사물인터넷을 통해 수집한 데이터를 분석해서 사용자가 어떤 행동을 하도록 유도하는 서비스이다. 많은 데이터를 AI로 분석한 뒤 행동과학을 결합한 기술이라고 할 수 있고, 사람들의 행위, 얼굴인식, 소셜미디어 등 다양한 소스에서 데이터를 수집하게 된다. 즉, 행동인터넷은 '사물인터넷+수많은 데이터+AI+행동과학'이라고 할 수 있다. 행동인터넷의 대표적인 사례는 스마트 책상Live OS Desk이다. 스마트 책상은 사무실에 오래 앉아서 일하는 직원들에게 신체활동을 장려하기 위해 디자인되었는데 직원이 장시간 앉아 있으면 가벼운 진동을 주거나 표면에 불빛을 통해 알려준다. 직원은 버튼을 눌러 미리 설정해둔 높이로 책상 높이를 조절하여 일어서서 업무를 볼 수도 있고, 잠깐 휴식을 취할 수 있다. 가트너의 '2021년 전략 기술'은 COVID-19로 인해 더 많은 데이터 수집과 분석이 중요해지고, 디지털, 원격 접속, 사생활, 개인정보 보호문제가 중요해지고 있으며, IoB가 핵심 기술 전략이라고 제시하고 있다.

2) 사물인터넷을 이루는 3가지 공통 요소

○ 지능을 가진 사물

사물은 스스로 행동할 수 있는 지능을 가져야 한다. 여기서 행동할 수 있는 지능이란 사물이 정보를 수집하고 이를 전송하는 등 주체적으로 어떠한 행위를 할 수 있다는 의미다.

○ 연결과 소통

사물은 네트워크로 연결되어 다른 사물과 소통해야 한다.

○ 새로운 가치 제공

발생하는 정보를 통하여 새로운 가치를 제공해야 한다.

사물인터넷이란 '스스로 행동할 수 있는 지능을 가진 각각의 사물이 네트워크를 통하여 사람 혹은 다른 사물과 소통하고, 그 결과로 얻은 정보를 바탕으로 새로운 가치 및 서비스를 제공하는 것'이라 할 수 있다.

3) 사물인터넷IoT을 이루는 기술 요소들

○ 센싱 기술sensing technology

'센싱'은 필요한 사물이나 장소에 전자태그를 부착하여 주변 상황 정보를 획득하고 실시간으로 정보를 전달하는 핵심 기술이다. 전통적 정보 요소인 온도, 습도, 열, 가스,

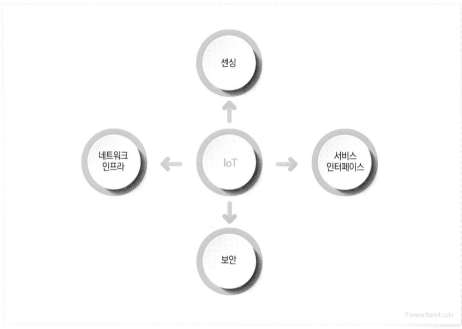

그림 8-4_ 사물인터넷의 기술 요소

초음파 센서 등에서부터 원격감지, 전자파 흡수율, 레이더, 위치, 모션, 영상 센서 등 주위 환경과 사물의 변화를 감지하고 정보를 얻는 물리적 센서를 포함한다. 이러한 물리적 센서는 표준화된 인터페이스와 정보처리능력을 내장한 스마트 센서로 발전 중이며, 기존의 독립적이고 개별적인 센서보다 한 차원 높은 다중 센서 기술을 사용하기 때문에 더 지능적이고 고차원적인 정보 추출이 가능해지고 있다.

〈그림 8-4〉와 같이 사물인터넷의 기술 요소는 센싱 기술, 네트워크 인프라, 서비스 인터페이스, 보안 기술로 구성된다.

네트워크 인프라network infra

사물이 인터넷에 연결되도록 지원하는 기술로, IP를 제공하거나 무선 통신 모듈을 탑재하는 방식을 말한다. 현재 일반적으로 이용하고 있는 다양한 네트워크 기술들을 포괄하며, 유선통신, 이동통신, 무선 랜 등으로 구분할 수 있다.

☺ 서비스 인터페이스service interface

사물인터넷을 구성하는 요소들의 서비스 및 애플리케이션과 연동하는 역할을 수행한다. 각종 서비스 분야 및 형태에 맞게 정보를 가공·처리하거나 각종 기술을 융합하는 기술로 빅데이터 기술, 시맨틱 기술, 보안 및 인증, 미들웨어, 웹서비스 등 다양한 기술이 활용된다.

☺ 보안 기술

사물인터넷의 보안 기술은 유무선 네트워크, 첨단 기기 및 센서, 사물-사람-장소에 관한 대량의 데이터 등 사물인터넷 구성요소에 대한 해킹 및 정보유출을 방지하기 위한 기술이다.

4) 사물인터넷의 활용 사례

초기에 사물인터넷은 인간이 직접 컨트롤하기 힘든 상황에서 쓰이기 시작했다. 유럽에서는 1990년 중반에 석유 절도와 테러에 의한 시설 파괴를 감시하기 위해 송유관에 통신 모듈이 탑재된 센서를 심었다. 한국에서는 1998년에 집중호우로 약 90명이 목숨을 잃은 뒤에 지리산에 자동 우량경보장치를 설치하였다. 영국과 사물인터넷 기술협력을 선언한 독일에서는 산업경쟁력 향상을 위해 사물인터넷을 활용하여 모든 생산 과정을 지능화, 자동화하는 데에 2억 달러를 투입하는 등 지원을 아끼지 않고 있다. 네덜란드의 벤처기업 '스파크드Sparked'는 젖소에 센서를 부탁해 건강 상태와 임신 징후를 분석한다. 이제 목자 대신 센서만 있으면 되는 시대가 되었다. 이 밖에도 자동으로 복용 시간을 알려주는 약병', '애완견의 건강상태를 알려주는 목걸이' 등은 사물인터넷을 활용한 개인 서비스 및 상품이다.

삼성, LG, GE 등 거대 가전업체부터 인텔, 퀄컴 등 칩셋 제조사, AT&T, 텔레포니카와 같은 이동통신사까지 사물인터넷 기술에 관심을 갖게 되었다. 삼성의 스마트홈 서비스는 냉장고, 에어컨 등 생활가전 제품과 스마트 TV, 스마트폰, 태블릿 PC, 나아가 갤럭시 기어까지 삼성의 모든 가전제품을 하나의 플랫폼을 쓰는 앱을 이용하여 제어하도록 했다. 이를 통해서 집 밖에서도 집 안의 여러 기기들을 조종할 수 있으며 가전제품에 내장된 카메라로 집안 구석구석을 관찰할 수 있다. LG의 '홈챗HomeChat'은 메신저를 통해 문자 채팅으로 전자제품들을 제어할 수 있으며, GE는 IT 및 이동통신사와 협력하면서 다양한 산업에서 쓰이는 기기들을 하나의 플랫폼으로 연결하여 사물들을 상호 연결할 수 있는 제품을 개발하였다. 구글은 아우디, GM, 구글, 혼다, 현대, 엔비디아NVIDIA를 중심으로 OAAOpen Automation Alliance를 구성해 안드로이드 운영체제를 기반으로 한 커넥티드 카[19]를 만들기 위해 노력하고 있다.

서대문구는 사물인터넷 기술을 이용하여 'COVID-19 접촉자 알리미 서비스' 시범사업을 실시한다. 이 시스템은 IoT 기술시스템을 활용해 COVID-19 확진자와 동선이 겹치는 이들을 파악하고 선별검사를 받도록 신속히 안내한다. 서대문구는 구내 주요 상권 음식점과 카페, 코로나 검사소, 관공서 등에 비콘beacon[20]을 다수 설치할 계획이며 전용 앱을 설치한 구민들이 각 가게를 이용할 경우, 나중에 그 가게에서 확진자가 나오면 앱을 통해 검사를 받으라고 알려주는 방식이다. 현재 재난문자 등은 불특정 다수

출처: 조선일보, 2021.6.11.

🖱 그림 8-5_ 사물인터넷 기술을 활용한 COVID-19 접촉자 알리미 서비스

📍 19 커넥티드 카Connected Car: 자동차에 정보통신기술을 적용해 양방향 인터넷 서비스 등이 가능한 차량
📍 20 비콘beacon: 블루투스를 활용한 스마트폰 근거리 무선 통신 장치

에게 뿌리지만, 이 서비스의 경우 그 가게를 갔던 사람에게 정확하게 메시지를 전할 수 있다. 서대문구는 "그동안 COVID-19 확진자가 음식점 같은 다중이용시설을 이용한 경우 역학조사를 위한 수기 명부와 QR코드 대조에 상당한 시간이 걸렸다."고 했다. 이 시스템의 한계는 일반 시민들이 전용 앱을 별도로 깔아야 하기 때문에 앱을 깔지 않으면 비콘이 설치된 가게를 다녀가도 확진자 알림을 받을 수 없다는 점이다.

5) 환대산업에서의 사물인터넷IoT의 활용

환대산업 내의 많은 기업들은 기술의 중요성과 그것이 현대 비즈니스에 큰 기회를 제공할 수 있다고 인식하고 있다. 특히 스마트 관광은 사물인터넷IoT, 클라우드 컴퓨팅, 빅데이터, 인공지능 그리고 다른 최신 기술을 통한 관광의 새로운 형태라고 할 수 있다. 관광산업에서는 지속적으로 사물인터넷IoT과 같은 혁신을 추구하며 최신 혁신을 통해 더 많은 개인화와 자동화를 추구하고 있다. Kaur와 Kaur2016가 제시한 스마트 관광에 대한 아이디어는 〈표 8-3〉과 같다.

〈표 8-3〉은 스마트 관광 서비스를 제공하기 위해 상호작용하는 웹 및 모바일 서비스, 클라우드 컴퓨팅, 사물 인터넷IoT 및 데이터 분석 등 다양한 기술을 보여준다. 사물인터넷은 특히 새로운 기능을 제공할 수 있는 도구로서 엄청난 잠재력을 가지고 있다. 관광 상품 및 서비스를 만드는 과정에서 기존 솔루션을 개선할 수 있다. 또한, IoT 기술을 활

표 8-3_ 스마트 관광 아이디어

스마트 관광 아이디어
센서, 카메라 및 스마트폰 사용
정보 분석을 위한 빅데이터 사용
웹 및 모바일 서비스의 협업
클라우드 서비스 및 사물인터넷(IoT) 사용
손쉬운 상호작용을 위한 터치스크린 사용
모바일 투어 및 앱을 통한 관광객 지원 향상

출처: Kaur and Kaur(2016)

용함으로써 관광산업은 운영 효율성을 높이고 보다 개인화된 게스트 경험을 제공한다. 관광은 IoT 애플리케이션의 부상이 크게 예상되는 분야 중 하나이다. 개발 촉진, 스마트 관광 분야에서 IoT 애플리케이션의 몇 가지 예는 다음과 같다.

○ 지리적 위치 기술 Geo-Location Technology

여행을 풍요롭게 하는, 위치와 정보를 추적하는 지리적 위치 기술은 여행 경로 계획에서 숙박 준비 및 여행까지 지원을 한다. 여행자가 속도, 거리, 위치 그리고 고도를 이동 중인 동료와 정보교환을 할 수 있고 여행 경험에 대한 데이터들은 사물인터넷을 사용하면 여행사나 여행자에게 값진 가치가 된다.

○ 의료 관광 Medical(Wellness) Tourism

사물인터넷 기술을 사용하면 환자의 건강 상태는 휴가를 즐기는 동안 원격으로 지속적으로 모니터링된다. 의료 시술 후 회복·치료 후 휴가 단계에서 원격 상담을 통하여 관리한다. 관광객에 대해 수집된 데이터는 관광산업을 발전시킬 수 있으며, 신뢰하고 유효한 통계 보고서를 생성하고 제공함으로써 여행 이상의 것을 제공해 준다.

4 블록체인

1) 블록체인의 개념

블록체인block chain은 체인으로 구성된 블록을 의미하며 데이터베이스의 한 유형이다. 일반적인 데이터베이스와 블록체인의 주요 차이점 중 하나는 데이터가 구조화되는 방식이다.

모든 정보 거래 내역 및 이용은 블록 단위로 저장되고 각각의 블록은 체인으로 서로 연결이 되어 있다. 최초 블록부터 현재 블록까지 한 번 생성된 블록은 변경되거나 삭제되지 않는다. 그리고 블록체인은 '분산원장distributed ledger'이라고 부른다. 또한 개인과 개인이 직접 연결되는 P2PPeer to Peer 네트워크 형식의 '분산원장' 구조로 데이터를 공유하는 기술이다.

블록체인은 정보 세트를 보유하는 그룹블록이라고도 함으로 정보를 함께 수집한다. 블록은 특정 저장 용량을 가지며, 채워지면 이전에 채워진 블록에 연결되어 '블록체인'으로 알려진 데이터 체인을 형성한다. 새로 추가된 블록에 뒤따르는 모든 새로운 정보는 새로 형성된 블록으로 컴파일된 다음 채워지면 체인에도 추가된다. 데이터베이스는 데이터를 테이블로 구조화하는 반면, 블록체인은 이름에서 알 수 있듯이 데이터를 함께 연결된 청크블록로 구조화한다. 따라서 모든 블록체인이 데이터베이스이지만 모든 데이터베이스가 블록체인은 아니다.

블록체인의 목표는 디지털 정보를 기록하고 배포할 수 있지만, 편집할 수 없도록 하는 것이다. 블록체인 기술은 문서 타임 스탬프를 조작할 수 없는 시스템을 구현하고자 하는 두 명의 연구원인 스튜어트 하버Stuart Haber와 스코트 스토네타Scott Stornetta에 의해 1991년에 처음 개념을 구성하였다. 그러나 거의 20년 후인 2009년 1월에 비트코인이 출시되면서 블록체인은 최초의 실제 응용 프로그램을 갖게 되었다.

비트코인 프로토콜은 블록체인을 기반으로 한다. 디지털 통화를 소개하는 연구 논문에서 비트코인의 가명 제작자인 사토시 나카모토Satoshi Nakamoto는 이를 "신뢰할 수 있는 제3자가 없는 완전한 P2P 방식의 새로운 전자 현금 시스템"이라고 언급했다. 즉, 비트코인이 지불원장을 투명하게 기록하는 수단으로 블록체인을 사용하지만, 이론적으로는 블록체인을 사용하여 여러 데이터 포인트를 불변으로 기록할 수 있다는 것이다. 블록체인이 활용될 수 있는 영역은 다양한 거래, 선거 투표, 제품 재고, 신분증, 주택 증서 등이다.

2) 블록체인의 활용 사례

○ 투표

단순히 거래를 기록하는 것 외에 사회를 돕는 방식으로 블록체인을 구현하려는 블록체인 기반 프로젝트가 매우 다양하다. 한 가지 좋은 예는 민주적 선거에서 투표하는 방법으로 블록체인을 사용하는 것이다. 블록체인의 불변성의 특성은 사기 투표가 발생하기 훨씬 더 어렵다는 것을 의미한다. 예를 들어, 투표 시스템은 한 국가의 각 시민에게

단일 암호 화폐 또는 토큰이 발급되도록 작동할 수 있다. 그런 다음 각 후보에게 특정 지갑 주소가 부여되고 투표자는 투표하려는 후보의 주소로 토큰 또는 암호화를 보낸다. 블록체인의 투명하고 추적 가능한 특성은 인간 투표 계산의 필요성과 악의적인 행위자가 실제 투표지 조작을 막을 수 있다.

통화

블록체인은 비트코인과 같은 암호 화폐의 기반을 형성한다. 미국 달러는 연방준비은행이 통제하는데 이 중앙기관시스템에서 사용자의 데이터와 통화는 기술적으로 은행이나 정부에 의해 좌지우지된다. 사용자의 은행이 해킹되면 고객의 개인 정보가 위험에 노출되며, 고객의 은행이 붕괴되거나 정부가 불안정한 국가에 거주하는 경우 통화 가치가 위험할 수 있다.

블록체인은 컴퓨터 네트워크를 통해 운영을 분산함으로써 비트코인 및 기타 암호 화폐가 중앙기관 없이도 운영될 수 있도록 할 수 있다. 이는 위험을 줄일 뿐만 아니라 많은 처리 및 거래 수수료를 제거한다. 또한, 통화나 금융 인프라가 불안정한 국가의 사람들에게 더 많은 응용 프로그램과 함께 국내 및 국제적으로 비즈니스를 수행할 수 있도록 개인 및 기관의 더 넓은 네트워크를 통해 보다 안정적인 통화를 제공할 수 있다.

저축 계좌 또는 지불 수단으로 암호 화폐 지갑을 사용하는 것은 국가 신분증이 없는 사람들에게 특히 중요하다. 일부 국가는 전쟁으로 찢어졌거나 신분증을 제공할 실제 인프라가 부족한 정부가 있을 수 있는데 그러한 경우 국가의 국민은 저축 또는 중개 계좌에 액세스할 수 없으므로 안전하게 부를 저장할 방법이 없다.

보건 의료

의료 서비스 제공업체는 블록체인을 활용하여 환자의 의료 기록을 안전하게 저장할 수 있다. 의료 기록이 생성되고 서명되면 블록체인에 기록되어 환자에게 기록을 변경할 수 없다는 증거와 확신을 제공한다. 이러한 개인 건강 기록은 암호화되어 개인키를 사용하여 블록체인에 저장될 수 있으므로 특정 개인만 액세스할 수 있어 프라이버시가 보장된다.

공급망

IBM Food Trust 예에서와 같이 공급업체는 블록체인을 사용하여 구매한 재료의 출처를 기록할 수 있다. 이를 통해 기업은 '유기농', '지역' 및 '공정거래'와 같은 공통 레이블과 함께 제품의 진위 여부를 확인할 수 있다. Forbes가 보고한 바와 같이 식품 산업은 농장에서 구매자로 이어지는 과정에서 식품의 경로와 안전을 추적하기 위해 블록체인 사용을 점점 더 많이 채택하고 있다.

3) 환대산업에서의 블록체인 활용

호텔산업을 위한 블록체인의 잠재력은 매우 크다고 할 수 있다. 환대산업에서 성장과 혁신이 어려운 이유는 중앙집중식 및 접근 불가능한 재고 문제이다. 관련 데이터의 대부분은 몇 개의 대기업이 보유하고 있으며, 이로 인해 훌륭한 아이디어를 가진 신생 기업의 진입 장벽이 너무 높다.

호텔리어와 제3자 제공업체 모두에게 가장 큰 문제점은 비용이 많이 들고 액세스할 수 없는 글로벌 유통시스템GDS이 보유한 데이터이다. 이에 비해 블록체인 기술은 본질적으로 접근하기 쉽고 비용이 저렴하여 부인할 수 없는 매력적인 대안이 될 수 있다. 거래의 용이성과 비용이 저렴해지면 비용 절감이 손님에게 전가될 수 있을 뿐만 아니라 호텔의 수익도 증가할 수 있다.

5 암호 화폐, 비트코인

1) 암호 화폐, 비트코인의 개념

암호 화폐cryptocurrency는 '암호화'라는 뜻을 가진 'crypto'와 통화, 화폐란 뜻을 가진 'currency'의 합성어로 통상적으로 가상화폐, 디지털화폐, 전자화폐 등 혼용되어 사용되지만, 엄밀하게 해킹이 불가능한 블록체인 기술을 사용했다는 측면에서 단순 가상화폐들과 근본적으로 달라 암호 화폐로 정의한다. 암호 화폐는 암호학적 기법을 통해 보안을 담보하고 거래 내용을 블록체인 분산장부에 저장하여 은행과 같은 제3자의 보증

출처: https://www.blockmedia.co.kr/archives/160858

◑ 그림 8-6_ 페이팔, 암호 화폐 결제

없이도 탈 중앙화된 신뢰를 보장하는 새로운 자산 종류이다. 예로는 비트코인, 이더리움 등이 있다.

가상화폐Virtual Currency는 가장 광의적인 표현으로, 인터넷에서 이뤄지는 다양한 화폐의 개념을 총칭하는 용어이다. 유럽 중앙은행은 가상화폐를 '개발자들이 발행하고 통제하는 규제되지 않은 화폐로서 특정 가상 커뮤니티에서 이용되는 화폐'로 정의하고 있다. 전자화폐Digital Currency는 국가가 발행한 법정화폐를 전자적 방법으로 저장한 지불수단으로 교통카드와 페이팔Paypal 등이 있다.

2) 암호 화폐의 종류

많은 사람들은 암호 화폐 하면 '비트코인Bitcoin'을 가장 먼저 떠올린다. 그러나 비트코인은 암호 화폐 중 하나일 뿐이다. 장소나 거래방법과 관계없이 고정가치를 갖는 달러와 유로 등 전통 통화와는 달리, 암호 화폐는 디지털 세계의 다양한 문제를 해결하기 위해 각기 다르게 설계가 되었다. 예를 들어, 달러나 유로는 할인매장이나 온라인 서점에서 책을 살 때 동일한 값을 가지지만 암호 화폐는 상품 및 서비스를 익명으로 구입할 수 있는 기능에 특화되거나, 온라인상에서 자금을 모집하는 데 편리하도록 설계되는 등 특정 기능에 충실하도록 고안됐다.

이미 1,200개 이상의 암호 화폐가 유통 중이며, 매일 새로운 화폐가 쏟아지고 있다. 그래서 현 시점에서 어떤 암호 화폐가 가장 주목을 받아야 할 대상인지를 꼽기는 어렵다. 그렇지만 개별 특성과 거래량, 시가총액 등과 같은 측면에서 평가하면 몇몇 주목받는 화폐를 골라낼 수 있다. 암호 화폐에 대한 투자는 매우 높은 위험을 안고 있기 때문에 암호 화폐를 구매하기 전에는 항상 면밀한 조사가 필요하다. 대표적인 유망한 암호 화폐는 다음과 같다.

비트코인을 대체할 수 있는 새로운 암호 화폐라는 뜻으로 알트코인Altcoin이라는 용어가 있다. 이는 대안코인Alternative Coin에서 유래한 말로 대표적인 알트코인으로는 리플Ripple, 이더리움Ethereum, 라이트코인Litecoin, 모네로Monero 등 전 세계 700종이 존재하지만, 비공식적으로 많은 암호 화폐가 매일 탄생하고 사라지고를 반복하고 있다.

✪ 비트코인

비트코인Bitcoin은 2009년 컴퓨터 프로그래머 '사토시 나카모토Satoshi Nakamoto'란 신원 불명의 프로그래머가 블록체인의 기술을 이용하여 개발한 일종의 '사이버 머니cyber money'다. 프로그래머가 제시한 수학 문제를 풀면 10분에 한 번씩 일정량의 비트코인이 생산되며 총 2,100만 비트코인만 채굴 가능하게 설계된 것이다. 블록체인이라는 온라인 공개장부에 비트코인의 모든 거래 내역이 기록된다. 비트코인을 찾아내는 것을 채굴이라고 한다. 채굴이란 성능이 좋은 컴퓨터로 개발자가 제시한 수학 문제를 풀면 그 대가로 비트코인을 얻게 된다. 이 문제는 굉장히 어렵고 컴퓨터도 일반 PC로 한다면 몇 년이 걸릴 정도이다. 밤낮 쉴 틈 없이 돌아가야 하며, 전기요금이 만만치 않다. 비트코인의 장점은 투명성이다. 비트코인의 경우 중앙기구나 중앙은행의 개입이 없고 개인 간의 거래를 이용하는 것이기 때문에 경제 정책으로부터 자유롭고 투명한 가치를 지니지만, 기관의 개입 없이 움직이는 것인 만큼 위험성이 따르는 것도 사실이다.

리플

리플Ripple은 오픈코인Open Coin에 의해 개발됐다. 실시간 일괄정산시스템과 환전·송금 네트워크를 갖췄다. 또 다음의 특성도 갖고 있다. 거래 확인을 채굴에 의존하지 않는다는 점에서 다른 가상통화와 다르다. 글로벌 네트워크를 통한 실시간 즉석 지불과 실시간 자금 추적 기능을 제공하며, 더 큰 투명성과 저렴한 비용을 자랑한다. 기존 화폐 대비 소규모 컴퓨팅 능력만으로도 운영이 가능하며, 은행, 결제서비스 제공자 및 디지털 자산 교환 업체들이 주로 사용한다.

이더리움

이더리움Ethereum은 러시아의 천재 비탈릭 부테린Vitalik Buterin이 2014년 개발한 암호 화폐로 비트코인과 마찬가지로 블록체인을 활용한 화폐 출시 이래로 줄곧 세계 2위의 가치 있는 암호 화폐였다. 그러나 최근 '비트코인 캐시'에 그 자리를 넘겨줬다. 이더리움 플랫폼은 스마트 계약과 분산 애플리케이션을 채택하고 있다. 이런 앱을 통해 사기 거래, 통제, 가동 중지 및 제3자의 간섭을 제어한다. 이더리움의 몇 가지 주요 특징은 다음과 같다.

- 유연성을 가능하게 하기 위해 만들어졌다.
- 가까운 장래에 Proof of Work 메커니즘 대신 Stake of consensus 메커니즘을 채택할 예정이다.
- 채굴자에게 유효한 블록을 주는 비트코인과 달리, 거래에 나선 당사자들로부터 가스라는 수수료를 받는다.

라이트코인

라이트코인Litecoin도 오픈소스 암호 화폐다. 저렴한 비용으로 소매업자 간 신속한 국제 거래를 보장한다. 비트코인과의 몇몇 차이점은 다음과 같다.

- 채굴 화폐 한도가 2,100만 비트코인 대신 8,400만 개다.
- 평균 차단시간은 10분이 아닌 2.5분이다.

○ 모네로

모네로Monero의 가장 큰 강점은 개인 정보 보호 및 추적 불가능성이다. '링 시그니처'라는 기술을 사용, 거래 참여자의 암호화 서명을 다른 서명으로 버퍼링하여 이를 노출시키지 않는다. 이 밖에도 다음의 특징을 갖는다.

- 스텔스 주소는과거 거래를 통해 거래자가 추적되는 걸 방지한다.
- 추적을 불가능하게 만들기 위해 각 거래에 100개의 디지털 지문이 추가된다.
- 확장성 내장: 거래 숫자가 증가하면 블록 크기가 자동으로 조정된다.

3) 암호 화폐의 악용 사례

암호 화폐는 별도의 본인 인증 절차가 없어도 파일처럼 보낼 수 있는 블록체인 기반의 신개념 기술이다. 암호 화폐가 급속도록 발전하게 된 배경에는 익명성을 활용한 거래가 있었기 때문이며 특히 암호 화폐는 금융기관이나 회사로부터 별도의 거래 인증을 받을 필요가 없고 매입자는 매도자에게 QR코드로 암호 화폐를 보낼 수 있다. 또한, 블록체인 기술을 이용해 거래에서 발생하는 수수료의 인하와 시간을 상당히 단축할 수 있기 때문에 매도자와 매수자에게 모두 이익이 될 수 있다. 지급한 암호 화폐는 전자파일과 달리 전혀 남아있지 않고 사라지며 복사나 조작은 거의 불가능하고 취소가 전혀되지 않는다. 이처럼 암호 화폐는 익명성이 최대의 장점이 될 수 있으나 또 다른 한편으로는 범죄 수단의 최적의 환경이 될 수 있어 양면적인 모습일 수가 있다.

블록체인 기반 분산원장은 P2P 네트워크 이용자에게 익명 또는 가명을 제공하는데 이러한 익명성은 법정통화가 아니기 때문에 관리감독이 되지 않는다. 비트코인의 암호 화폐가 가지고 있는 시스템의 특징상 불법적인 물품예 마약, 무기 등을 구매하고 불법활동을 지원하는 데 실질적인 도구로 사용될 가능성이 매우 높다. 또한, 비트코인은 자금세탁을 용이하게 할 수 있는 수단이 된다. 암호 화폐의 익명성에 기인한 불법거래 유형은 자금세탁범죄와 연계되어 표출될 가능성이 상당히 높다. 그 사례로 2014년 1월 미국 정부는 'BitInstant'라는 가상화폐 거래소의 찰리 슈램이라는 CEO를 불법 자금세탁, FinCEN미국 재무부 산하의 금융정보 분석기구에 대한 의심거래행위보고의 고의적 누락, 미인가 자금이체 등의 혐의로 입건한 사건이 있다. 그 밖에 익명성에 기인한 탈취형 악용 사례의

대표적인 것이 랜섬웨어다. 개인 PC나 법인 PC를 대상으로 악성코드를 감염시킨 후 암호 해제를 대가로 가상화폐를 요구하는 방법이다. 암호 화폐의 익명성으로 인해 수사기관의 추적이 힘들어 랜섬웨어 범죄는 지속적으로 발생하고 있다.

4) 환대산업에서의 암호 화폐 활용

관광산업은 블록체인과 암호 화폐가 적용되었을 때 시너지 효과를 발휘할 수 있다. 많은 전문가들은 "최근에 COVID-19로 인해 소비자들이 결제에 있어 비대면 방식을 선호하게 되면서 수익 구조 개선에 블록체인 활용이 해법이 될 수 있을 것이다."라는 예측을 하고 있다. 즉, 암호 화폐는 핀테크와 P2P 구조의 블록체인 기술이 접목, 활용되어 있기 때문에 기존 온라인 거래에서 필요하던 Active-X와 공인인증서 등의 인증수단을 대체하며, 중간거래자에게 수수료를 부담하거나 최종 정산을 위한 타 기관 승인을 기다리는 과정이 필요 없게 되었다. 또한, P2P 구조의 네트워크는 은행에 가지 않더라도 전 세계 어느 곳에서나 24시간 금전거래가 가능하기 때문에 국내외의 여행지를 다루는 여행 유관 기업에 있어 환전 및 거래 수수료 없이 언제 어디서나 이체가 가능한 탈 중앙화된 글로벌 화폐로서의 가능성을 열어줄 것이다.

암호 화폐는 현재 법정화폐를 완전히 대체할 수는 없지만 마이크로소프트, 익스피디아 등 글로벌 대기업들은 이미 비트페이, 고코인, 코인베이스와 같은 가상화폐 결제서비스 제공업체들과의 협약을 통해 비트코인을 지급 수단으로 활용하고 있으며, 국내의 경우 페이 코인을 운영하는 다날핀 테크는 사실상 국내서 범용으로 사용 가능한 유일한 암호 화폐 결제 서비스이다.

여행업체에서 블록체인으로 차별화를 꾀한 대표적인 사례로는 이스라엘 P2P 여행 플랫폼인 쿨커즌이 있다. 쿨커즌은 블록체인 기술을 통해 '돈 받고 쓰는' 광고를 걸러내고, 여행자들이 정확한 지역정보를 업데이트하면 자체 가상화폐 커즈 CUZ를 제공하기도 한다. 코인플러그, 공유숙박 플랫폼 위홈, 서울교통공사는 삼자 간 업무협약을 맺고 블록체인 기술을 이용해 지하철역 중심으로 숙박 및 관광서비스망을 구축할 예정이다. 블록체인 스타트업 함샤우트와 후불제 여행사 투어컴은 업무협약을 통해 블록체인과 AI를 결합한 맞춤형 여행 플랫폼을 선보이겠다고 밝혔다. 또한, 글로벌 여행 플랫폼 아고다는 블록체인 기업 바이낸스의 가상자산 숙박 예약 플랫폼인 트라발라 닷컴과 MOU를 통해 비트코인, 이더리움, 바이낸스 코인 등 30여 가지의 가상자산으로 숙박 예약이 가능하도록 했다.

6 공유경제

1) 공유경제의 개념

공간을 재정의하는 '공유경제'는 '하나를 여럿이 나눠 쓰는 것'이라고 정의할 수 있다. 공유경제라는 용어는 매우 넓게 해석될 수 있다.

1984년, 하버드 대학교의 마틴 와이즈먼 교수가 「공유경제: 스태그플레이션을 정복하다」라는 논문을 펴냄으로써, 공유경제의 개념이 처음으로 등장했다. 2008년 하버드 대학교의 로렌스 레시그 교수가 공유경제가 무엇인지 가장 구체적으로 설명하였다. 레시그 교수는 '상업경제Commercial Economy'를 대척점에 세워두고 문화에 대한 접근이 가격에 의해 규정되지 않고 사회적 관계의 복잡한 조합에 의해 규정되는 경제 양식을 의미한다고 공유경제를 정의하였으며, 공유경제의 참여 동인을 '나 혹은 너'의 유익이라고 강조하였다.

에어비앤비가 기존 숙박업과의 차별성을 살펴보면 에어비앤비는 네트워크 효과를 기반으로 규모를 확장한다는 점이다. 네트워크 효과network effect는 같은 제품을 소비하는 사용자 수가 늘어나면 늘어날수록 그 제품을 소비함으로써 얻게 되는 효용이 더욱 증가하며, 특정 상품에 대한 어떤 사람의 수요가 다른 사람들의 수요에 의해 영향을 받는 효과이다. 에어비앤비에서의 네트워크 효과는 숙박공유에 참여하는 사용자 수가 증가할수록 가능한 연결의 수가 기하급수적으로 증가한다는 점이다. 급속히 규모를 확장하여 기존 숙박업 규모를 위협할 만큼 단기간에 성장한 요인이라고 볼 수 있다. 또한, 에어비앤비는 광범위하고 다양한 품종의 숙소 및 서비스를 공급한다는 점에서 기존 숙박업과 차별성을 가진다. 아파트부터 캠핑카, 보트, 섬 등 다양한 공간이 제공되며 호스트별로 제공하는 서비스가 차별화되어 있다. 그리고 에어비앤비는 숙소의 확보, 유지, 관리에 드는 한계비용이 적다. 전통적인 숙박업의 경우 사업부지 및 건설, 인수 등을 통해

규모를 확장해 나가야 하지만 에어비앤비는 부동산 매입 및 대규모 고용 없이도 숙박 규모를 확장해 나갈 수 있다.

2) 공유경제의 특징

텐센트Tencent의 공동 설립자인 마화팅은 공유경제의 특징을 다음의 세 가지로 제시하였다.

- 공유경제는 유휴자원을 사회화해 재사용한다.
- 공유경제는 공유관계의 범위를 소규모 지인에서 불특정 다수로 확대함으로써 사회구성원 간 신뢰도를 향상시켰다.
- 대규모 단일 중심 생산 방식이 탈 중심화 및 개성화 주문 제작으로 변해가고 있다.

생산 방식의 탈 중심화의 의미는 개인이 소비자인 동시에 생산자가 될 수 있어 창업 및 혁신 활동이 활발해지고 재능을 공유함으로써 사람은 그 재능을 다하고, 물건을 그 쓰임을 다해야 한다는 주장이다.

공유경제는 개인 간 거래C to C, 기업과 개인 간 거래B to C로 그리고 기업과 기업 간 거래B to B 등으로 구분할 수 있다. 예를 들어, 우버Uber의 차량 공유가 개인 간 거래C to C라면 집카Zipcar의 차량 공유는 기업과 개인 간 거래B to C가 되며 기업 내 유휴시설, 공간 등을 나눠 쓰는 것이 기업 간 거래 모델B to B인데 이러한 모델은 공유주방에서 찾아볼 수 있다.

한편 아룬 순다라라잔이 「4차 산업혁명 시대의 공유경제」에서 제시한 공유경제의 특징은 다음과 같다.

- 시장 기반성 제품의 교환 및 새로운 서비스의 등장을 가능하게 하는 시장을 창조한다.
- 고효율적 자본 이용 자산과 기술에서부터 시간과 돈에 이르기까지 모든 자원이 가능한 한 낭비 없이 완벽하게 사용될 수 있는 기회를 제공한다.
- 대중 기반 네트워크 위계가 있는 기업이나 국가가 아니라 분권화된 개인 집단이 자본과 노동력을 공급하며, 이 교환활동 역시 중앙집권적 제3자가 아니라 분산된

개인 집단이나 대중 장터에서 이루어진다.
- 사생활과 직업의 경계 모호화 인력 제공 활동이 상업화하고 타인을 차에 태워주거나 방을 빌려주는 등 '사적인 일'로 치부되었던 P2P 활동이 증가한다.
- 고용 형태의 변화 전일제 일자리 상당수가 계약직 일자리로 대체된다.

3) 공유경제의 활용 사례

공유주방shared kitchen은 다수의 사업자가 주방 하나를 쓰는 것이 핵심이다. 1980년대 미국에서 처음 나온 사업모델이다. ghost kitchen, delivery kitchen, virtual kitchen, shadow kitchen, commissary kitchen, dark kitchen, or cloud kitchen 등 다양하게 불린다.

○ 공유주방

2019년 6월부터 2년간 한시적으로 허용되어 고속도로 휴게소 15곳과 공유주방업체 키친밸리, 위쿡, 키친42 등이 주방 공유 영업을 하고 있다. 한 영업소에는 한 명의 사업자만 영업신고가 가능하여 공동사용은 불가능한 현 제도가 앞으로 식품위생법이 개정

출처: 아시아경제, 2020. 5. 12

그림 8-7_ 공유주방 키친밸리

되어 개선될 전망이다. 국내에서 규모가 가장 큰 공유주방은 전 우버 창립자가 운영하고 있는 키친밸리로 서울, 경기 권역에서 활동하고 있고 대표적인 공유주방의 예는 위쿡 WeCook 브랜드를 들 수 있다. 기존에는 사업자당 하나의 주방시설이 필수였는데, 이제 다수의 사업자가 하나의 주방을 공유할 수 있다. 배달음식이 아니라, 유통할 수 있는 식품을 만들 수 있게 되었다. 공유주방에서 만든 음식을 소비자에게 판매하지 않고 식당이나 카페에 납품을 하거나, 온오프라인 유통채널에 납품할 수 있다. 주방, 식기, 창고까지를 공유하게 되므로 자영업자라면 초기 투자비용을 절감할 수 있다.

자동차 좌석 공유우버

우버www.uber.com는 스마트폰 기반 교통 서비스를 서비스하는 미국의 교통회사이다. 실질적인 우버 서비스의 시작은 2010년부터이다. 이 기업은 고용되거나 공유된 차량의 운전기사와 승객을 모바일 앱을 통해 중계하는 서비스를 제공한다. 현재 전 세계 많은 도시에서 서비스를 제공하고 있다. 2014년 6월 기준 100개 도시 이상에서 서비스 중이다. 그리고 차량의 예약은 텍스트 메시지나 모바일 앱을 통해 진행되며 모바일 앱에서는 예약된 차량의 위치가 승객에게 실시간으로 제공된다.

국내의 자동차 좌석 공유시스템은 타다에서 살펴볼 수 있다. 타다TADA는 2018년에서 2020년 사이 수도권 지역에서 영업했던 차량 공유 서비스다. 다음DAUM 창업자이기도 한 쏘카의 이재웅 대표가 IT 스타트업 VCNC를 인수하며 서비스를 개발했고, 2018년 10월 쏘카 소유의 차를 빌려서 타다를 운영하는 방식으로 사업을 시작했다. 타다는 2020년 기준 회원 수 170만 명, 차량 1,500대 규모의 국내 최대 모빌리티 서비스로 성장했었다. 하지만 우버처럼 타다도 '여객자동차운수사업법'의 유상운송금지 조항을 위반했다는 지적을 받았다. 이에 타다 운영사인 VCNC는 고객 관리와 플랫폼만 회사에서 제공하고, 차량은 모회사인 쏘카에서 11인승 카니발을 대여하고, 운전기사는 타다와 제휴한 외부업체에서 파견받아 합법적인 서비스로 운영한다고 밝혔다. 현행법을 준수하는 차량대여사업자, 즉 렌터카사업자라고 주장한 것이다. 이러한 타다의 항변에도 불구하고 택시사업자 측이 타다를 불법택시 영업으로 고발했고 검찰은 2019년 10월 타다를 사실상 '여객자동차운송사업자'라고 판단하며 기소했다. 하지만 법정 다툼 끝에 타다는 2020년 2월 법원 1심에서 무죄 판결을 받았다.

무죄라는 법원 결정으로는 논란이 끝나지 않았다. 국회에서도 타다에 제동을 걸었다. 타다처럼 모빌리티 운송사업자의 법령을 우회한 편법 영업 혹은 비합법 영업을 금하는 이른바 '타다 금지법'이 발의되었고 2020년 3월 6일 본회의에서 통과되었다.

⊙ 자동차 공유 집카

집카www.zipcar.com는 회원제 렌터카 공유회사이다. 회원은 일 단위, 시 단위로 자동차를 빌릴 수 있다. 1999년 미국 캠브리지 매사추세츠에서 설립되었다. 집스터라고 불리는 회원은 사용 가능한 자동차를 검색할 수 있고, 인터넷과 전화로 예약할 수 있다. 시간단위로 예약을 할 수 있으며 예약한 시간만큼 비용을 지불한다. 모든 자동차는 길이나 공용 주차장에 정해진 전용 주차장이 있다. 회원은 집카드라고 불리는 RFID 방식의 카드를 지급받아 예약한 자동차를 운전할 수 있다. 모든 자동차는 사용시간과 운행거리를 기록하고 이것은 무선 데이터 접속을 통해서 중앙컴퓨터에 전송된다. 사생활 보호를 위하여 사용될 곳에는 위치가 추적되지 않지만, 위치 추적이 가능하다. 현재 서비스는 시애틀, 보스톤, 뉴욕, 워싱턴 D.C. 등의 도시에서 제공되고 있으며 세계에서 가장 규모가 큰 자동차 공유회사이다.

⊙ 모두의 주차장

모두의 주차장www.moduparking.com은 주차공간을 공유하는 서비스이다. 이 서비스는 주차공간의 소유자가 다른 사람들에게 주차공간을 공유하고, 주차공간이 필요한 운전자는 공유자가 정한 시간과 비용 등에 따라 해당 공간을 이용하는 것이다. 모두의 주차장 공유서비스를 통하여 사용자는 주차장 정보를 알 수 있으며, 비어있는 시간대 주차장을 방문차량 운전자가 모바일 앱을 활용해 주차공간을 이용할 수 있는 제도이다. 주차공간 제공자는 출근 등으로 유휴 주차공간이 발생할 때 '모두의 주차장' 앱에 주차 가능 시간을 등록한다. 주차공간이 필요한 이용자들은 '모두의 주차장' 앱에서 현 위치에 가까운 주차장을 검색해 주차하면 된다.

○ 사무공간 공유 패스트 파이브

패스트 파이브www.fastfive.co.kr는 공유 사무실이다. 2015년 국내에서 가장 먼저 공유 사무실 사업을 시작한 패스트 파이브는 지점과 입주 이용자 숫자로 국내 1위 기업이다. 공유 사무실은 직원 숫자에 맞춰 빌릴 수 있는 사무공간을 늘리고 줄이는 등 자유롭게 바꿀 수 있다. 회의실, 스튜디오 등을 필요할 때 시간제로 빌릴 수 있으며 직원들의 휴게시설 및 외부 손님을 맞기 위한 접대공간, 식음료, 청소, 출입관리 등의 서비스도 제공된다. 기업들이 이런 공간과 부대시설 등을 처음부터 갖추고 시작하면 비용이 만만치 않기 때문에 스타트업 기업은 물론이고 대기업들도 공유 사무실을 적극 이용하고 있다. 특히 COVID-19 확산 이후 재택근무가 늘면서 예전처럼 사무실에서 일하는 직원들이 많지 않아 공유 사무실이 더 주목받고 있다.

4) 공유경제에 대한 비판적 시각

한 번 생산된 제품을 여럿이 공유해 쓰는 협업 소비를 기본으로 하는 경제가 공유사회이다. 즉, '나눠 쓰기'란 뜻으로 자동차, 빈방, 책 등 활용도가 떨어지는 물건이나 부동산을 다른 사람들과 함께 공유함으로써 자원 활용을 극대화하는 경제활동이다. 소유자 입장에서는 효율을 높이고, 구매자는 싼값에 이용할 수 있는 소비 행태이다.

금융 위기 이후 우버와 에어비앤비로 대표되는 공유경제 플랫폼은 급속한 성장을 이룬다. 공유사회는 거의 종교와 같은 신념으로 전 세계에 퍼져 나갔다. 대기업도 공유 경제시스템에 뛰어들었다. 한국의 통신, 반도체 전문 SK그룹은 자동차 공유 플랫폼 '쏘카'를 운영하고 있다. 다음 카카오도 카풀 공유사업에 뛰어들었다. 그러나 최근 들어 공유경제에 잡음이 일기 시작했다. 공유사회를 구축하기 위한 기본 알고리즘은 '나눔의 철학'이다. 그래서 공유경제를 '나눔의 경제'라고도 표현한다. 나눔의 경제란 사회적 약자 또는 환경 보전을 위하여 자신의 유휴자산을 공유하는 경제다. 낭비를 줄이고 유휴자산 또는 초과 수익을 사회에 환원하자는 의미이다.

공유사회를 실현하기 위한 가장 대표적인 시도가 기업의 사회적 책임CSR: Corporate Social Responsibility이다. 지역사회 또는 국가의 보호와 지원하에 수익을 창출한 기업은 지역사회 또는 국가에 대한 사회적 책임을 다할 도덕적 의무를 수행해야 한다는 주장이다. 기업이 CSR에 적극적이었던 이유는 '면죄부'를 얻을 수 있다는 판단 때문이다. 기업은 기업의 사회적 책임활동으로 기업 성장 과정에서의 비도덕적 과정을 정당화하기 위해 노력한다. 기업의 비윤리적 활동의 정당화에 기여한 CSR은 결국 기업의 자발성 부족과 사회적 거부감 등으로 더 크게 확대되지는 못하고 있다. 한편, 시민의식이 공유경제를 받아들이지 못하는 경우도 많다. 분실된 공유 자전거, 훼손되고 파손된 공유 자동차, 대중교통업과 대치되는 우버 서비스, 몰래카메라로 얼룩진 에어비앤비 서비스 등이 이슈가 되고 있다. 학자들은 보안책을 제시하고 있는데 그것이 바로 공유가치 창출인 CSVCreating Shared Value이다. '사회적 기업'이라는 CSV는 기존의 CSR의 한계를 극복하기 위한 새로운 경영 패러다임으로 등장하게 되었다. CSV는 경제적 가치와 사회적 가치를 동시에 창출하여 공유가치의 총량을 확대하는 비즈니스 모델로서 기업의 긍정적인 사회변화 유도와 비즈니스 가치 증대를 연결시키는 새로운 접근 방식이다. CSV의 핵심은 기업이 직면한 사회, 환경적 이슈에서 새로운 비즈니스 기회를 모색하는 데 있다. 즉, 해결하고자 하는 사회문제를 비즈니스 모델에 포함시킴으로써 사회문제 해결과 기업의 이윤 창출을 동시에 이루는 것이다. CSV의 핵심은 자선과 기부 등의 형태로 이루어지던 사회공헌과 달리 기업 본연의 비즈니스를 활용하여 사회문제에 대한 해결책을 제시하는 데 있다. 따라서 CSV는 비용이 아닌 투자의 관점에서 이해되어야 하며 창조적이고 혁신적인 방식으로 접근하는 것이 중요하다.

5) 환대산업에서의 공유경제 활용

OECD는 '관광공유경제tourism sharing economy'라는 용어를 도입하며, 공유경제에 기반을 둔 새로운 기술과 비즈니스 방식은 사람들에게 숙박, 관광체험, 교통 등에 대한 새롭고 추가적인 선택지를 제공함으로써 관광산업의 지형을 변화시킬 것이라 예측하면서 관광정책 당국이나 사업자들의 적극적인 관심을 환기시킨 바 있다. 공유경제에 더 관심을 기울여야 하는 이유는 여행소비자들이 예전과 달리 새롭고 색다른 관광경험을 선호하고 있으며, 변변한 관광시설과 인프라가 없는 지역의 경우에도 공유 플랫폼을 통하여 관광객을 끌어들일 수 있기 때문이다.

환대산업에서의 공유경제는 관광 관련 다양한 콘텐츠를 P2P 혹은 공유사용을 기반으로 서비스를 제공하는 시장을 말한다. OECD에 따르면, 공유경제는 어떤 도시를 방문하는 관광객들에게 집의 일부 혹은 전체를 빌려주거나 개인차량을 이용하여 P2P 방식의 서비스를 제공하고, 소비자에게 소유권 대신 회원권이나 일시적인 접근권한을 허용하는 것이다.

우리나라 관광산업이 공유경제로 전환되기 위해서는 전략적으로 대상 분야를 선정할 필요가 있는데 숙박, 교통, 식사, 여행경험 등이 유망할 수 있다. 우선 숙박부문의 경우 에어비앤비Airbnb나 홈어웨이Homeaway와 같은 한국형 숙박공유기업을 육성할 필요가 있다. 정부가 도시형 공유민박 시범사업과 공유서비스를 추진하겠다고 밝힌 만큼 조기 추진을 통하여 전국적인 확산이 필요하다.

교통 분야의 경우, 선진국에서 활발히 운영 중인 우버Uber, 리프트Lyft와 같은 공유사업체의 성격과 도입가능성을 적극 연구해야 한다. 서울 시내에 설치되어 있는 자전거의 경우에도 출퇴근 시간 외에는 외국인들이 쉽게 이용될 수 있도록 자전거공유bike-sharing 여행시스템을 재정비할 때다.

식사의 경우에도 공유사업이 가능하다. 집주인과 손님을 이어주는 집밥 공유 플랫폼인 비즈잇BizEat과 집주인 셰프가 준비하는 저녁식사 파티를 연결해주는 집밥 공유 플랫폼인 이트윗EatWith도 좋은 사례이다.

공유경제가 거둔 성공의 큰 부분은 온라인 플랫폼이 제공하는 서비스의 역할이 크다. 피어-투-피어peer-to-peer 기업이라고 하는 기업들은 고객에게 다가가 중개 역할을 하는 사용자에게 직접 생성, 관리 및 마케팅을 할 수 있다. 교통 서비스인 우버Uber, 숙박서비스인 에어비앤비Airbnb, 애완동물 돌보기 커뮤니티인 홀리도그Holidog 등 이러한 기업은 온라인 상태이므로 국가와 대륙을 가로질러 관광객과 현지인이 동등하게 이용할 수 있게 된다. 공유 비즈니스가 성장한 속도와 규모는 초고속 인터넷과 수요 증가와 직결된다고 볼 수 있다. 또한, 공유경제를 통해 세계 많은 여행객들은 더 쉽게 여행을 할 수 있게 되었다.

2020년 초 코로나 바이러스가 전 세계로 빠르게 확산되면서 공유경제, 호텔산업 및 전체 여행산업이 거의 정체되었다. 공유경제에서 COVID-19는 재앙에 불과했기 때문에 향후 환대산업에서의 공유경제 활용은 'COVID-19와 같은 상황에서 어떻게 공유경제를 활성화시킬 수 있는냐?'에 대한 문제해결이 큰 관건이 되었다. 또한, 관광공유경제의 모델국가가 되기 위해서는 각종 규제요소들을 철저히 파악하여 플랫폼을 구축하는 동시에, 기존 관광사업체와의 협업시스템을 구축하여 강소형 P2P 기업들을 육성해야 한다.

6) 공유경제의 미래

　재화 및 서비스를 공유하는 공유경제는 3D 프린팅, Peer-to-Peer 네트워크, 협동조합, 사회적 기업 등 우리 경제생활에 깊이 들어와 있다. 차량 공유, 주방 공유, 숙박 공유, 오피스 공유 외에도 주차자리 공유, 패션용품 공유 등 다양한 형태의 공유경제 서비스들이 등장하고 있다. 앞으로 공유경제 서비스가 더 다양한 형태로 나타나 소유가 아닌 공유를 통해서 사회의 문제를 해결하고 다양하고 새로운 비즈니스 모델들을 만들어 낼 것이다.

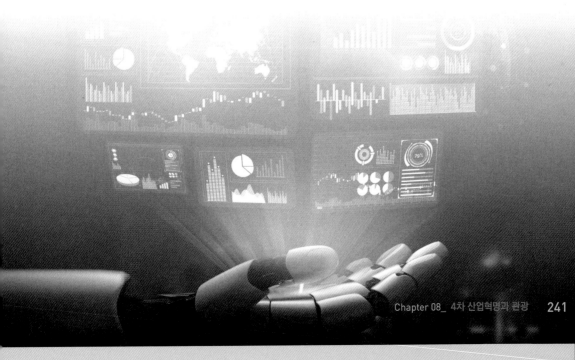

미국 텍사스 댈러스의 대형병원 '메디컬시티 헬스케어'에는 특별한 간호사가 있다. 환자들의 옷과 약병을 나르고, 혈액 샘플을 수거하는 업무를 주로 맡는 이 간호사의 이름은 '목시Moxi'이고 미국 스타트업인 딜리전트 로보틱스가 만든 로봇 간호사이다. 큰 팔을 가진 목시는 사람을 피해 자유롭게 복도를 이동하고 엘리베이터도 탄다. 마주친 사람에게는 손을 흔들며 인사를 건네고 머리 부분에 달린 디스플레이에 다양한 표정도 띄우면서 큰 인기를 끌고 있다. 딜리전트 로보틱스는 "목시는 잡일을 도와주면서 의료진이 환자 치료에 더 많은 시간을 할애할 수 있도록 돕는다."고 밝혔다.

영국 와이어드는 최근 목시의 사례를 전하며 "로봇이 의료, 원예, 건설 등 다양한 분야에서 사람의 동료가 되고 있다."고 했다. 우리가 이미 사람과 어울려 일하는 로봇의 시대에 살고 있다는 것이다. 사람과 함께 일하는 로봇의 시대가 활짝 열리고 있다.

공장·농장·건설 현장에 나타난 로봇들

현금인출기 제조업체인 일본 글로리의 사이타

출처: 조선일보, 2021. .20.

🌀 다양한 산업에서의 로봇 활용

① 간호사 로봇 '목시'가 환자와 기념촬영을 하고 있다. ② 청소와 물건 운반을 돕는 로봇 '폴리' ③ 위험한 곳을 사람 대신 순찰하는 네발 로봇 '애니멀' ④ 사과 수확 로봇 ⑤ 일본 고다이지의 로봇 스님 '민다르' ⑥ 입으면 힘이 세지는 외골격 로봇 '가디언 XO'

마 공장에는 '넥스트에이지'라는 휴머노이드 사람 모양 로봇 직원이 19대 있다. 일본 가와다 로보틱스가 제작한 이 로봇은 생산 라인에서 양팔에 달린 카메라로 부품을 인식하고 조립한다. 넥스트에이지는 300여 명의 사람 직원과 작업을 분담하는데 섬세하고 반복적인 작업에서 최고의 효율을 보인다. 농장에도 농부 로봇이 속속 등장하고 있다. 어밴던트 로보틱스의 로봇 수확기에는 자율 주행차의 센서로 사용되는 '라이다'가 탑재돼있다. 과수원에서 농로를 따라 움직이며 로봇팔과 카메라를 이용해 사과를 수확한다. 딥러닝 심층학습 기술을 이용한 소프트웨어로 잎과 과일을 구분하는 것은 물론 잘 익은 과일을 판단하는 능력까지 갖췄다. 와이어드는 "농업 인력이 부족한 미국과 뉴질랜드에 보급되고 있다."고 전했다. 네덜란드의 대형 온실에서는 로봇이 묘목을 심는다. 인기 있는 꽃인 리시안셔스 묘목을 일정한 깊이로 정교하게 심는 데 로봇 한 대가 무려 시간당 1만 8,000개를 처리할 수 있다.

스위스 애니보틱스가 제작한 '애니멀 ANYmal'은 위험한 건설 인프라 현장에서 사람을 대신한다. 애니멀은 네 발을 이용해 좁은 공간과 가파른 계단을 오르내리면서 발전소, 공장, 해양 굴착 장치와 같은 산업 현장을 점검할 수 있다. 스스로 전기 콘센트를 찾아 충전하는 기능까지 갖췄다. 영화 아이언맨 속 토니 스타크가 입는 외골격 外骨格 슈트 로봇도 상용화됐다. 미국 방산업체 사코스 디펜스가 개발한 '가디언 XO'는 델타항공이 현장에서 활용하고 있고, 미국 공군·해군·해병대에도 납품된다. 이 슈트 로봇을 입으면 내부에 있는 사람은 별다른 힘을 쓰지 않고도 최대 200파운드 약 90kg의 물건을 들어 올릴 수 있다. 부상 걱정 없이 근로자와 병사들이 작업할 수 있는 것이다.

스님 로봇까지 등장

다소 황당한 로봇도 있다. 400년이 넘는 역사를 가진 일본 교토의 사찰 고다이지에는 2019년 '민다르 Mindar'라는 로봇 스님이 등장했다. 알루미늄으로 만들어진 민다르는 키 183cm, 몸무게 32kg으로 얼굴에는 사람 피부와 비슷한 실리콘이 씌워졌다. 여성 또는 어린이 목소리로 설교하거나 염불을 외운다. 사찰 측은 향후 민다르를 신도들과 대화하고 상담해주는 용도로도 활용할 계획이다. 이 밖에 일본 소프트뱅크가 제작한 다목적 로봇 페퍼도 장례식장에서 경을 읽어주는 용도로 활용되고 있다.

한국 기업들은 가정용 로봇 개발에 적극적으로 나서고 있다. 삼성전자는 집사로봇인 '삼성 봇 핸디'를 올 초 공개했다. 스스로 물체의 위치나 형태 등을 인식해 잡거나 옮길 수 있기 때문에 식사 테이블 세팅과 식기 정리 등 다양한 집안일을 해준다. LG전자는 안내로봇, 셰프 로봇, 바리스타 로봇, 잔디 깎기 로봇 등 다양한 로봇을 공격적으로 선보이고 있다. 두 회사는 가정용 로봇이 스마트폰부터 집안의 가전제품, 자동차 등을 모두 통합 관리하는 허브 역할을 할 것으로 기대하고 있다. 삼성이나 LG의 가정용 로봇을 구매하면, 다른 집안 생활가전과 TV까지 모두 같은 회사 제품으로 구매할 가능성이 크다는 것이다.

Cases & Practice
기업 사례 & 실습

공유경제 '에어비앤비airbnb' 사례 연구

2008년 샌프란시스코에서 처음 시작된 숙박 공유서비스인 에어비앤비는 고객의 방을 빌리는 값은 주인에게 지불하고 이를 중개해준 에어비앤비는 수수료를 떼어가는 시스템이다. 정확히 이 회사의 모델은 온라인 쇼핑몰 회사인 이베이ebay와 매우 유사하다. 에어비앤비는 '파는 사람'과 '사는 사람'을 연결시키고 '서비스료'라고 하는 수수료를 취하는데, 웹사이트에는 '에어비앤비가 24시간 내내 원활하게 운영되고 고객을 지원하기 위해 모든 예약에 부과하는 금액'이라고 공손하게 표현되어 있다. 이 수수료가 바로 에어비앤비의 매출이다.

에어비앤비는 공식적으로 에어비앤비에서 방을 빌려준 사람을 호스트라고 부르며 들어가는 사람을 게스트라고 부른다. 원래는 호스트가 에어베드 같은 잘 곳을 빌려 주고 같이 아침 식사도 하자는 Air Bed & Breakfast의 의미로 출발한 사이트지만 지금은 조금 변질되어 방 하나 정도가 아니라 여러 개의 방을 고쳐서 집 전체를 빌려주는 경우가 많아졌다. 수수료는 숙박비의 6-12% 정도이다. 에어비앤비를 통해 사람들은 호텔 숙박비보다 훨씬 더 저렴한 가격으로 기존의 관광산업이 미치지 못한 곳에 위치한 '누군가의 집'에 머물 수 있었고, 그곳에서 생각이 비슷한 사람들과 '연결'될 수 있었다. 숙소 리스트와 게스트 수의 증가는 점점 불이 붙기 시작하였고 여러 후원자들로부터 엄청난 투자금을 유치하였으며 기업의 가치는 2017년 기준 300억 달러에 도달하였다. 에어비앤비라는 비즈니스의 규모와 범위를 수치로 살펴보면 서비스를 시작한 이래 총 게스트 도착 수는 1억 4,000만 개에 이르렀다. 휴면 상태를 제외한 300만 개의 숙소 리스트는 에어비앤비를 그 어떤 호텔 체인 업체보다 더 큰 '세계 최대의 숙박 공급자'로 만들었다. 하지만 에어비앤비는 일반적인 호텔과는 다르다. 호스트의 개인적인 스케줄과 임대 선호시기에 따라 숙소 리스트의 수는 매일 바뀌고, 대형 행사가 열리면 갑자기 늘어나기도 하며, 어떨 때는 많은 수의 숙소

출처: www.google.com/이미지

♨ airbnb

가 공실이 되기도 한다. 그렇게 때문에 숙소 리스트의 수는 회사의 규모와 범위를 나타내긴 하지만, 객실 이용률이나 거래 규모를 판단하기에는 적합한 기준이 아니다. 이 회사는 191개 국가의 3만 4,000개 도시에서 사업을 펼치고 있다.

에어비앤비의 성공을 논할 때 가장 많이 제기되는 의문이 하나 있다. 홈어웨이, VRBO, 카우치서핑, 베드앤브렉퍼스트, 심지어 크레이그리스트까지 이미 비슷한 공간 임대 사이트가 그토록 많은데 왜 유독 에어비앤비만 '성공했느냐?'는 것이다. 가장 큰 차이는 '제품' 그 자체에 있다. 기술 산업계에서 '제품'이라는 말은 웹사이트나 애플리케이션과 같이 실제 눈에 보이는 것, 그리고 그것을 통해 이루어지는 활동들과 그것을 가능케 하는 기술력이었다. 웹사이트는 24시간 내내 문제 없이 잘 돌아가야 했고, 연령에 관계없이 누구나 이용하기 쉬워야 하고, 숙소 리스트는 무조건 멋지게 보여야 했다. 창업자들은 자신들의 디자인 영웅인 스티브 잡스Steve Jobs가 "아이팟으로 노래를 들으려면 세 번 이상 클릭해서는 안 된다."는 '클릭 세 번의 법칙'에 입각하여 사용자들이 예약을 할 때 가능한 세 번의 클릭만으로 완료할 수 있도록 시스템을 만들었다. 이러한 요소들이 에어비앤비를 성공으로 이끌었다. 그럼에도 에어비앤비는 많은 문제점들을 안고 있다. 우선, 차별화 문제로 호텔 등 기성 숙박업은 제도적으로 숙박을 하려는 고객을 차별하지 못하게 되어있으나, 에어비앤비는 그렇지 않다. 즉, 호스트는 게스트의 프로필을 보고 직접 선택하고 거부하는 등의 행위가 얼마든지 가능하다. 따라서 특정 인종, 성별, 성적 지향 등을 토대로 거부하거나 악의를 가지고 범죄대상을 선택하는 상황에도 효과적인 대응이 불가능하다. 일반 개인이 호스트를 담당하며 투숙객 정보를 보고 선별적으로 예약을 받을 수 있는 근본 구조 자체가 차별과 범죄에 치약하다. 또한, 투숙객 대상 범죄 문제도 심각하다. 전반적으로 규정이나 방식들이 게스트에게 매우 불리하게 적용되어 있다. 대표적인 것이 보증금 분쟁이다. 에어비앤비에서 보증금 부분이 추가되어 있는 숙소들이 일부 있는데 이런 숙소를 거쳐간 게스트들의 피해 사례가 많다. 게스트가 체크아웃한 후 호스트가 집에 문제가 있다고 생각하면 홈페이지상에서 바로 손해배상을 위한 보증금 신청을 할 수 있기 때문이다.

에어비앤비가 앞으로 100년 계속 기업으로 생존하기 위해서는 앞에서 언급한 문제들을 해결해야 기업이 생존할 수 있을 것이다. 또한, 에어비앤비가 이제 막 판매를 시작한 새로운 제품은 '여행' 그 자체이기 때문에 하나의 제품에 의존하는 기업에서 여러 가지 제품을 제공하는 기업으로 변모하기 위해서 지속적인 혁신을 통한 기업의 진화가 필요할 것이다.

🎤 **문제 1**   에어비앤비의 문제점을 발견하고 해결방법을 제시해 보세요.

🎤 **문제 2**   관광산업에서 공유경제를 적용할 수 있는 영역에 대한 아이디어를 제시해 보세요.

🎤 **문제 3**   본인이 생각하기에 에어비앤비의 성공요인은 무엇인가요?

research question
연구문제

🎤 문제 1   공유경제를 운영하고 있는 기업 사례를 찾아서 제시해 보세요.

🎤 문제 2   공유경제를 실현하기 어려운 현실적인 문제점이 무엇인지 제시해 보세요.

토론 문제

VR 여행 및 AR 관광

VRVirtual Reality 여행은 여행지의 가상공간을 만들어 여행을 실감나게 미리 경험해 볼 수 있기 때문에 소비자의 여행 욕구를 자극한다. 예를 들어, 일본 대형 여행사 HIS의 하와이 여행 전문점에서는 입구 쪽에서 하와이 여행 가상체험을 할 수 있다. VR 여행자들은 마치 하와이를 여행하는 것 같은 현장감을 맛볼 수 있다. 또한, 원격 여행 서비스 '싱크 트래블SyncTravel'은 자택에서 헤드 마운트 디스플레이를 장착하는 것으로 현지 가이드에 의한 실시간 관광 안내를 가상체험할 수 있고 현지 가이드를 통하여 현지의 백화점이나 관광 상품점에서 쇼핑을 할 수도 있다.

한편 역사적인 사건이 발생한 장소는 관광지로서 사람들을 유혹하지만, 현실적으로 건조물의 일부만이 남아 있을 뿐이거나 아무것도 남아있지 않은 경우도 있다. 역사를 좋아하는 사람이라면 그런 장소에 가볼 수 있다는 것만으로 가슴이 설렐지 모르지만, 역사에 그다지 관심이 없는 사람의 입장에서는 관광지로서의 매력을 느끼기 어렵다. 그런 문제를 해결하는 것이 ARAugmented Reality 관광이다. 원래 VR이나 AR은 게임 중심의 엔터테인먼트 분야를 대상으로 기술 개발이 추진되었다. 그것이 정보기술이나 사물인터넷 등 통신의 발전과 함께 넓은 분야에서 사용되었는데, 엔터테인먼트 세계에서도 다양한 도전이 이루어졌다. VR 엔터테인먼트는 콘서트장에 가지 않더라도 콘서트장에 있는 것과 같은 현장감을 맛보게 한다. 또 AR 엔터테인먼트는 무대를 관람하는 도중에 스마트 안경을 착용하는 것으로 상연 목록과 관련된 정보나 해설을 볼 수 있다. 영어 등 외국어로도 표시할 수 있어 외국인도 쉽게 이용할 수 있다. 단, 오페라나 가부키, 노가쿠일본의 가면극 등은 어느 정도 그에 대한 지식이 있어야 즐길 수 있다. 국내 여행 가상체험을 제공하는 스타트업도 등장했다. 스타트업 디안트보르트가 만든 제주도 VR 체험 플랫폼 '제주 투브이알'은 COVID-19 사태 이후 이용률이 10% 늘었다. 제주 투브이알은 제주도의 약 200여 개 여행지를 360도 영상으로 제공하는데 휴대전화 애플리케이션앱을 깔거나 호텔 등에서 VR 기기를 빌려 '집콕'하며 제주도 곳곳을 둘러볼 수 있다.

문제 1 COVID-19의 확산으로 인해 해외여행이 불가능해지자 VR로 해외여행을 간접 체험하는 여행자들이 증가하고 있습니다. COVID-19가 국내에서 본격적으로 확산한 2020년 1분기에는 직전 분기 대비 월평균 시청자 수가 193% 늘었습니다. 여행, 힐링 영상들 중에서도 국내여행에서는 독도의 곳곳을 VR 영상에 담은 '독도', 해외여행에서는 필리핀 세부의 바닷속 생물들을 눈앞에서 볼 수 있는 '스쿠버 다이빙 시리즈 하이라이트'가 가장 많이 본 콘텐츠로 꼽혔습니다. 해외여행이 불가능해지고 외출도 자유롭지 못한 환경에서 가상현실로 여행의 아쉬움을 달래는 이용자들이 많아진 것으로 분석됩니다. 향후 VR 여행이 체계적으로 정착하기 위해 어떠한 것들이 제공되어져야 하는지에 대해 토론해 보세요.

문제 2 VR 여행, AR 여행 관련 기사나 저널을 읽고 향후 여행산업의 미래에 대해 토론해 보세요.

참고문헌

· 강명구, 4차 산업혁명 이야기, 키출판사, 2018
· 김성준, 빅데이터: 인재를 말하다, 인더비즈, 2014
· 김용태, 손정의가 선택한 4차 산업혁명의 미래, 연암사, 2018
· 김진형, AI 최강의 수업, 매일경제신문사, 2020
· 닛케이 BP사, 세계시장을 주도할 크로스 테크놀로지 100, 나무생각, 2018
· 레이갤러거, 에어비앤비 스토리, 다산북스, 2017
· 로빈 체이스, 미래 비즈니스 모델의 탄생 공유경제의 시대, 신밧드프레스, 2016
· 롤랜드 버거, 4차 산업혁명, 이미 와 있는 미래, 다산, 2017
· 박광열·이인형·박정환·포여원, 블록체인 세계의 이해와 응용, 한올, 2019
· 박항준, 공유경제의 완성 크립토 경제의 미래, StarRich Books, 2018
· 송성수, "산업혁명의 역사적전개와 4차 산업혁명론의 위상", 과학기술학연구, 17(2), 2017
· 아룬 순다라라잔, 4차 산업혁명 시대의 공유 경제, 교보문고, 2018
· 연대성, 디지털 트렌드 2020, 책들의정원, 2019
· 우종필·이병욱·이차민·이지은·김민성·황재원, "빅데이터를 이용한 독감, 폐렴 및 수족구 환자수 예측 모델연구", 한국빅데이터학회지, 3(1), 55-62
· 이상수 편저, 제4차 산업혁명 시대의 주요기술, 바른북스, 2019
· 이준복, "4차 산업혁명 시대에서 범죄예방 및 정보인권 보장을 위한 법적 고찰: 빅데이터 및 사물인터넷을 중심으로", 영남법학, 45(0), 23-56, 2017
· 조성준, 세상을 읽는 새로운 언어 빅데이터, 21세기북스, 2019
· 최진기, 한 권으로 정리하는 4차 산업혁명, 이지퍼블리싱, 2018
· 커넥팅랩, 사물인터넷, 미래의창, 2014
· 한국경제TV 산업팀, 4차 산업혁명 세상을 바꾸는 14가지 미래기술, 2016
· 함유근, 이것이 빅데이터 기업이다, 삼성경제연구소, 2015
· 함유근·채승병, 빅데이터: 경영을 바꾸다, 삼성경제연구소, 2012
· 황석진, "가상화폐의 악용사례와 법적 대응방안에 대한 고찰", Journal of the Korea Academia-Industrial cooperation society, 19(2), 585-594

· "2021년 행동인터넷 중요성 부상", DataNet, 2021.10.20.
· "행동인터넷, 나의 행동을 유도하다", CWN, 2021.3.13.

· "로봇시대… 간호사도 농부도 스님도 로봇", 조선일보, 2021.5.20.
· "아무래도 인간은 좀 곤란합니다: 탈 육체화된 기계와 소통에서 오히려 위로를 얻는 사람들", 한겨레21, 1151, 2017

· http://www.enetnews.co.kr/news/articleView.html?idxno=3235
· https://biz.chosun.com/site/data/html_dir/2020/08/28/2020082803268.html
· https://brunch.co.kr/@wecook
· https://kitchenvalley.co.kr
· https://ko.wikipedia.org/wiki/%EA%B3%B5%EC%9C%A0_%EA%B2%BD%EC%A0%9C#cite_note-3
· https://ko.wikipedia.org/wiki/%EB%A1%9C%EB%B4%87, 위키백과
· https://ko.wikipedia.org/wiki/%EB%B9%85_%EB%8D%B0%EC%9D%B4%ED%84%B0
· https://ko.wikipedia.org/wiki/%EC%9D%B8%EA%B3%B5%EC%A7%80%EB%8A%A5
· https://ko.wikipedia.org/wiki/%EC%A7%9A%EC%B9%B4
· https://ko.wikipedia.org/wiki/SNARC
· https://m.hankookilbo.com/News/Read/201711241445499080
· https://m.post.naver.com/viewer/postView.nhn?volumeNo=19236717&member-No=33295154
· https://namu.wiki/w/%EC%97%90%EC%96%B4%EB%B9%84%EC%95%A4%EB%B9%84
· https://pebbledesign.com/insights/blockchain-adds-huge-new-opportunities-for-hotels
· https://wecook.co.kr
· https://www.hankookilbo.com/News/Read/A2020100509440001991
· https://www.hotelrestaurant.co.kr/mobile/article.html?no=9134
· https://www.investopedia.com/terms/a/artificial-intelligence-ai.asp
· https://www.investopedia.com/terms/b/blockchain.asp
· https://www.lg.co.kr/media/release/23087
· https://www.revfine.com/artificial-intelligence-hospitality-industry/
· www.google.com, 이미지

· Car, T. Stifanich and L. P, Simmunie, "Internet of Thoings(IOT) in Tourism and Hospitality: Opportunities and Challenges", Tourism in Southern and Eastern Europe, 5, 163-175, 2019

Choi, S. M., Korea's Rationalization and Countermeasures, Police University seminar, 104, 2016

Davis, N., "What is the Fourth Industrial Revolution?", World Economic Forum, January 19, 2016

Financial security, "said Finance and Economy", Clock-Chinese Blocks, 43, 2015

Gantz, J and Reinsel, D., "Extracting Value from Chaos", IDC VIEW, 6, 2011 June

Kaur, K. and Kaur, R., "Internet of things to promote tourism: An insight into smart tourism", International Journal of Recent Trends in Engineering & Research, 2(4), 357-361, 2016

Korea Internet Development Agency, the Korea Institute for Phonetics Analyses, said, "Creating research and development through analyzing technologies and policies related to domestic and foreign matters", 2016

Manyika, J and Chui, M., "Big data: The next frontier for innovation, competition, and productivity", McKinsey Global Institute, 1, 2011

Yang, J. Y, Kim, S. H and Kim, Y. J., "Limits of Bitcoin and Current Response. The first step for the technical understanding and introduction of the Block Chain Chairs", 2015

M-커머스와 관광

Chapter 09. M-커머스와 관광

정/리/노/트

단서

· 질문 1

· 질문 2

· 토의문제 제시 1

· 토의문제 제시 2

Case Study

Summary

Key Words

예습

복습

참고: cornell note

M-커머스의 개념

온라인쇼핑 거래액 중 모바일커머스M-커머스 비중이 처음으로 70%를 돌파했고, 통계청이 발표한 2021년 '1월 온라인쇼핑 동향'에 따르면 지난 1월 온라인쇼핑 거래액은 15조 623억 원으로 1년 전보다 22.4% 증가했다. 이 중 M-커머스 거래액은 1년 전보다 29.2% 늘어난 10조 6천192억 원으로 집계하였다. 모바일 쇼핑 비중은 70.5%를 기록해 관련 통계 작성이 시작된 2001년 이후 처음으로 70%를 넘어섰다.

해외 사례를 보면, 미국의 한 조사기관의 연구에 따르면 미국 M-커머스는 지난 2017년 59%에서 2021년까지 전 세계 전자상거래 시장점유율 73%로 증가했다. 또한, 지난 6개월 동안 모바일 사용자의 79%가 모바일 기기를 사용하여 온라인 구매를 했다. 2019년 미국 소비자의 57%가 제품에 대해 자세히 알아보기 위해 모바일 소매 앱을 사용했다는 연구 결과도 있었다. 이러한 소매점 흐름에 발맞추기 위해서는 M-커머스로서 경쟁력을 갖추기 위한 요소들을 갖추어야 한다.

M-커머스는 대표적으로 스마트폰을 통한 모바일 인터넷을 이용하여 행해지는 전자상거래 활동이라고 하였다. 기존의 전자상거래와 비교하자면, 모바일커머스는 이동성, 즉시성, 개인화 및 편리성 등의 새로운 기능 및 위치기반과 LTE/5G 통신 네트워크를 통한 위치기반 서비스의 기능 등을 제공한다.

M-커머스는 모바일 기기스마트폰, 태블릿 등를 사용하여 무선 네트워크를 이용하는 새로운 타입의 전자상거래를 하는 행위이며, 지금의 거의 모든 거래가 M-커머스로 진행되고 있다고 해도 과언은 아니다.

M-커머스는 전자상거래의 부분집합이며, 모바일 기기를 통해 실행하는 전자상거래이며, 소비자들이 모바일 기기를 통해 셀 수 없을 정도의 다양한 개인 맞춤형 서비스를 시간과 장소에 구애받지 않고 이용할 수 있다. 이로 인하여 풍요로움, 유연성 및 이동성 기능은 다양한 타입의 업체들의 혁신적 제품과 상품이 탄생하였고, 자사의 제품 및 서비스를 손쉽게 고객들에게 홍보하거나 전달할 수 있게 되었다.

M-커머스는 무선 네트워크상에서 수행되는 비즈니스로 모바일 티켓팅, 모바일 뱅킹

과 증권, 모바일 마케팅 및 위치기반 서비스 등 모든 PC상의 업무들이 M-커머스로 이동하였고, 마이크로소프트의 창업자인 빌 게이츠는 2013년에 PC는 태블릿 같은 모바일로 대체될 것으로 예측하였다.

광고 분야의 잘 알려진 규칙 중 하나가 "Money follows eyeballs"다. 직역하면 돈은 안구를 따른다는 것인데, 광고는 목표 소비자에게 노출되어야 하므로 많은 사람의 관심과 주의가 집중되는 미디어에 광고비가 지출된다는 의미로 해석된다. 최근 이 규칙을 잘 보여주는 것이 모바일 광고의 성장이다.

모바일 이용이 늘어나면서 모바일 광고비가 다른 미디어를 앞질러 급증하는 것은 글로벌 추세다. 통신기술이 발달한 국내에서도 젊은 세대를 중심으로 TV나 라디오 미디어보다 스마트폰을 필수 매체로 인식하는 비중이 증가했으며 이러한 현상은 고령층으로 확산되고 있다.

1 M-커머스 애플리케이션

M-커머스 관련 기업은 모바일 서비스 애플리케이션 기반으로 비즈니스 모델을 구축하고 고객에게 모바일 환경에서 다양한 서비스를 제공한다. 이러한 모바일 서비스 애플리케이션을 스마트폰의 어플이리고 하며, 또는 앱이라도 한다.

대표적으로 2008년 10월 22부터 시작한 구글의 구글 플레이어Google Play 서비스가 있다. 구글 플레이어는 안드로이드 기기의 독점적인 배경에서 서비스를 제공하고 있다.

구글 플레이어에서 '관광'으로 키워드를 검색하면 아래와 같이 해당 키워드의 대표 앱이 보인다.

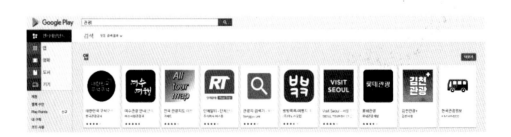

M-커머스 애플리케이션은 다음과 같은 사례에서 사용되고 있다.

- 모바일 금융　은행업무, 증권거래, 계좌개설 등
- 모바일 광고　사용자 맞춤형 및 위치기반 광고 등
- 쇼핑 및 검색　언제 어디에서나 쇼핑할 수 있고 검색이 가능
- 무선 고객상담　위치기반을 중심으로 한 고객상담 등 자동차 사고 보험 접수
- 모바일 경매　쇼핑몰뿐만 아니라, 자신을 인증하여 입찰 참여
- 모바일 엔터테인먼트　비디오나 오디오 서비스
- 모바일 게임　다양한 모바일 게임 서비스
- 모바일 오피스　언제 어디서나 가능한 완벽한 사무실 환경 구축이 가능
- 모바일 원격 교육　비대면 교육, 원거리 교육 및 가상 교육 지원

특히, 모바일은 젊은 세대에 거의 일상적으로 적용되었다. M-커머스 서비스 이용 동기에 관해 분석결과, 이용 동기 요인은 '오락성', '정보성', '편의성', '경제성' 등 4가지로 요약할 수 있었다. 이때, 가장 많이 사용하는 앱은 디지털 콘텐츠, 기프티콘, 티켓예매의 순으로 나타났다.

KT2013의 경제경영연구소의 보고서에 따르면, 스마트폰의 이동성을 내세워 온라인과 오프라인 채널을 모두 사용하며 대부분의 구매활동을 모바일로 할 수 있게 되면서, 더욱 많은 종류의 상품 및 서비스들이 M-커머스에서 다루어지고 있다. 소셜 커머스를 통해 맛집, 카페, 티켓과 같은 전통적인 오프라인 구매품목이 모바일로 흡수되었다. 특히, 미국의 아마존닷컴이 도서, DVD 품목으로만 시작하여 훗날 일반상품 품목까지 확대하여 거대 공룡의 플랫폼이 되었다.

2 M-커머스 서비스

M-커머스 서비스를 위해서는 몇 가지 중요한 요소가 있다.

○ 모바일 앱 서비스

점차 소비자는 모바일에 적합한 웹사이트보다는 모바일에 최적화된 앱을 선호한다.

미국 소비자의 85%가 모바일 웹사이트보다 모바일 앱을 선호한다는 리서치 결과는 이를 뒷받침해준다. 예를 들면, 이미 일부 기업에서는 처음부터 웹사이트를 구축하지 않고, 모바일 앱으로 서비스를 제공하거나, 웹사이트가 있다고 하더라도 모바일은 기존 웹사이트와 전혀 다른 인터페이스, 구성 등 차별화된 서비스를 제공한다. 심지어는 쇼핑몰 웹사이트와 앱에서의 가격, 쿠폰 그리고 이벤트 등도 차이가 있다.

원클릭 주문

일반적으로 PC 웹사이트 쇼핑에서 상품을 장바구니에 담고 97%가 포기하지만, 모바일 앱에서는 포기율이 20%에 불과했다. 그 이유는 소비자는 모바일 앱에서 빠른 원클릭으로 쇼핑과 주문이 가능하기 때문이다. 한 번의 클릭으로 고객은 전체 구매 프로세스를 완료할 수 있어 소비자에게 온라인 웹사이트와 비교하면 훨씬 더 빠르고 간편한 쇼핑 경험을 제공한다.

모바일 결제

모바일 결제는 신용카드, 각종 페이로 이미 설정되어 있기 때문에 결제가 빠르고 안전하다. 또한, 이동 중에 손 위에서 바로 결제를 할 수 있어 소비자가 행동에 불편함이 없다. 특히, 비대면 결제가 증가하면서 삼성페이, 네이버페이, 카카오페이, 토스페이, 제로페이 등 신용카드와 별도로 급속하게 성장하고 있다. 많은 사람은 '손안의 디지털결제'가 일상화되는 시대가 되었다.

모바일 결제의 가장 중요한 서비스는 '간편결제'이다. 간편결제란 신용카드 등 결제정보를 모바일 기기 등 전자적 장치에 미리 등록하고 생체인증과 같은 간편인증으로 결제하는 방식을 의미한다. 이러한 분위기는 2020년 전 세계 디지털 결제서비스의 시장 규모가 4.9조 달러, 향후 2024년에는 8.1조 달러로 성장할 것으로 예측하였다. 여기서 디지털 결제는 M-커머스 시장으로 해석되는데, 온라인을 통해 발생하는 디지털 상거래 또는 오프라인 매장에서 모바일을 통해 결제가 발생하는 상거래로 해석한다. 이때, 2017년부터 2024 국가별 디지털 결제서비스 시장 규모는 다음과 같다.

국내에서는 '간편결제' 중심으로 M-커머스 시장을 촉발시키고 있다. 간편결제시장은

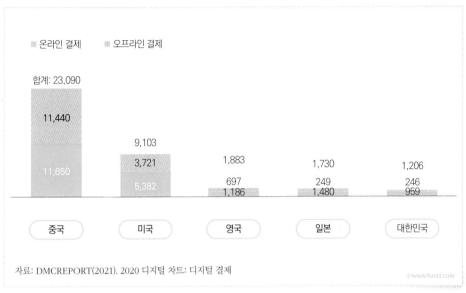

■ 온라인 결제   ■ 오프라인 결제

합계: 23,090

11,440

11,650

9,103

3,721

5,382

1,883

697

1,186

1,730

249

1,480

1,206

246

959

중국   미국   영국   일본   대한민국

자료: DMCREPORT(2021). 2020 디지털 차트: 디지털 결제

ⓒwww.hancil.co.kr

↻ 그림 9-1_ 2017~2024 국가별 디지털 결제서비스 시장 규모(단위, 억 달러)

2015년 삼성페이의 출범으로 시작됐다. 현재 페이시장은 삼성·카카오·네이버 등 정보통신기술ICT 기업이 주도하고 있다.

 아쉽게도 삼성페이는 아이폰에서 제공하고 있지 않아, 삼성페이 때문에 아이폰을 쓰지 못하는 경우가 있을 정도로 삼성페이는 현재 페이시장에서 독보적인 위치를 점유하고 있다. 한편, 플랫폼을 기반으로 한 네이버페이와 카카오페이는 플랫폼 점유율의 양대 기업이다. 포털을 기반으로 한 네이버페이는 네이버쇼핑, 웹툰 등 온라인 플랫폼 자회사와 같은 온라인 결제 기반을 제공하여 네이버의 다양한 콘텐츠를 즐기는 충성도

높은 소비자를 확보하고 있다.

카카오톡을 중심으로 한 카카오페이는 단순 송금 서비스의 성격에서 자회사 카카오뱅크와 함께 성장하고 있고, 2021년 IPO(Initial Public Offering)[21]로 통해 더 큰 성장을 하고 있다. 올해 카카오페이와 네이버페이 거래액은 각각 70조 원, 25조 원으로 증가해 총 95조 원 규모가 될 것으로 예상한다.

③ M-커머스 성장

M-커머스가 성장할 수밖에 없는 이유는 다음과 같다.

첫째, 물질적인 오프라인 상점이 필요 없다. 물건이나 서비스를 제공하기 위한 장소는 직원들이 일할 수 있는 작은 사무공간과 제품을 저장해둘 창고만 있으면 충분하다. 이는 소비자들의 환심을 사기 위해 상점에 값비싼 인테리어 공사를 할 필요도 없고, 유동인구가 많은 지역의 높은 부동산 가격을 감수하고 건물에 입점해야 하는 부담감도 줄여준다.

둘째, 소비자들의 시간과 장소의 제약이 없는 스마트폰 시청은 업체들에 24시간 물건을 판매할 수 있는 채널을 열어주었다. 과거 온라인쇼핑이나 TV 홈쇼핑의 경우 온라인에 연결된 PC나 TV라는 매개체가 있어야만 정보전달이 가능하였다. 또한, 일하는 오후 시간에는 근무 태만 등의 이유로 사적인 여흥을 위한 온라인 접속 및 TV 시청 등은 당연히 할 수 없다. 이러한 공간적/시간적 제한은 한정된 시간 동안만 소비자와 업체 간의 채널 형성을 허락하였으며, 대부분 직장인이 퇴근하고 가족과 시간을 보내는 저녁 시간대의 온라인 및 TV 광고는 타 시간 대비 몇 배 더 높은 프리미엄 광고비용을 내야 했기에 자본력이 없는 소규모 신생업체들은 엄두도 내지 못하였다. 하지만 스마트폰을 통한 M-커머스는 위의 상황을 완전히 바꾸어 놓았다.

셋째, 기존에 존재하는 오프라인 사업체와 함께 연계하는 마이크로 모바일 커머스

---

21 IPO: 비상장기업이 정해진 절차에 따라 일반 불특정 다수의 투자자에게 새로 주식을 발행하거나 기존 주식을 매출하여 유가증권시장 또는 코스닥시장에 상장하는 행위를 말함.

비즈니스 모델이 급부상하고 있다. M-커머스 업체들이 아무리 늘어나고 있다 해도 아직은 지역사회에 깊게 뿌리내린 오프라인의 물질적 상가와 업체 수가 비약적으로 많다. 또한, 이러한 물질적 상가나 업체들은 얼굴을 맞대고 하는 사람 대 사람의 비즈니스에는 익숙해도 온라인 네트워크 지식이 없거나 온라인 고객을 대응하는 데 익숙하지 않은 중·장년층이 운영하는 경우가 많으며 굳이 온라인으로까지 사업을 확대할 필요성을 못 느끼는 소규모 업체들도 있다.

이렇듯 e 커머스나 모바일 커머스와는 상관이 없던 오프라인 업체들에 온라인 비즈니스 상생안을 내건 것이 신생 모바일 커머스 벤처업체들이다. 지역 상권의 상품 및 서비스를 스마트폰으로 중계해주는 브로커 형식의 비즈니스 모델이 여기에 포함되며, 근처의 맛집 찾아주기, 주변의 배달식당 모아서 보여주기, 주변의 숙박업소 모아서 보여주기 등이 여기에 포함된다.

대부분 직장인에게 저녁 시간 집에서만 허락되었던 광고 시청 및 쇼핑의 여흥은 출근시간 지하철 안에서 스마트폰을 보며, 일하는 도중 잠시 뒤집어 놓았던 스마트폰을 들추면서, 심지어는 밥을 먹으면서도 한 손으로 스마트폰을 조작하며 가능하게 되었다. 이제는 일부 대규모 자본을 가진 업체들만이 하루 중 특수 시간대에 높은 프리미엄 광고비를 내며 독식을 하는 것이 아닌, 모든 업체가 더 많은 노출 기회를 얻고 이전보다 개선된 경쟁을 할 수 있게 된 것이다.

최근에는 스마트폰을 이용하여 시장이나 상가에서 대신 상품 및 식사를 구매하고 주문자의 집까지 배달해주는 지역사회 전문 M-커머스 배달업체까지 등장하였다. 대표적인 회사로는 배달의 민족의 'B 마트', 쿠팡의 '쿠팡이츠', GS25의 '우리동네 딜리버리' 등이 있다.

온라인쇼핑 거래액은 'PC기반 인터넷쇼핑 거래액'과 '모바일기반 인터넷쇼핑 거래액'을 포괄하여, 2021년 5월 기준 온라인쇼핑 동향을 보면, 다음과 같다.

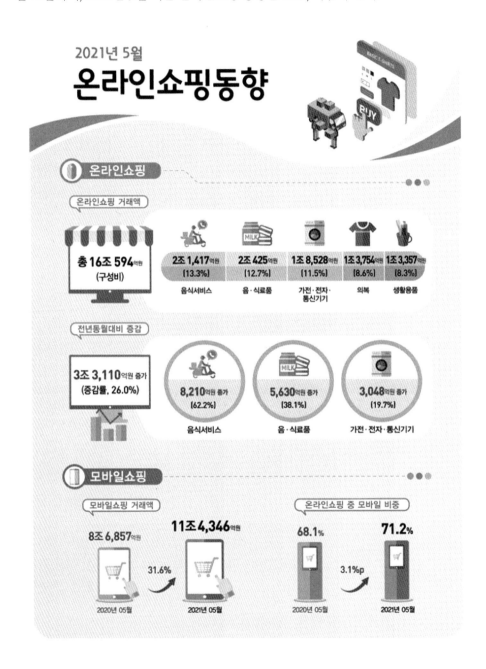

2 대표적인 M-커머스 사례

국내에서는 네이버, 카카오톡 등 다양한 거대한 플랫폼이 M-커머스를 기반하고 있다.

1 카카오 서비스

특히, 카카오톡은 2016년 기준 4,800만 명의 가입자를 보유하고 단순한 인스턴트 메신저IM에서 시작되었다. 초창기에는 전자쿠폰 선물하기 외에는 수익이 없었지만, 가입자 간 경쟁을 유발하는 캐주얼 게임을 도입하면서 폭발적인 수익을 창출하기 시작하고, 여기에 탄력받아 쌓여가는 수익과 사용자들을 바탕으로 단순 IM 서비스 외에 다양한 O2O Online to Offline 서비스를 지속적으로 제공하고 있다. 이미 카카오뱅크라는 전통적인 은행업까지 확장하면서, 거대한 플랫폼이 되었다.

출처: https://www.kakaocorp.com/

🎵 그림 9-2_ 카카오 서비스 2017년 기준

2021년 기준 카카오 서비스는 지속적으로 확대되고 있다.

커뮤니티

- 카카오톡　채팅, 보이스톡 등의 기능을 제공
- 카카오스토리　사진, 동영상, 음악 공유 기능 제공
- 카카오페이지　만화 등 웹툰, 웹 소설 형식 제공
- 카카오그룹　사진, 동영상, 음악 공유 및 채팅 기능 제공
- 티스토리　'태터 앤 컴퍼니'와 합작하여 만들어진 태터툴즈 기반의 블로그 서비스. '태터 앤 컴퍼니'가 구글코리아에 인수되면서 현재는 카카오가 모든 지분을 소유한다.

엔터테인먼트

- 카카오 음악　음악 듣기, 다운받기, 공유하기 기능 제공
- 멜론　음악 듣기, 연예 매니지먼트 등 제공, 1월 11일 인수하면서 카카오M이 운영하지 않고 카카오가 운영함. 이후 2021년 7월 1일 멜론 컴퍼니로 자회사 형태로 독립

커머스

- 카카오톡 선물하기
- 카카오 스타일　모바일 패션 콘텐츠 서비스
- 카카오파머
- 카카오톡 장보기

금융

- 카카오뱅크　인터넷 전문은행
- 카카오페이　모바일 금융서비스

· 카카오페이 증권
· 카카오보험　디지털 손해보험사 설립 추진 중

⊙ 교통

· 카카오맵　전국을 50cm급 고해상도 항공 사진으로 보여주는 '스카이뷰' 및 실제 거리 모습을 파노라마 사진으로 촬영한 '로드뷰' 등으로 구성된 지도 서비스
· 카카오버스　57개 시·군의 버스 관련 정보, 승·하차 알람, 버스노선의 실시간 교통정보 제공
· 카카오내비　자동차, 대중교통 경로 검색과 현재 위치 주변 정보 알림 기능 제공
· 카카오드라이버　대리운전 서비스
· 카카오 T　택시 호출, 택시 위치 확인, 내비게이션, 대리운전 기능 제공

⊙ 비디오 게임

카카오게임즈

⊙ 기타

· 카카오프렌즈　카카오톡 이모티콘 기반 캐릭터
· 카카오TV　라이브 방송과 카카오톡 오픈 채팅을 연동
· 카카오홈　스마트폰 홈 화면 관리서비스
· 카카오플레이스　인기 장소 공유서비스
· 카카오앨범　사진 공유서비스
· 카카오헤어숍　모바일 헤어숍 예약서비스
· 카카오 키즈　키즈 동영상을 볼 수 있음

2 네이버

네이버는 1999년 6월에 시작한 국내 대표적인 포털 사이트이다. 2000년 자회사인 한

게임과 합병하여 NHN이 된 후 재분리하여 현재는 네이버주에서 운영하고 있다. 네이버 서비스는 검색, 지식in, 뉴스, 쇼핑, 커뮤니티, 문화·오락, 생활, 뮤직, 툴즈, 해피빈, 게임, 랩, 오프캐스트, 주니어 네이버 등이 있다.

네이버는 한국 최대 검색포털뿐만 아니라, 전 세계 2억 명이 사용하고 있는 모바일 메신저 라인, 동영상 카메라 스노우, 디지털 만화 서비스 네이버 웹툰 등을 서비스하고 있는 글로벌 ICT 기업으로 성장했다. 네이버는 인공지능, 로보틱스, 모빌리티 등 미래기술에 대한 지속적인 연구개발을 통해 기술 플랫폼의 변화와 혁신을 추구하며 세계 각국의 수많은 이용자와 다양한 파트너들이 함께 성장한 국내 주식의 시가총액 상위 3~5위 정도로 하는 국내 대표기업이다.

최근 네이버는 소규모 업체가 입주 가능한 네이버스토어 팜을 중심으로 온라인 쇼핑에서도 지속적인 성장을 하고 있다.

네이버 쇼핑에 입점해보세요!

스토어팜에 가입이 완료되셨다면, 네이버 쇼핑에 입점신청을 해보세요!

네이버 쇼핑이란?

네이버 이용자와 네이버 쇼핑에 입점한 쇼핑몰 및 스토어팜 간의 편리한 연결을 위해 상품검색, 카테고리 분류, 가격비교, 쇼핑 콘텐츠 등을 제공하는 쇼핑 포털 서비스입니다.

자료: https://www.naver.com

③ 쿠팡

　한편, 쿠팡은 2010년 소셜 커머스로 시작으로 2015년 직매입유통으로 전환하며, 획기적인 익일배송보장인 로켓배송서비스를 실시하였다. 새로운 한국형 뉴커머스의 시작으로 쿠팡 없는 삶은 상상조차 할 수 없는 세상을 만들겠다는 비전으로 빠르게 시장점유율을 확대하고 있다. 이러한 가운데 관련 노동자의 문제점도 발생하였다.

자료: https://www.coupang.com/

3 M-커머스와 관광

M-커머스는 OTA를 기반으로 한 플랫폼 서비스와 함께 각 관광목적지에서도 M-커머스 관광서비스를 제공하고 있다.

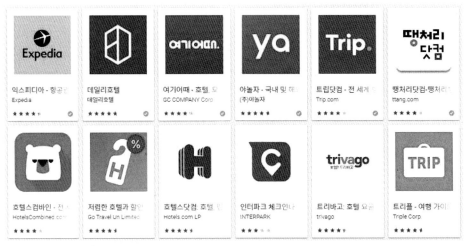

자료: 국내에서 서비스를 제공하는 여행업계의 OTA 앱

출처: 해외 여행업계의 OTA 앱

한편, 관광목적지에서도 M-커머스의 환경에서 서비스를 제공하고 있다. 경상북도는 COVID-19 확산으로 관광객이 급격히 감소해 관광산업의 어려움을 극복하고 관광을 통한 일상의 활력을 되찾기 위해 공공부문 최초로 MZ세대의 취향을 반영한 '경북 나들 e-커머스' 서비스를 제공한다.

'경북 나들 e-커머스'는 개인, 가족 등 소집단 중심의 모바일 여행상품으로 경상북도와 경북관광공사에서 개발하고 상품화했다.

COVID-19 확산으로 전반적으로 어려움이 있었지만, 점차 대도시 젊은 층을 중심으로 관광상품 판매가 증가하고 있다. 특히 COVID-19 진정세에 따라 국민의 자연 속 힐링 여행 추세가 확산되고 개별 관광객이 조금씩 늘어나는 상황을 고려하면 '경북 나들 e-커머스'를 통한 경북관광에 도움이 될 것으로 판단한다.

'경북 나들 e-커머스'는 COVID-19 이후 관광 트렌드가 단체관광에서 개별관광으로 대중교통에서 자가용을 이용한 개별이동으로, 다수가 밀집하는 유명관광지 중심에서 개별 취향에 맞는 특색 있는 나만의 관광지로 여행문화가 변화되는 시대 흐름을 반영해 도내 시·군별 다양한 관광지를 묶어서 관광상품을 구성 하고, 또한 소비자가 편리하게 모바일로 입장권을 구매 및 사용해 편리성을 극대화했으며, 경북도와 시·군에서는 입장권 판매 및 카

출처: 경북관광공사

드 수수료, 사업 홍보 등을 지원하고 참여업체에서는 자발적으로 상품가격을 20~50% 정도 할인해 가격경쟁력과 소비자 만족을 높여 현재 50개 상품을 판매하고 있다.

경북도는 관광상품을 계절적 여건 등을 반영해 수시로 상품구성을 조정하는 등 관광 여건의 변화에 신속히 적용해 운영하고 있다. 또한, 경북 나드리 상품은 모바일 휴대전화에서 쿠팡, 티몬, 위메프, G마켓, 11번가, 옥션, 네이버쇼핑7개의 앱을 통해 '경북 나드리'를 검색해 상품을 바로 구매할 수 있으며, 구매한 상품은 스마트폰으로 현장에서 간편하게 사용할 수 있다.

News! 임실군, 모바일 스탬프 투어… 찍고 찍고 "선물 받자"

임실군이 관광객들의 여행 편의와 재미를 위한 임실치즈 모바일 스탬프 투어를 운영한다.

군은 스마트폰 앱을 활용한 '임실치즈 모바일 스탬프 투어'를 진행한다. 임실치즈테마파크에서종이에 도장을 받는 스탬프 투어와 더불어 임실치즈테마파크, 옥정호, 성수산 등을 포함한 관내 주요 관광지 22개소를 방문하도록 연계했다.

자료: 임실군, 모바일 스탬프 투어

기업 사례 & 실습

CGV, 가이드라이브·마이리얼트립과 'Live 랜선 투어' 진행… CGV 강남서 첫 진행

CGV가 스크린 기반의 랜선 해외투어 행사를 진행, COVID-19 속 대중의 여행수요를 조금이나마 충족시킨다. CGV 측은 공식채널을 통해 'Live 랜선 투어'를 진행한다. 'Live 랜선 투어'는 CGV와 실시간 라이브 랜선 투어를 출시한 가이드라이브, 트래블테크 기업 마이리얼트립의 협업 콘텐츠이다.

이 콘텐츠는 현지 최고 가이드의 흥미진진한 이야기와 함께 극장의 큰 스크린으로 해외 여행지의 현장을 살펴보며 실시간 채팅을 통해 소통을 하는 등 직접 여행을 떠난 기분을 느낄 수 있다는 점에서 이목을 끈다.

CGV가 중심으로 전개하는 'Live 랜선 투어' 콘텐츠는 오는 CGV강남에서 진행되는 '홍콩신짱' 신용훈 가이드홍콩 100 트래블 현지 가이드 팀 소속와의 '홍콩 백만불 야경 투어'로부터 시작된다.

입장 시 받게 되는 카카오톡 오픈채팅 QR코드와 함께 실시간 소통을 나누며, 황후상 광장부터 성요한 성당, 홍콩 금융빌딩 숲을 지나 피크트램을 탑승해 빅토리아 피크의 스카이테라스 전망대에서 바라보는 야경까지 약 90분간 알차게 홍콩의 밤을 돌아볼 수 있는 시간이 펼쳐진다.

 여행자는 CGV와 같은 극장에서 랜선 투어 과정 중 가이드와 모바일을 통한 실시간 채팅이 효과가 있을까요?

 M-커머스를 활용하여 기존오프라인 비즈니스를 어떻게 결합하여 시너지 효과가 있을 방법을 논의해 보세요. 예 CGV(극장), 랜선투어, 모바일 실시간 채팅 등의 혼합된 비즈니스 등)

research question
연구문제

문제 1 M-커머스가 적용된 국내 관광 목적지의 서비스를 선정하고, 그 사례를 설명하세요.

문제 2 국내 여행업계의 대표적인 M-커머스 기업을 선정하고, 그 사례를 설명하세요.

문제 3 해외 여행업계의 대표적인 M-커머스 기업을 선정하고, 그 사례를 설명하세요.

문제 4 M-커머스의 결제에서 신용카드와 페이의 결제시스템의 차이를 설명한 후, 만약 관광업에 적합한 페이가 있다면 그 이유를 설명하세요.

문제 5 지방자치단체에서 왜 M-커머스를 관광지에 적용하려고 하는지 설명하세요.

Question

Team-based
토론 문제

랜선여행·라이브커머스… M세대의 여행 소통법

COVID-19 확산 여파에 일상화됐던 여행이 움츠러들었다. 1년 가까이 이어지는 COVID-19 확산세에 '코로나 우울'에 시달리는 이도 많다. 그런 가운데 모니터나 휴대폰을 통해 '랜선여행'을 즐기고, 자신의 사회관계망서비스 SNS의 라이브 방송을 통해 불특정 다수와 소통하는 방식이 밀레니얼 세대를 중심으로 빠르게 퍼져나가고 있다.

코로나 확산 초기만 해도 메르스 당시처럼 바이러스 확산 위세가 3개월 이내에 꺾일 것으로 생각했다. 하지만 당초 예상과 달리 사태는 오랫 동안 진정 기미를 까지도 진정 기미를 보이지 않고 있다. 여행이 제한받으면서 우울함에 시달리던 전 세계 여행객은 저마다 노트북·스마트폰으로 향했고, 평소 가고 싶었던 여행지나, 과거 다녀왔던 곳의 영상과 사진을 보며 위로했다.

랜선여행 트렌드가 확산하자, 각 국가·지역 관광청이나 에어비앤비, 타오바오 등 여행·커머스 업계에서도 지난 4월부터 VR가상현실이나 라이브커머스 등을 활용한 '랜선여행' 콘텐츠를 줄지어 내놓기 시작했다.

랜선여행은 '온택트Ontact·온라인 대면'로 확산했다. 캐릭터를 내세워 여행자에게 대리만족을 안기는가 하면 라이브커머스를 통해 실시간 소통을 하기에 이르렀다.

한국관광공사는 최근 '인생 코리아, 캐릭터인형 투어'를 선보였다. 방한 관광에 관심을 두는 일본인이 자신을 의인화한 캐릭터 인형을 한국으로 보내 대리여행을 할 수 있도록 한 것이다. 이 프로그램에는 80여 명이 신청했을 정도로 호응을 얻었다. 최종 선발된 인형들은 드라마 '이태원 클라쓰' 촬영지와 K-뷰티 체험을 하고 한식을 맛보는 등 여행객들이 원하는 관광명소를 대신 방문하며 대리만족을 안겼다.

직접 이름을 붙인 아바타인형가 가고 싶은 곳을 찾는다는 것은 코로나 시국에 새롭게 등장한 콘텐츠다. 이 상품은 기존 랜선여행과 다르단 점에서 향후 매력적인 방한 관광상품으로 부상할 수 있다는 관측도 나왔다.

🎙 **문제 1** 코로나 우울을 해결하는 방안으로 랜선투어를 통해 불특성 다수와 소통하는 방식이 유행하고 있습니다. 과연 랜선투어와 같은 간접여행이 코로나 우울에 대한 해결이 되는지 그 사례를 토론해 보세요.

🎙 **문제 2** 아바타인형가 가고 싶은 곳을 찾는다는 것은 코로나 시국에 새롭게 등장한 콘텐츠로, 향후 메타버스 환경에서 간접여행이 성공할 것인가에 관하여 토론해 보세요.

🪴 참고문헌

· 강태훈, "모바일커머스의 서비스 특성이 재구매의도에 미치는 영향에 관한 연구", 단국대 박사논문, 2016

· 김재석, 디지털 관광론, 새로미, 2008

· 이영철 외, "모바일커머스(M-Commerce) 대학생 이용자에 관한 탐색적 연구", 언론과학연구, 12(4), 382-418, 2012

· 최세정, 콘텐츠와 커머스의 융합: 미디어 커머스의 트렌드와 전망, 2020

· 통계청, 2021년 5월 온라인쇼핑 동향, 2021

· "CGV, 가이드라이브 · 마이리얼트립과 'Live 랜선투어' 진행… CGV강남서 첫 진행", RPM9, 2021.2.28.

· [김자연 칼럼] "2021년 M-commerce 트렌드와 앱 쇼핑의 필요", M이코노미뉴스, 2021.2.5.

· "랜선여행 · 라이브커머스… M세대의 여행 소통법", 아주경제, 2021.8.14.

· "모바일쇼핑 급증… 온라인 거래액 중 70% 첫 돌파", mbc 뉴스, 2021.3.5.

· [스트레이드] "일마나 너… 범추지 않는 쿠팡 노동자들의 죽음", MBC뉴스, 2021.4.4.

· "임실군, 모바일 스탬프 투어… 찍고 찍고 '선물 받자'", 경기도민일보, 2021.7.9.

· "'파죽지세' 카카오-네이버페이 거래액 100조 육박", 아이뉴스 24, 2020.8.9.

· https://www.coupang.com/

· https://www.kakaocorp.com/

· https://www.naver.com/

· https://www.navercorp.com/naver/affiliates

· https://ko.wikipedia.org/

4차 산업시대의
관광정보론

유비쿼터스 컴퓨팅과
관광

Chapter 10. 유비쿼터스 컴퓨팅과 관광

정/리/노/트

단서

· 질문 1

· 질문 2

· 토의문제 제시 1

· 토의문제 제시 2

Key Words

예습

복습

Case Study

Summary

참고: cornell note

유비쿼터스의 개념

유비쿼터스Ubiquitous는 사용자가 컴퓨터나 네트워크를 의식하지 않고 장소에 상관없이 자유롭게 네트워크에 접속할 수 있는 환경이다. 유비쿼터스란 물이나 공기처럼 시공을 초월해 "언제 어디에나 존재한다."는 뜻의 라틴어에서 유래한 개념이다. 다시 말해 사용자가 컴퓨터나 네트워크를 의식하지 않고 장소에 상관없이 자유롭게 네트워크에 접속할 수 있는 환경이며 컴퓨터 관련 기술이 생활의 여러 측면에 스며들어 있는 '퍼베이시브 컴퓨팅pervasive computing'을 말한다. 1988년 미국의 사무용 복사기 제조회사인 제록스 팔로알토 연구소PARC; Palo Alto Research Center의 마크 와이저Mark Weiser가 '유비쿼터스 컴퓨팅Ubiquitous+Computing'이라는 용어를 사용하면서 처음으로 등장하였다.

출처: https://www.donga.com/news/Economy/article/all/20030126/7906030/1

그림 10-1_ 세상을 바꿀 기술 유비쿼터스 컴퓨팅

유비쿼터스 컴퓨팅 용어의 시작은 미국의 대표적 과학저널의 하나인 'Scientific American'에서였으며, 1991년 9월 'The Computer for the 21st Century' 논문에서 처음 유비쿼터스 컴퓨팅의 개념을 제시하였다. 논문 첫 문장에 "가장 심오한 기술은 사라지는 것이다. 이는 일상생활과 구분이 안 될 정도로 생활의 일부가 되는 것이다."라고 시작하였다.

마크 와이저Mark Weiser는 많은 사람이 한 대의 대형 컴퓨터를 공유하던 메인 프레임 시대에서, 1980년대부터 시작된 PC 시대와 광역 분산 컴퓨팅을 제공하는 인터넷 시대를 거쳐 개개인 주변에 편재되어 있는 여러 컴퓨터를 사용하는 시대가 도래하고 있으며, 2005년에서 2020년 사이에 일반화될 것이라고 예측하였다. 이러한 것은 주택, 시설, 상품, 기계 등의 모든 장소와 사람, 그리고 사물에 컴퓨터가 언제, 어디서나, 유·무선 초고속정보통신망을 통해 연결되도록 하는 것이다. 유비쿼터스 환경에서는 장소에 상관없이 이용자가 자유롭게 네트워크에 접속할 수 있는 환경이라는 개념으로 본다. 현재 유비쿼터스라는 용어는 유비쿼터스 컴퓨팅ubiquitous computing의 줄임말로도 사용되고 있다.

 2 유비쿼터스 컴퓨팅의 특징

1 유비쿼터스 컴퓨팅의 지향점

유비쿼터스 컴퓨팅의 지향점을 살펴보면 5C와 5Any가 있다. 컴퓨팅Computing, 통신Communication, 접속방식Connectivity을 제공하는 콘텐츠Contents와 사람이 컴퓨터의 존재를 인지하지 않도록 조용히Calm 처리하는 특성5C을 이용해, 언제AnyTime, 어디서든AnyWhere, 어떠한 형태의 네트워크에서도AnyNetwork 모든 이기종 기기AnyDevice 간의 연동을 통해 다양한 서비스AnyService를 제공하는 것5Any을 지향한다.

5C는 언제 어디서나 사용할 수 있어야 하는 컴퓨팅과 어떤 장치와도 통신이 가능해야 하는 커뮤니케이션을 어떠한 장치에서도 이동 중에 항상 일정하게 연동될 수 있는

❖ 표 10-1_ 유비쿼터스 컴퓨팅의 지향점

5C	5Ang
Computing	AnyTime
Communication	AnyWhere
Connectivity	AnyNetwork
Contents	AnyDevice
Calm	AnyService

사용자가 요구한 콘텐츠를 제공할 수 있어야 한다. 이러한 개념의 콘텐츠와 모든 장치들은 네트워크에 접속되어 있어야 하고 인간과 조용하고 편안하게 직접 커뮤니케이션을 한다는 것으로 설명할 수 있다. 5Any는 언제 어디서나 어느 장소에도 구애받지 않고 사용자가 원하는 서비스를 어떠한 단말기로도 서비스를 받을 수 있다는 의미이다.

② 유비쿼터스의 특징

유비쿼터스는 언제 어디서나 존재한다는 방대한 어원적 의미를 가지고 있지만, 그것이 유비쿼터스 기술로만 끝난다면 현존하는 정보기술과 다를 것이 없다. 유비쿼터스는 인간 중심 시스템이므로 인간을 위한 환경으로 볼 수 있다. 유비쿼터스는 실생활에 적용 가능해야 한다는 것이 유비쿼터스의 첫 번째 원칙이기도 하다. 즉, 유선, 무선, 통신, 방송을 불문한 다양한 네트워크상에서 PC는 물론 휴대전화, PDA, 비디오게임, 네비게이션, 정보가전 등 소위 모바일 정보기술 기기가 IPv6로 접속되어 상시 접속 인터페이스에 의해 자유롭게 콘텐츠를 쌍방향으로 주고받는 환경으로 볼 수 있다.

◌ 유비쿼터스의 3가지 특징

① 마크 와이저는 "네트워크에 접속되지 않은 컴퓨터는 유비쿼터스 컴퓨팅이 아니다."라고 할 만큼 네트워크 접속은 필수적이다. 즉, 무선으로 장비들이 연결되어 있어서 어느 곳에서나 정보를 제공할 수 있는 환경이어야 한다.

❷ 컴퓨터가 보이지 않고 물체에 내장되어 있어서 컴퓨터를 사용하고 있다는 것을 인식조차 하지 못한다. 키보드 등과 같은 조작물이 없이 환경을 인식하여 작동하여야 한다. 유비쿼터스의 환경은 눈에 보이지 않는 것과 같이 일상의 일부가 되는 것이다.

❸ 상황에 따라 제공되는 서비스가 변하는 것이다. 이용자의 상황에 맞추어 컴퓨터가 스스로 제공하는 서비스를 변화시킬 수 있는 능력을 만들어주는 특징이 있다. 예를 들면, 조명시스템이 날씨가 흐린 날을 인지하면 실내의 조명을 더 밝게 해주고 밝은 날은 실내의 조명을 더 어둡게 해주며, 사람의 건강상태를 인지하여 알맞은 온도로 조절해주는 온도조절시스템도 상황인지 서비스의 한 예이다.

유비쿼터스의 핵심 중의 하나는 컨버전스◉22 환경이다. 컨버전스는 융합 또는 통합이라는 의미로 해석되며, 서비스를 제공하기 위한 기술 또는 물리적 네트워크 인프라의 융합, 서비스 사업자 간의 인수 합병을 통한 사업 영역 및 서비스 범위의 확대, 개별적인 서비스의 통합, 단일 접속 단말기를 통해서 다양한 서비스에 접속할 수 있는 단말기의 융합 등을 모두 포함한다.

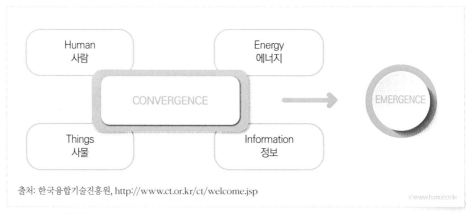

출처: 한국융합기술진흥원, http://www.ct.or.kr/ct/welcome.jsp

🌙 그림 10-2_ 융합기술 Convergence Technology

📍22 정보·통신 디지털 기술이 발전하고 전송망의 대역이 넓어지면서, 통신과 방송으로 나누어졌던 콘텐츠나 네트워크 따위의 경계가 무너지고 통합되는 현상
출처: 네이버 사전

디지털 혁명은 3단계의 발전단계로 볼 때, 제3단계인 유비쿼터스 혁명은 디지털화로 인한 융합 추세가 확산되면서 자기중심on-demand으로 한 디지털 환경으로 발달할 것이다.

디지털 혁명의 대표적인 사례는 휴대전화이다. 휴대전화로 TV, 영화, 영상을 언제 어디서나 접속하여 볼 수 있다. 휴대전화로 인하여, 앞으로는 "영화를 보러 가는 것이 아니라 접속하는 것이다."라는 관점으로 변화될 것이다. 이미 휴대전화는 통화를 기본으로 문자, 영상, 카메라, 게임, DMB 등 수많은 디지털 기능들과 융합되어 사람들의 라이프스타일에 변화를 주고 있다. 〈그림 10-2〉는 융합기술을 통합적으로 표현하였다. 융합기술은 NT[23], BT, IT 등 신기술 간 또는 이들과 기존 산업, 학문 간의 상승적인 결합을 통해 새로운 창조적 가치를 창출함으로써 미래 경제와 사회, 문화의 변화를 주도하는 기술이다. 융합과 복잡성의 시대에서 경쟁에 이기기 위한 핵심은 IT, BT, NT 등의 단일 첨단기술인 것이다. 기술의 융합이 아닌 융합의 기술, 즉 융합을 통한 새로운 기술이 중요하다는 의미이다. 혼돈과 복잡성의 원리로 움직이는 세상의 문제해결과 새로운 창조에 필요한 것이 융합기술이라는 것이다.

23 나노기술 NT nanos: 나노는 난쟁이를 뜻하는 그리스어 나노스nanos에서 유래하였다. 1나노초ns는 10억분의 1초를 뜻한다. 1나노미터nm는 10억분의 1m로서 사람 머리카락 굵기의 10만분의 1, 대략 원자 3~4개의 크기에 해당한다. 나노기술은 100만분의 1을 뜻하는 마이크로를 넘어서는 미세한 기술로서 1981년 스위스 IBM 연구소에서 원자와 원자의 결합 상태를 볼 수 있는 주사형 터널링 현미경STM을 개발하면서부터 본격적으로 등장하였다.

3 유비쿼터스 컴퓨팅 관련 기술

유비쿼터스 컴퓨팅 기술의 발전은 컴퓨터의 내재화와 이동성에 있다고 볼 수 있다. 컴퓨터의 내재화는 사람이 인식할 필요가 없는 컴퓨팅의 구현이다. 예를 들면, 자동차에 컴퓨팅의 내재화 기능이 있다면 강수량을 자동으로 감지하여 자동차의 와이퍼가 작동한다든지, 주변이 어두워지면 자동으로 헤드라이트가 켜지는 것이다. 자동차뿐만이 아니라 TV나 세탁기에도 컴퓨팅의 내재화 기능을 통해 사용자가 인식하지 못해도 기기들이 작동할 수 있다. 유비쿼터스 컴퓨팅 관련 기술은 다음과 같다.

1 RFID Radio Frequency Identification

정보화가 인류문명의 기반인 물리적 공간으로부터 이탈하려는 패러다임이었다면·유비쿼터스화는 정보화 세상의 모든 문제를 해결해 줄 수 없다는 한계를 인식하고 물리적 공간으로 다시 회귀하려는 패러다임이다. 유비쿼터스 컴퓨팅의 가장 대표적인 기술이 RFID이다. RFID는 "언제 어디서나 존재한다."라는 유비쿼터스의 어원을 재현해 놓은 기술이라 할 수 있다. RFID는 주파수를 이용해 사물에 부착된 태그 정보를 인식, 관련 정보를 주고받을 수 있도록 하는 기술인 전자태그라 할 수 있다. RFID는 바코드

출처: www.google.com. image

 그림 10-3_ RFID Tag & Wireless Bluetooth RFID Reader

시스템의 단점을 보완한 차세대 기술이라고 할 수 있다. 바코드는 가격이 매우 저렴하면서 실용적으로 사용할 수 있지만, 저장능력이 없고, 다시 사용할 수 없는 한계를 가지고 있다. 이러한 점을 해결한 것이 일상생활 속에서 사용되는 접촉 스마트 카드교통카드, 은행카드 등이다. 교통카드와 같은 스마트 카드도 기계적인 접촉을 해야 하는 불편한 점이 있기 때문에 접촉의 문제점을 해결한 것이 비접촉 ID 시스템인 RFID다. RFID는 무선 인식으로도 불리며 반도체 칩에 저장된 데이터를 무선 주파수를 통해 비접촉으로 읽어내는 기술을 말한다. 다른 시스템들과 비교했을 때 RFID의 강점은 눈에 보이지 않아도 인식이 되고 접촉이 필요 없다는 것이다. 또한, 여러 태그의 동시 인식이 가능하며 바코드보다 더 많은 데이터를 저장할 수 있고 수정도 가능하다. 기본적으로 RFID 시스템은 데이터를 저장하고 있는 태그Tag와 태그에서 송신하는 정보를 받아 판독하고 호스트 컴퓨터에 전달하는 리더reader, 태그와 리더 간의 무선 신호 전송을 수행하는 안테나antenna, 그리고 리더로부터 받은 정보를 처리하는 호스트 컴퓨터로 구성된다. 〈그림 10-3〉은 RFID의 Tag와 Wireless Bluetooth Reader이며, 〈그림 10-4〉는 기본 RFID 시스템의 원리를 보여주고 있다.

출처: KOTRA 해외시장 뉴스, 2020.9.17.

🖱 그림 10-4_ 기본 RFID 시스템

1945년에 Léon Theremin은 추가 오디오 정보와 함께 입사 전파를 재전송하는 소련용 청취 장치를 발명하였다. 음파가 진동판을 진동시켜 반사된 무선 주파수를 변조하는 공진기의 모양을 약간 변경하였다.

이 장치는 식별 태그가 아닌 은밀한 청취 장치였음에도 불구하고 수동적이고 에너지가 공급되고 외부 소스의 파동에 의해 활성화되었기 때문에 RFID의 전신이라고 할 수 있다. 제2차 세계대전 당시 연합군과 독일은 Identification friend나 적의 트랜스 폰더와 같은 유사한 기술을 사용하여 항공기가 우호적인지 적대적인지 확인했다. 트랜스 폰더[24]는 여전히 대부분의 항공기에서 사용되고 있다. 그 이후에 RFID는 기술적인 측면에서 향상되면서 1973년 Los Alamos National Laboratory의 Steven Depp, Alfred Koelle 및 Robert Frayman이 반사 전력변조된 후방 산란 RFID 태그수동 및 반수동의 초기 시연을 수행하였다. 이 기술은 오늘날 대부분의 UHFID 및 마이크로파 RFID 태그에서 사용되고 있다

현재 RFID는 금융 및 보험업에서 가장 많이 사용하고 있다. 현재 사업체에서 가장 많이 이용되는 RFID 서비스는 '신원확인60.6%'이고, 다음으로 '재고관리35.2%', '제품분류17.1%', '화물수송추적14.0%' 등의 순인 것으로 나타났다. 이러한 RFID의 효과는 '처리시간 단축 및 프로세스 속도 향상57.3%', '비용절감37.7%', '고객관리 개선28.2%', '사업의 투명성 제고25.7%' 등의 순으로 나타났다. 이를 볼 때 RFID 시장은 모바일 시장을 포함한 무선기술 분야에서 가장 빨리 성장하는 디지털 분야로 볼 수 있다. RFID가 이용되는 분야는 출입통제시스템, 교통, 자동차 도난방지, 수하물 처리, 동물 추적, 실시간 위치 확인시스템 등이 있다. RFID는 주파수에 의해 정보가 전달되는 무선 주파수의 약어이고, 이러한 총체적인 것을 RFID 시스템으로 볼 수 있다.

---

24 트랜스 폰더transponder는 TRANSmitter송신기와 resPonder응답기로부터의 영어 복합어로서 수신된 전기 신호를 중계 송신하거나, 수신 신호에 어떠한 응답을 돌려주는 기기의 총칭이다. 항공에서 트랜스 폰더는 라디오 주파수를 통해 상호 문의를 통하도록 제공하는 전기장치로서 항공기에서 상대 비행 물체를 식별하여 공중 충돌을 방지하는 시스템의 일부이다.

② 산업에서 RFID 활용 사례

1) 모바일 RFID

핸드폰 광고의 RFID는 와인이나 영화 포스터에 휴대폰을 갖다 대면, RFID 태그를 인식할 수 있는 리더기가 장착된 휴대폰을 통해 해당 코드를 인식하고 이 코드와 부합되는 관련 정보를 무선 인터넷으로 고객에게 제공할 수 있다. 이렇듯 모바일 RFID의 서비스는 사물의 식별 정보를 가지고 있는 태그와 리더기가 장착된 휴대전화에 인식된 정보를 바탕으로 이동통신망과 인터넷망을 통한 콘텐츠에 관련된 각종 서버를 통해 정보를 송수신하게 된다.

모바일 RFID를 이용한 사례 중 'U-뮤지엄'은 국립중앙과학관과 국립서울과학관을 대상으로 전시물에 RFID를 부착하고 관련 정보를 휴대폰으로 제공하는 것이 기본 틀이다. 모바일 RFID의 활용을 통해서 전시관 관람객들은 편안하게 전시 관련 정보를 휴대폰으로 제공받을 수 있다. 특히 유물 유적에 RFID 태그를 부착하고 RFID 리더 탑재 단말기로 읽어 네트워크와 연결 관련 정보를 디스플레이한다든지 무선 인터넷을 이용하여 위치 기반으로 맛집 관광지 정보를 검색할 수 있거나, 또는 텔레매틱스를 이용하여 관광지에서의 길 안내와 함께 다양한 관광정보를 제공하는 등 다양한 매체를 기반으로 한 유비쿼터스 관광정보 서비스가 구축 운영되고 있다.

RFID의 상용서비스로 맥도날드 매장에서 주문과 결제를 휴대폰으로 하는 '터치오더' 서비스와 교보문고의 '터치북서비스'를 시작했다. '터치오더'는 맥도날드 매장 내 테이블에 설치된 외장형 RFID 리더기와 메뉴태그에 휴대폰을 대면 메뉴를 주문하고 결제할 수 있는 서비스로 음식이 나올 때까지 서서 기다릴 필요가 없다는 것이 장점이다. '터치북서비스'란 교보문고에서 무료로 빌려주는 외장형 RFID 리더기를 휴대폰에 연결한 뒤 책에 붙어 있는 전자태그에 갖다 대면 각종 도서정보를 읽을 수 있고 결제도 할 수 있는 서비스이다. 그 밖에 모바일 RFID를 통해 디지털 콘텐츠를 쉽게 이용할 수 있는 'U-포털'도 있으며, 음반에 붙어 있는 RFID에 휴대폰을 대면 해당 음반의 노래 샘플이 무선 인터넷을 통해 휴대폰으로 전송되는 서비스 등 다양한 영역에 모바일 RFID가 활용되고 있다. 스마트폰과 같은 스마트 미디어는 이동성과 접근성을 높여

주어 디지털 시대의 새로운 매체로 각광받으며 관광 영역의 새로운 변화를 선도하고 있다.

2) 항공수하물 관리

최근 전 세계적으로 항공수하물관리에 RFID의 적용이 확산되고 있다. 그 이유는 재정적인 부분과 고객에 대한 서비스 향상 그리고 보안의 문제점을 들 수 있다. 일반적으로 RFID는 규모가 큰 공항의 경우즉, 대형 항공기가 이착륙할 수 있는 공항 400명 이상의 승객을 수용할 수 있는 항공기들의 운항을 지원하고 있다.

각 승객이 20kg 정도의 수하물을 접수한다고 가정하면 항공기가 게이트에 인도되어 출발을 위해 머무는 한정된 시간 이내에 항공기 한 대당 8톤에 가까운 수화물이 접수, 검색 등 분류된 뒤에 각 항공기에 적재되어야 한다. 이러한 경우 작업자에 의한 실수와 바코드의 낮은 인식률로 인한 수하물의 연착과 분실은 서비스의 질을 저하시키며 공항 이미지를 크게 실추시킬 수 있다. 일시적인 수하물의 분실 처리비용은 평균적으로 150불 이상의 비용이 드는 것으로 나타났다. 미국의 5대 항공사인 델타항공의 경우 연 1억불 이상의 비용이 분실이나 지연된 수하물처리에 사용되고 있다. 이와 같은 현실 때문에 RFID 기반의 수하물관리 프로세스를 구축하는 데 항공사와 공항들이 RFID 기술

출처: 비아이뉴스, 2019.1.29.

🔊 그림 10-5_ 항공수하물 RFID

에 관심을 갖기 시작했다. 미국 라스베이거스의 맥캐런 국제공항, 일본 나리타공항, 델타항공 등 공항과 항공사에서 도입하여 운영하고 있다.

2019년 국제항공운송협회(IATA: International Air Transport Association)의 보도 자료에 의하면 2018년 한 해 발생한 수하물 사고는 2천 5백만 건에 육박하며, 이 수치는 추적시스템의 효율성이 개선되지 않는 한 향후 20년 안에 2배로 증가할 수 있다. RFID의 인식률은 99.98%로 바코드보다 월등히 높다. 항공사는 수하물 사고가능성이 있을 경우 첨단 수하물 상태 알림 표준을 통해 선제조치를 취할 수 있다. RFID 기술과 첨단 수하물 상태 알림 표준을 함께 사용하면 수하물 사고율을 최대 25% 낮출 수 있다. IATA는 항공사 대상으로 RFID 기술 기반 수하물 처리 인프라를 구축하고, 첨단 수하물 상태 알림 표준을 이행할 것을 촉구하는 한편, 지상 조업사에게는 수동 추적 작업을 가능한 한 RFID 기술로 대체할 것을 요청했다.

3) 항공권 발권

루프트한자의 '티켓 없는 여행(Ticketless Flying)' 프로젝트의 일환으로 RFID 시스템을 이용하여 일반 여행객 모두가 새로운 RFID 시스템인 'Chip Card'를 이용하는 스마트 카드 제도를 운영하고 있다. 스마트 카드는 루프트한자의 중앙컴퓨터와 연결되어 기존의 종이티켓과 승차권을 대체하고 있다. 승객의 입장에서 이 시스템은 다음과 같이 운영된다. 카드 소지자는 여행사를 통하여 전화로 항공편을 예약하고, 개인 카드번호를 알려준다. 새로운 카드로, 출발 한 시간 전까지 예약이 진행된다. 전자티켓은 개인정보 및 비행정보를 포함하고 있고, 이 정보는 루프트한자 컴퓨터에 저장된다. 공항에서 확인하기 위하여 마지막 1분까지 스마트 카드 소지자는 자신의 RFID가 내장된 카드를 Chip-In 터미널에 판독시킨다.

보통 이러한 절차는 가방에서 카드를 꺼내지 않고도 처리가 가능하다.

시스템은 예약을 확인하고 비행정보가 스크린에 나타난다. 이때 승객은 지정된 좌석을 포함하여 추천된 항공을 선택하거나 또는 터치스크린으로 다른 영수증을 받는다. 이러한 절차를 승객이 확인하는 데 10초 미만이 걸리며, 터미널에서 줄을 서서 기다리

는 것을 방지한다. 탑승 게이트에 도착하여 단지 칩 카드를 다시 한번 판독시키고 승차하면 된다.

　지상에서의 시간이 단축되고 예약 확인이 짧고 편리하며 운영방법이 간단하다. 무엇보다도 승객들이 셀프서비스로 진행하여 확인 및 처리 시 소요되는 시간과 인건비를 상당히 줄이고 있다. 또한, 간단한 예약 통보로 지상에서의 시간을 많이 줄여주므로 대체 여행 수단과 비교하여 경쟁력을 강화시키고 있다.

4) 전자여권

　세계 각국은 여권의 보안성 강화를 위해 국제민간항공기구 ICAO의 권고에 따라 얼굴, 지문 정보 등 바이오정보biometric data를 수록한 집적회로 칩IC Chip이 내장된 전자여권ePassport을 도입하였다. 전자여권e-passport은 바이오정보를 내장한 집적회로IC: Integrated Circuit 칩이 탑재된 기계판독식 여권MRP; Machine Readable Passport이다. 전자여권 도입 시 외형상 현행 사진전사식 여권과 큰 차이는 없으며, 다만 여권의 뒤표지 속에 전자 칩이 내장되어, 여권번호 및 인적사항이 등 신원정보면data page에 기재되어 있는 정보와 바이오정보가 기록된다. 이러한 전자여권은 비접촉식 contactless 전자 칩을 내장하고 있으며, 전자여권에 내장된 칩은 비접촉식으로서 칩의 정보는 5cm 이내 근거리에서 특수 판독장비에 의해서만 열람이 가능하여 개인정보 유출가능성이 거의 없는 것으로 알려져 있다.

　여권 전자서명체계 PKIPublic Key Infrastructure를 적용하여 칩의 위·변조 및 개인정보 유출을 방지하기 위한 일환으로 각 여권에 고유한 열쇠 기능을 수행하는 여권 전자서명인증체계을 적용하고, 국제민간항공기구 ICAO를 통해 각국 출입국심사 당국이 이를 활용함으로써 여권의 진위가 확인된다. 전자여권 로고는 국제민간항공기구 ICAO에서 제정한 국제 로고로서, 여권에 전자 칩이 내장되어 있는 것을 의미한다.

　이러한 전자여권의 바이오정보는 얼굴과 지문 등 개인의 특성을 식별해 줄 수 있는 고유 생체정보로 기록된다. 국제민간항공기구 ICAO가 제시한 전자여권에 안면얼굴 정보를 필수 수록사항으로, 지문 및 홍채 정보를 선택요소로 규정하고 있다. 전자여권 도입은 여러 가지 문제점인권, 위변조, 보안 등을 갖고 있지만, 무인 출입국심사대auto-gate에서 여권소지인의 진위확인이 신속하게 이루어져 여행객의 입장에서는 출입국이 편하게 될 것이다.

5) 전시안내서비스

기존의 박물관이나 미술관에서 어려운 용어와 간략하게 설명되어 있는 정보를 텍스트, 영상, 음성 등의 형태로 관람객에게 제공해 왔다. 이러한 전시관이 RFID 환경으로 구축될 경우, 소장품 전시 및 관리가 효과적으로 운영될 수 있다. 예를 들어, 휴대용 단말기를 통해 관람객이 원하는 정보를 보다 상세하게 영상, 음성, 이미지 형태로 정보를 제공받고, 이러한 정보를 저장하거나 다른 사람들에게 메일을 통하여 전송하거나 공유할 수 있다. 관리자도 소장품에 RFID 태그 정보를 통하여 입고일자, 출고일자, 보존온도, 습도, 조도 등을 효과적으로 통제할 수 있게 된다.

6) 의료 RFID

대형 병원이나 사람이 붐비는 의료기관에서는 의료기기나 의약품이 분실되거나 필요에 따라 곳곳으로 옮겨질 수 있기 때문에 철저한 관리가 필요하다. 특히 COVID-19로 인해 폭발적으로 증가한 환자를 치료하기 위해 촌각을 다투는 의료진에게 없어진 의료용품을 찾으러 다니는 것만큼이나 부질없고 시간 낭비인 것은 없을 것이다. RFID 기술은 의료용품의 위치나 마지막 사용장소를 추적하는 데 효율적으로 사용될 수 있다. 의료용품마다 RFID 태그를 부착하고 RFID 리더를 각 병실 천장에 설치하면 의료용품의 위치를 실시간으로 확인할 수 있다. 혹은 RFID 리더를 구역마다 설치해 의료용품의 마지막 사용처를 알아낼 수도 있다. 또한, 실시간으로 재고 확인도 가능해 부족한 의료용품을 미리 주문할 수 있도록 돕는다.

재사용이 가능한 의료기기의 경우 세척과 소독이 필수적이다. COVID-19처럼 사람과 사람 간의 전염이 가능한 질병의 경우 재사용되는 의료기기가 언제 세척됐고 언제소독이 됐는지 확인하는 것이 매우 중요하다. RFID 기술을 활용한 의약품 재고 관리솔루션을 개발해 400여 개 병원에 제공해 온 '키트 체크kit check'는 COVID-19 사태 이후 의약품 트레이가 재사용되기 전에 소독됐는지에 대한 정보를 제공하는 기능을 추가

했다. 팬데믹 최전선에서 사투를 벌이는 의료진의 병원 내 감염을 최소화하기 위한 프로토콜의 일환이었다. 그러나 아직 갈 길이 멀다. 의료기기의 세척과 소독 과정에는 물과 고온이 동반되는데, 대부분의 RFID 태그는 방수기능이 없을 뿐만 아니라 극도의 열을 견뎌내지 못하기 때문이다.

한편, 환자관리에 있어서도 환자의 의료기록과 병력을 RFID 태그에 저장하면 태그를 통해 환자의 예방접종 기록, 임신 기록, 알레르기 등의 정보를 의료진이 알 수 있다. 환자의 테스트 샘플, 환자를 치료한 의료진, 사용된 장비 및 의료용품, 치료 중에 생긴 의료 폐기물 등의 다양한 항목과 정보를 추적하여 환자의 회복 진행 상태를 알 수 있고 환자가 올바른 약품을 받을 수 있도록 보장해준다. RFID를 사용하게 되면 환자의 등록 절차 역시 직접적인 접촉 없이 빠르게 이루어질 수 있다. 특히 지금과 같은 COVID-19로 인한 팬데믹 사태에서 환자와 의료진의 접촉을 최소화할 수 있다.

상기에서 살펴본 바와 같이 RFID 사업은 다양한 분야에서 활용되며 최근에는 모바일 영역으로까지 확대되면서 유비쿼터스 컴퓨팅 시대의 새로운 블루칩으로 떠오르고 있다.

③ 유비쿼터스 컴퓨팅 기술을 활용하는 장치들

유비쿼터스 컴퓨팅은 어디에나 있다. 스마트 워치에서 자율주행차에 이르기까지 현대 생활의 대부분은 유비쿼터스 컴퓨팅 지향적 사고방식의 일부라 할 수 있으며 유비쿼터스 컴퓨팅 장치의 양은 날로 증가 추세에 있다. 인공지능은 유비쿼터스 컴퓨팅의 한 부분을 차지하고 있으며 어디에나 있는 유비쿼터스 컴퓨팅 애플리케이션은 우리 삶의 배경에서 늘 작동하고 있다. 가장 좋은 사례는 다음과 같다.

- 신체 활동 추적 장치 NEST
- 스마트 시계 Apple Watch 또는 Fitbit
- 스마트 스피커 Amazon Echo, Google Assistant 또는 Apple HomePod
- 자가운전 자동차 Self-driving car
- 스마트 전구 Smart Light Bulb
- 스마트 잠금장치 Smart Lock

신체활동 추적장치 Google NEST Home Device, Track
Body Activity in Bed

스마트 시계
Apple Watch / Fitbit

스마트 스피커, Amazon Echo

자가운전 자동차
Google Self-driving car

스마트 전구 Smart Light Bulb

스마트 잠금장치 Smart Lock

출처: www.google.co.kr image

🌙 그림 10-6_ 생활 속의 유비쿼터스 컴퓨팅

특히 최근에는 자율주행 자동차에서 스마트 전자시스템에 의존하는 도로 통행료 시스템에 이르기까지 유비쿼터스 컴퓨팅 기술 분야는 수요가 증가하고 있다. 보다 원활한 작업을 수행하기 위해 기술이 사용되는 곳이라면 어디에서나 유비쿼터스 컴퓨팅이 중심 사고 프로세스가 되고 있다. 한편, 유비쿼터스 컴퓨팅 시스템과 호환되는 장치의 범위는 광범위하다. 유비쿼터스 컴퓨팅 기술을 통해 스마트폰은 홈 자동화 시스템 및 기타 유비쿼터스 애플리케이션의 제어를 할 수 있으며 사용자가 어디에 있든 다양한 기기에서 데이터에 원활하게 액세스할 수 있는 Apple의 iCloud와 같은 서비스는 유비쿼터스 컴퓨팅 패러다임의 한 부분이다. 또한, 유비쿼터스 컴퓨팅은 사물인터넷에도 큰 영향을 주고 있다. 사물인터넷인 IoT Internet of Things는 새롭게 떠오르고 있는 기술의 돌파구가 되고 있는데 지난 몇 년간 SMAC Sociall, Mobile, Analytic, Cloud 기술의 개발 및 활용으로 향후 IoT의 높은 성장을 기대할 수 있다. 실제로 전문가들은 2020년까지 300억 개 이상의 개체가 인터넷에 연결될 것으로 예상하고 있다.

4 유비쿼터스 컴퓨팅의 개인·사회적 영향

유비쿼터스 기술의 등장은 인류에게 보다 편리한 생활환경과 문화환경을 제공해 줄 것으로 기대된다. 또한, 유비쿼터스 기술이 확산되어 사용되기 시작하면서 우리 사회의 생활 모습에 혁신적인 변화를 가져오게 된다.

가정과 직장의 모든 기기는 물론이고 심지어 외딴섬에서도 유비쿼터스 기술이 활용된다. 그러나 이러한 유비쿼터스 환경으로 전환되는 시점에서 고려해야 할 8가지 법칙을 살펴 볼 필요가 있다.

- 컴퓨터 중심적인 컴퓨팅이 아닌 인간 중심적인 컴퓨팅이 구현되어야 한다.
- 인간의 본질에 대한 정의가 확립되어야 한다.
- 디지털 분열 digital divide이 아닌 디지털 융합 digital convergence이 되어야 한다.
- 인간 중심형 컴퓨팅이 이루어져 인간과 인간 간의 의사소통을 높일 수 있어야 한다.

- 사업을 위한 비즈니스 모델 안에 인지 심리학과, 지각 심리학이 결여되어선 안 된다.
- 기존의 환경을 고려하여 설계되어야 한다.
- 현실세계에 존재하는 모든 사물에 대한 정보가 동시에 웹상에 존재하여야 한다. real wide web.
- 자신을 대표할 수 있는 단말기가 지능화되어야 한다.

유비쿼터스 컴퓨팅은 단일한 기술이 아니라 다양한 기술의 조합이기 때문에 일종의 묶음 효과bundle effect 에 대한 사전적 고려가 필수적이다. 변화의 속도가 과거 어느 때보다 빠르고 그 효과를 예측하기 힘든 오늘날에는 다양한 요인을 고려하고, 어떤 일이 동시에 일어날 수 있는지를 장단기적 관점에서 살펴봐야 한다. 특히 유비쿼터스 컴퓨팅은 무엇보다도 개개인의 삶을 크게 바꾸어 놓을 것으로 보인다. 개인을 감지sensing하여 원하는 비주얼한 정보와 지식의 제공 및 교환과 공유가 가능해지지만 이로 인하여 개인을 추적tracking해낼 수 있는 능력 또한 확대되고 있다.

맞춤형 소비시스템

유비쿼터스 컴퓨팅으로 인하여 환경이 개개인을 인식할 수 있게 됨으로써 개인의 맞춤형 서비스의 가능성이 높아지고 그로 인하여 소비자는 더욱 편리한 생활을 영위할 수 있게 된다. 쇼핑몰을 예로 하면, 매장에서는 모든 상품에 부착된 스마트 태그를 이용하여 소비자를 원하는 상품이 놓여진 진열대로 안내하거나, 소비자들에게 상품에 관계된 정보를 제공한다.

마켓에서는 스마트 쇼핑카트를 이용하여 쇼핑한 물건을 꺼내지 않고도 고객이 출구를 나서는 순간 자동적으로 금액을 계산하여 고객의 단말기에 통지하고 즉시 결제토록 한다. 2018년 아마존Amazon이 시애틀에 오픈한 아마존 고Amazon Go는 오프라인 식료품 매장이다. 아마존 고 앱을 켜고 매장 입구를 지나가게 되면 고객을 자동으로 인식한 후 매장 선반 위에 원하는 제품을 담아 계산을 하지 않고 매장을 나오면 자동으로 계산이 이루어진다.

매장 입구를 지나가면 아마존 계정으로 고객을 자동으로 인식하고 카메라와 센서로

어떤 물품이 선반에서 꺼내졌는지를 추적한다. 쇼핑금액은 아마존 계정으로 청구된다. 아마존 고는 RFID를 포함한 다양한 기술을 사용해 고객이 진열대에서 상품을 가져온 시점을 감지한 다음 손에 들고 있는 장치에 데이터를 동기화하는 기술을 활용하였다.

유비쿼터스는 개인 지향적인 환경으로 이용자가 요구하는 정보들, 뉴스, 기상정보, 학습정보, 업무 관련 정보들을 실시간으로 제공해 줌으로써 상황과 환경에 따른 분석과 판단을 도와주며, 이 정보들을 조합하여 보다 나은 지식을 제공할 수 있도록 지원한다.

◯ 보안시스템

기술이 발달되어감에 따라 '안전·보안'에 대해서는 절대적인 양면성이 공존하게 되었다. 즉, 기술로 인하여 보안시스템이 더욱 강화되어 가면서 기술의존적 사회시스템으로 인하여 작은 실수에도 시스템 전체가 파괴될 가능성이 높아졌다. 언제 어디서든 무엇으로든지 네트워크 접속이 가능하게 되어 이용자를 인식하고 안전하게 접속 가능하도록 인증하기 위해서는 개별적인 'user identity module'이 필요하다.

따라서 바이오기술과의 접목, 즉 생체인식이 활발해질 것으로 전망된다. 현재 일반적으로 이용되고 있는 생체인식은 지문인식이나 향후에는 얼굴, 홍채 등에 의하여 이용자 인증이 가능하게 될 것이다. 이미 패스포트에 부착된 IC칩에 얼굴 사진 데이터를 기록하고 입출국 수속 시에 촬영한 얼굴 사진과 대조해 인증, 확인하는 전자여권시스템을 예로 들 수 있다. 이와 같이 생체정보 등을 활용함으로써 이용자와 시스템 사이의 보안이 더욱 강화될 것이나, 개인에 대한 정보와 기업과 사회의 다양한 정보들이 더 많이 흘러다니게 될 네트워크는 그만큼 보안의 중요성과 위험성이 더욱 커지게 되었다.

5 유비쿼터스와 관광

유비쿼터스 컴퓨팅은 필요한 유연성을 제공하여 사람들의 일상을 변화시키고 있다. 언제 어디서나 누구와도 교류할 수 있다. 유비쿼터스 컴퓨팅 U-business 기반 비즈니스는 새로운 패러다임으로 부상하고 있다. 유비쿼터스 컴퓨팅 기술을 여러 비즈니스 분야에 적용 가능하며 특히 유비쿼터스 환경에서 관광산업에 적용될 수 있는 분야는 다양하다. 향후 디지털 관광의 핵심은 유비쿼터스와 관광의 접목으로 볼 수 있다. 유비 쿼터스 환경에서는 관광지정보, 문화유산정보, 지역축제, 관광시설, 전통문화 등을 다양한 형식과 형태로 편리하게 이용할 수 있다. 이러한 정보들은 이용객이 휴대하고 있는 휴대단말기를 통해, 집에서 홈 네트워크를 통해, 자동차를 타고 이동 중에는 텔레매틱스 기술Telematics Technology ⦿25을 통해 정보를 검색하고 이용할 수 있다. 즉, 언제 어디에서나 내가 원하는 정보를 다양한 단말기를 통해 정보를 획득할 수 있게 된다.

이러한 환경인 유비쿼터스-관광ubiquitous-tour을 지능화, 네트워크, 플랫폼, 서비스 측면에서 분석할 수 있다. ① U-Tour는 관광지 기능과 관련된 다양한 상황을 지능적으로 관리하고 최적화하는 관광 기능의 지능화, ② 전자적 공간 구현의 기반이 되는 유무선 통신 네트워크 연결, ③ 언제 어디서나 보편적인 서비스 활용을 추구하는 공동 플랫폼 및 통합관리, ④ 유비쿼터스 기술이 접목된 실용적인 서비스를 추구하는 응용 서비스의 다양화와 상용화를 특징으로 한다.

1 U-tour

U-tour의 대표적인 특성은 지능화, 연결성, 상용화라고 볼 수 있다.

- 지능화는 도로 등의 관광지 인프라와 공항 등 관광지 기반시설 등을 유비쿼터스 환경으로 실시간 관리하면서, 관광지 기능의 지능화를 위해서는 ITInformation Technology, BTBio Technology, NTNano Technology 등 연계 사업이 복합적으로 활용되어야 한다.
- 관광지라는 물리적 공간을 전자적 공간으로 구현하는 네트워크 환경에서 관광에

⦿25 텔레매틱스는 '통신'과 '정보'의 합성어로 무선을 이용한 음성 및 데이터 통신과 인공위성을 이용한 위치정보시스템을 기반으로 자동차 내부와 외부 또는 차량 간 통신시스템을 이용해 정보를 주고받음으로써 텔렉스, 비디오 텍스, 팩시밀리 등과 같은 사용자 중심의 서비스를 제공하는 기술이다. 출처: 네이버 지식백과

관련된 모든 사람, 사물, 컴퓨터들을 끊임없이 묶어주는 것이 연결성이다. 또한, 누구든지, 어디서나, 언제라도 서비스를 이용하기 위한 공통 플랫폼이 필요하고, 안전하고 편리한 서비스 활용을 보장하기 위해 이를 전체적으로 조정하는 통합센터가 필요하다.

· 상용화는 실제 관광지의 기능을 전자적 공간에서 그대로 이용할 수 있는 서비스 구현 공간관광지과 기능교통, 행정, 건강 등 측면에서 유비쿼터스 환경 구현이 가능한 것이다.

국내에서도 유비쿼터스 관광을 통한 안내서비스에 관심을 갖기 시작했다. 정보기술 기반으로 지역의 관광자원을 입체적으로 홍보하고, 개인별 맞춤형 관광안내 및 실시간 관광정보를 제공하여 편리하고 경제적인 관광서비스를 구현하는 'u-Tourpia'를 실현하고자 몇 가지 사업을 진행해 왔다. 'u-Tourpia'는 부산이 중점적으로 추진하였는데, 관광자원·맛집·숙박 등에 대한 양질의 콘텐츠를 2,000여 개 제작하여 포털 웹사이트 및 콘텐츠를 대폭적으로 개편하고, 부산 전역의 주요 관광지 내 모바일 RFIDRadio Frequency Identification 태그를 부착하여 유비쿼터스 관광정보 제공 및 관광산업 마케팅이 가능하도록 하였다.

해운대를 중심으로 워킹투어를 위한 길 안내서비스, 시티투어 관광지 스토리텔링 등을 통해 개인별 문화관광해설사의 역할을 해줄 디지털 관광가이드 시스템을 구축하였다. 또한, 해수욕장을 배경으로 한 사진을 찍어 자신의 이메일로 보내거나 주변 맛집 등을 검색할 수 있는 등의 유비쿼터스 정보기술 기능을 활용한 'u-Tourpia'를 제공하고 있다.

유비쿼터스 환경에서의 관광안내 정보서비스를 살펴보면 관광객은 자택 또는 사무실에서 관광 관련 정보를 조회할 수 있으며, 자신에 맞는 관광안내정보를 제공받게 되며 자신의 일정에 맞는 맞춤형 일정 서비스를 받을 수 있다. 자신의 휴대용 단말기를 통해 숙박시설과 음식점 등을 예약할 수 있으며, 모바일 결제 등을 통해 비용을 결제할 수 있다. 공연·전시물에 대한 상세 정보를 휴대용 단말기를 통해 받을 수 있고, 이러한 정보를 관심 있는 다른 사람들에게 동영상, 텍스트, 이미지 등 다양한 형태로 보낼 수 있다. 또한, 수작업으로 진행해오던 관리도 유비쿼터스 기술을 이용하여 효율적으로 운영이 가능하다.

관광정보를 관리하기 위해 기본적으로 RFID 태그를 이용한다. 이 태그를 통하여 관리이력정보, 진동, 습도, 온도 등 세부관리정보와 방문객 수, 이용객 수 등 통계정보 등을 파악하여 실시간으로 관리자에게 정보를 전달한다. 이렇게 가능하게 될 수 있는 것은 관광시설물이나 관광지가 유비쿼터스 환경으로 구축될 경우에 활용될 수 있다.

2 U-Travel

유비쿼터스라는 용어가 파생어처럼 u-Society, u-Health, u-City, u-Business 등으로 새롭게 등장하고 있다. 관광에서도 'u-Travel'이라는 용어를 일부 언론과 연구자들이 사용하고 있다. 관광에 관련된 말 중에 "아는 만큼 본다."라는 말처럼 가장 중요한 요소는 '정보'이다. 그 목적이 배움이든 엔터테인먼트이든, 여가활용이든, 관광에 나선 사람들은 정보를 수집하고 활용한다. 여행객은 낯선 지역에서 길을 찾아가기 위해 길 안내를 필요로 한다. 이렇게 찾아간 관광지의 역사와 배경을 알고 싶어 하며 기본적인 인간의 욕구를 해결하기 위해서는 어디로 가야 하는지, 필요한 물건을 어디서 구입할 수 있는지, 나아가 어떠한 상품들이 있으며 이를 구입하는 데 얼마나 비용을 지불해야 하는지에 대하여 알고 싶어 한다.

이러한 상황에서 u-Travel은 관광객들의 정보에 대한 욕구와 결부되어 많은 관심을 가지게 되었다. 다음은 u-Travel에 관한 신문 보도 내용의 일부이다.

"u-Travel 안내시스템 구축사업의 주요 내용은 우선, 해당 지역의 특성을 고려, 관광지 정보, 지리정보시스템Geographic Information System 정보, 숙박·음식 예약 및 결제가 가능한 관광 포털사이트를 구축하는 것이다. 또한, 웹과 키오스크KIOSK, 모바일과 연동하여 관광정보를 제공할 것이다. 그리고 유비쿼터스 기반[26] 기술인 모바일 RFID를 이용하여, 관광안내 정보를 제공하고, 지속적인 서비스 확대를 위해 이동통신망을 이용한 관

26 키오스크KIOSK: 공공장소에 설치된 터치스크린 방식의 정보전달시스템

광안내 서비스를 구축할 계획이다. 이 밖에 시에서 석탄박물관 등 시범 지역의 관광자원에 RFID 태그를 부착하고, 이동통신망을 이용해 RFID를 인식할 수 있는 모바일, 또는 리더기를 통해 관광자원 정보를 제공하게 된다. 이와 함께 해수욕장의 특성을 살려 머드 축제 기간 등 성수기에 관광객이 해변에서 옷을 벗고 있어 지갑을 소유할 수 없을 때에도 간단한 먹을거리를 구입하거나 식당을 이용할 수 있는 전자지갑 시스템을 구축한다."

이러한 기사에서 볼 수 있듯이 유비쿼터스의 키워드는 '정보'이다. 위의 사례에 맞게 비즈니스 모델들을 살펴보면 다음과 같이 분류할 수 있다.

- 종합 관광 신디케이터 위치기반서비스 LBSLocation-based service, GPSGlobal Positioning System, RFID 기술을 이용한다. GPS를 기반으로 하여 소비자의 위치를 인식하여 실시간으로 관광지 주변, 음식점, 숙박시설 등의 다양한 정보를 이용자에게 제공한다. 여기서의 비즈니스 모델은 고급 정보 이용자들에게 정보 이용료를 부과하거나 업소들에게 우선순위의 추천정보 제공에 대한 광고료를 받는 형식으로 수익을 창출할 수 있으며, 휴대기기휴대폰, PDA, 내비게이션 등를 통한 멀티미디어 서비스를 제공할 수도 있다.

- 개인 맞춤형 호텔 서비스 고객 데이터베이스와 정보시스템을 통해 차별화된 서비스를 한다. 예를 들어, 고객이 서비스를 받는 과정에서 다양한 정보를 수집하고 이를 분석하여 예측형 맞춤 서비스를 제공한다. 목욕물 서비스, 룸 서비스, 모닝콜 등의 서비스를 커스터마이즈customize하거나 주변 관광과의 연계 등 다양한 고객 맞춤형 서비스 제공이 가능하다. 여기에 기술 제공의 서비스 요금이나 연계 서비스를 통한 수익 창출의 가능성이 있다.

- 개인 맞춤형 관광여행상품의 구성에 있어서 기본 패키지를 최소한으로 하고 개인이 기호에 맞게 추가 요소들을 넣어 개인화된 패키지를 구성한다. 필요한 경우 가이드가 활용이 될 수 있지만 RFID와 GPS를 활용하여 스스로 찾아갈 수 있도록 하면 패키지 관광의 가장 큰 단점인 가이드와 단체이동 문제를 해결할 수 있다. 개별 팀들의 이동과 가이드가 시스템에서 처리되고 모니터될 수 있다는 것이다. 이와 관련한 비즈니스 모델로는 관광상품 제공이나 이용 수수료를 통한 수익 창

출이 있으며 부대적으로 PDA 대여나 온라인 키오스크KIOSK 비즈니스를 구상할 수 있다.

· 실시간 on-the-go 예약 서비스 통합 사이트를 통해 항공기, 호텔, 음식점, 교통편, 관광지에 대한 이용 상태를 실시간으로 연계하여 파악하고 실시간으로 예약이 가능함으로써, 미리 계획을 세우고 예약하는 데 따른 불편함을 줄인다. 정보의 연계를 통한 통합시스템을 구축하여 비용과 시간 절감의 효과를 낼 수 있으며 소비자가 이동하면서 상황에 따라 예약을 하도록 하여 실시간으로 소비를 유도할 수 있다. 정보 이용료나 연계를 통한 수수료 등이 비즈니스 모델의 기반이 될 수 있다.

· 위치정보를 기반으로 하여 휴대용 기기에 다양한 상품정보를 제공하고, 구매 가능한 위치나 상품판매처, 재고상황 등을 쉽게 파악할 수 있도록 하여 소비자가 손쉽게 구매할 수 있도록 한다. 대형 쇼핑센터나 고궁, 유적지 등의 관광장소에서 물건이 어디에 있는지 RFID와 GPS를 이용해 알려준다면, 이용자에게 정보 제공에 대한 이용료를 부과하고 쇼핑센터나 기념품점에는 기술 제공이나 관리에 대한 비용을 부과하여 수익을 창출할 수 있다. 이러한 비즈니스 모델들에 관련되는 부대 아이템들로서 전자안내판, 정보관리 서비스, 정보필터링 서비스, 정보 분석 및 상품개발 서비스, 기기임대 서비스, 장비에 대한 보험, 인증 서비스 등이 있다. 향후 RFID 기술의 발전 정도가 유비쿼터스 사회를 얼마나 빨리 시작할 수 있을 것인가의 측정치가 되겠지만, RFID를 활용하여 축적되는 정보가 잘 구성되어 있고 이러한 데이터베이스들 간의 연계관계가 확립되어 있어야 보다 발전된 u-Travel 서비스를 제공할 수 있다.

3 U-City

유비쿼터스 도시 U-City란 첨단 정보통신 인프라와 유비쿼터스 정보 서비스를 도시공간에 융합해 도시생활의 편의증대와 삶의 질 향상, 체계적인 도시 관리에 의한 안전보장, 신산업 창출 등 도시 전반 기능을 혁신할 수 있는 21세기 정보통신 도시를 의미한다.

출처: https://www.nipa.kr 정보통신 산업진흥원

그림 10-7_ U-city

　　U-City는 u-교통, u-홈편리한 도시, u-방범정보 탐색활동·방재정보 탐색활동·시설관리안전한 도시, u-환경쾌적한 도시, u-보건정보 탐색활동·복지건강한 도시 등 다양한 서비스를 제공한다. 또한, 센서·태그·단말기와 같은 다양한 하드웨어와 미들웨어·플랫폼과 같은 소프트웨어, 그리고 통신 인프라와 응용 서비스가 접목되어 새로운 도시를 탄생시키고 있다.

　　이미 국내에서도 송도의 U-City, 부산, 포항, 구미, 광주, 제주, 강원에서도 유비쿼터스 도시화를 추진하고 있다. 이러한 송도 U-City는 u-교통, u-주거, u-Mall 등 미래 U-City 생활을 실제로 구현하게 된다. 최첨단 유비쿼터스 기술이 적용되는 도시로서, 다양한 로봇서비스를 실생활 속에서 24시간 제공받게 된다. 예를 들어, 방문자들은 u-Mall 등 어느 곳에서나 로봇으로부터 음식을 배달받아 결제할 수 있고, u-광장에서는 로봇이 제공하는 각종 엔터테인먼트를 즐길 수 있어 인간과 로봇이 공존하는 공간으로 조성될 것으로 보고 있다.

　　〈그림 10-7〉은 U-city의 구성요소를 제시하고 있다. 부산 광안리에 있는 관광안내소는 전국 최초로 운영되고 있는 무인 U-관광안내소이다. 관광안내소는 건물 안으로 들

어가지 않고 바깥에서 출입이 가능하도록 구조되어 있다. 무인 U-관광안내소는 터치패널이나 유비쿼터스 시스템 등에 익숙하지 않은 분들을 위해서 안내 지원이 되고 있다. 관광객들은 대형 멀티비전과 관광 관련 동영상을 통해 여행지 홍보에 대한 내용을 접할 수 있다. 관광지부터 축제, 맛집, 숙박, 최단거리 분석, 대중교통정보, 3D 항공사진 등 최신 정보를 제공받을 수 있다. U-관광안내소는 사진을 찍을 수 있는 포토존도 마련되어 있고, 출입구의 키오스크를 통해 고객 만족 설문조사에 참여할 수 있는 등 관광안내소의 역할을 넘어 관광객이 직접 참여하고 체험할 수 있는 하나의 문화공간으로 자리매김을 하고 있다.

스마트 도시로 혁신하고 있는 수원시는 스마트 도시의 조성을 위해 관련 서비스에 대한 포괄적인 조사를 통해 사업별로 축적된 데이터를 활용하고 있으며 다양한 욕구와 도시문제, 관련 사업 등의 정보들을 종합적으로 분석해 스마트 시티 수원 구상에 반영하였다. 역사·기술·사람의 스마트 포용도시 '수원'의 비전에는 살기 좋은 그린 스마트 도시 구현, 연계하고 융합하는 혁신 스마트 도시 구축, 오고 싶고 보고 싶은 열린 스마트 도시 조성 등의 목표가 담겼다. 우선 그린 스마트 도시는 자연 친화적인 녹색 도시를 구축하고, 그린 뉴딜 중심으로 스마트 환경 기술을 적용하는 방향으로 구현된다.

News! 네팔에서도 인공지능 기술활용 UBT 평가방식 전환 시작

한국산업인력공단과 엔에스데블이 손잡고, 네팔에서 외국인 근로자 선발을 위한 한국어능력시험 EPS-TOPIK을 UBT-AI 방식으로 전환하는 모의시험을 실시하였다. 온라인 비대면 평가기술 UBT 연구개발기업 ㈜엔에스데블 대표이사 이연주은 2020년 12월 17일부터

네팔 임시 UBT 시험장에서 모의시험에 참가한 네팔 정부 담당자들의 인공지능 감독관의 감독하에 EPS-TOPIK UBT-AI 시험 실시 현장 사진

20일까지 총 3일간 네팔 카트만두에 소재한 호텔에 모의 시험장을 설치하고, 한국산업인력공단 이사장 김동민의 감독하에 현지 기업과 공동으로 인공지능 기술이 탑재된 UBTUbiquitous-Based Test📍27 기술을 이용하여 총 7개 교실, 330대 규모의 모의시험을 실시하였다고 30일 밝혔다.

현지 관리를 맡은 한국산업인력공단 네팔 EPS센터는 COVID-19 확산 속 거리두기 강화 상황 및 대규모 확대 시험 시 장소와 시험기기의 제약으로부터 자유롭게 다양한 환경에서 시험을 실시할 수 있는 평가 환경 구축을 고려하고 있었으며, 4차 디지털 산업혁명에 발맞춰 첨단 인공지능 기술 등을 적극 활용하여 기존 컴퓨터 기반의 EPS TOPIK만으로 해결이 힘들었던 부정행위 방지와 응시자 인식 등의 한계를 혁신하기 위한 준비를 하는 과정에서 2020년 중순 한-네팔 기업 컨소시엄이 인공지능 기반 UBT 기술을 바탕으로 사업에 참여하여 본 사업이 실시되었다.

특히 네팔은 매년 EPS TOPIK 응시인원이 최대 9만여 명에 이를 정도로 한국어능력시험EPS-TOPIK에 대한 관심이 뜨겁고, 이를 통해 한국으로 유입되는 노동자가 적지 않은 상황이었는데, 한국산업인력공단 외국 인력국 관계자는 "차후 멀티미디어 문항과 같은 미래 평가 환경 구현을 위해 UBT 기술을 적극 활용하여 평가의 질적 향상을 추구하고, 현장에 맞는 시험시스템으로 고도화하여, 더욱 우수한 노동력을 한국에 보낼 수 있도록 하여, 한국 노동현장의 질적 향상이 있기를 기대한다."고 밝혔다.

현장에서 모의시험에 참여한 응시자들은 처음 접하는 인공지능 감독관의 가이드, 응시자 안면인식 입실 정책, 태블릿 기반의 시험 방식에 대해 새롭고 신선하다는 의견과 함께, 새로운 환경에 대한 적응이 필요할 것 같다는 의견을 보였으나, 대다수는 이미 스마트 기기에 대한 익숙함으로 인해 어색하거나 어렵지는 않다는 의견이 대다수였다.

📍27 UBTUbiquitous-Based Test는 시간과 공간의 제한을 극복하고 실무중심 평가방식으로 최적의 시험관리 지원체계를 제공한다.

기업 사례 & 실습

인공지능이 만드는 사람 중심의 스마트 시티

스마트 시티의 개념은 아직 명확히 정의돼 있지 않다. 일반적으로 스마트 시티는 도시에 사물인터넷IoT·인공지능AI·빅데이터 등의 기술을 접목해 각종 도시 문제를 해결하고 삶의 질을 개선할 수 있는 도시를 말한다. 스마트 시티의 가장 중요한 것은 '연결'이다. IoT는 도시를 인터넷에 연결하고 수집한 데이터를 분석해 도시 활동을 최적화한다.

스마트 시티는 IoT 응용의 하나이지만 스마트 홈과 자율주행 자동차를 포함하는 매우 큰 범위를 차지한다. 개인과 개인은 물론 가정과 가정, 사람과 도시 전체가 연결된 확장판이다. 사물의 범위가 도시이므로 매우 포괄적이다. 개별 가정과 도로·환경·도시 안전 등 모든 도시 인프라를 통신 네트워크로 연결한다. 따라서 4G·5G의 셀룰러망뿐만 아니라 저전력 광역 통신망LPWAN 기술인 로라 LoRA, 협대역 사물인터넷 NB-IoT 같은 통신기술을 이용해 급증하는 데이터를 안정적이고 빠르게 유통할 수 있다.

사물인터넷의 사물Thing은 'Internet of Things'를 우리말로 번역하면서 생긴 말이다. 여기에서 사물은 유형뿐만 아니라 가상의 사물을 모두 포함한다. 하지만 정말 중요한 것은 '어떻게 인터넷으로 연결할 것인가'보다 '왜 인터넷으로 사물들을 연결하는가'에 있다. 바로 사물의 지능화와 사물들 간의 정보 공유를 위해서다.

도시 곳곳에 설치된 센서를 통해 수집한 데이터를 클라우드에 모아 분석한 결과를 바탕으로 각종 서비스를 제공하는 일이다. 그렇게 되면 센싱 데이터 기반의 도시 지능형 서비스가 가능해진다. 즉, 도시 전체를 똑똑하게 만드는 것이다.

어떤 기술들이 필요할까? 우선 센서가 탑재된 다양한 디바이스들을 통해 의미 있는 센싱 정보들을 수집해야 하므로 센서와 상황 인지 기술이 있어야 한다. 그다음은 데이터를 전달하기 위한 네트워크 기술, 대량의 데이터를 처리하는 클라우드 환경과 AI·빅데이터 기술 그리고 지능형 플랫폼 기술이나 보안 기술이 있어야 한다. 마지막으로 사용자 중심의 응용 서비스 기술이 중요하다. 따라서 스마트 시티에 사용되는 기술은 여러 기술들이 정교하게 제어되는 커다란 제어시스템이라고 할 수 있다.

서비스는 크게 두 가지 유형으로 나눌 수 있다. 첫째, 개인 서비스다. 홈·자동차·헬스 등 개인 주변 생활 제품에 연결돼 개인의 삶의 질 향상에 관련된 것이다. 이는 개인의 안전과 편리한 삶을 위한 사용자 중심 서비스를 제공하게 된다.

둘째, 공공 서비스다. 이는 전력망의 공급자와 소비자 간 양방향, 실시간 전력정보를 교환해 에너지 효율을 최적화하는 스마트 그리드 사업이나 교통신호등·주차장 등에 센서를 설치해 지능형 교통관리 등을 지원하는 사업 등이 있다. 또한, 도시 데이터와 AI를 접목하면 재난 대응과 치안 효과를 높일 수 있다.

• AI가 핵심인 스마트 시티(U-City; Ubiquitous City)[28]

스마트 시티가 AI를 어떻게 활용하고 있는지 보여주는 좋은 사례는 영상 데이터를 활용한 감시 영역이다. 기존 도시들은 대부분 폐쇄회로 TVCCTV 시스템을 보유하고 있으므로 영상을 검색할 수 있는 클라우드 기반의 AI 시스템을 점점 더 많이 채택할 수 있다. 주요 시설물의 방범·관리 모니터링, 도로·교통 위험 상황 모니터링, 차량 운행·관리 모니터링이 이에 해당된다. 영상 데이터를 활용한 감시 영역에서는 보다 빠르고 보다 정확하게 상황을 판단하는 것이 매우 중요하다. 보다 정확한 상황 판단을 위해 이미지를 선명하게 개선하는 전처리pre processing 기술, 전경과 배경을 분리하고 객체를 인식하는 기술, 인식된 객체의 이동궤적을 추적하는 기술 등이 연구되고 있다. 삼성의 보안 전문 기업인 에스원은 AI 기술을 활용해 실제 스마트 시티에 적용 중이다. 몇 가지 사례를 들어 보자.

아파트 단지에 들어서는 차량의 번호판을 인식해 어떤 차량이, 언제, 출입했는지 조회할 수 있다. 인적이 드문 아파트 단지 뒤쪽 또는 외곽 지역에 가상으로 경계선을 긋고 누군가 접근하면 경보를 울린다. 또한, 사람이 갑자기 쓰러졌을 때 이를 감시하고 경비 요원이 출동하고 112와 119 신고도 신속하게 이뤄진다. 쓰레기를 무단 투기하거나 조형물 등 특정 물품의 도난을 감지하고 화재를 자동으로 감지해 알려준다. 공공청사에서는 지능형 CCTV에 촬영된 출입자의 얼굴을 분석, 얼굴 인식을 통한 출입 허가와 직원 근태 관리가 가능하다. 초창기 얼굴 인식 기술은 출입자가 멈춰 정면으로 카메라를 응시해야만 인식할 수 있는 수준으로 활용 분야가 제한적이었지만 최근 AI 기술 적용 덕분에 얼굴 템플릿 추출, 포즈 추정, 매칭 알고리즘의 발전으로 보행 중에도 얼굴 인식이 가능해졌다. 또한, 적외선 얼굴 인식과 위·변조 얼굴 감지 기술이 발전하면서 점차 활용 분야가 확대되고 있어 향후 스마트 시티에서의 신원 증명 수단으로 활용될 가능성이 높아지고 있다.

도로·교통 위험 상황 모니터링은 도로 곳곳에 설치된 지능형 CCTV를 활용해 위험 상황을 감지한다. 영상 분석을 통해 사람을 구별하는 방법을 응용해 횡단보도에서의 보행자를 감지하고 일반 도로에서의 무단횡단을 감지한다.

미국·영국·캐나다·싱가포르 등 선진국은 물론이고 중국이나 인도 등 아시아 신흥국들도 다양한 스마트 시티 모델을 생각하고 있다. 사우디아라비아는 세계 최대 스마트 시티 '네옴NEOM'을 계획하고 있다. 이 도시는 완전 자율주행 자동차만 진입을 허용한다고 한다. 한국 정부 역시 세종과 부산에 스마트 시티 조성과 확산을 위한 국가 시범 도시를 추진한다.

• 기술보다 사람 중심의 스마트 시티돼야

스마트 시티는 스마트홈과 자율주행 자동차를 포함하는 넓은 응용 범위를 차지하고 있다. 기술적인 면에서는 IoT·AI·통신 네트워크 등 다양한 기술의 최적화된 결합을 요구한다. 응용 범위는 넓고 기술은 다양하다는 것이 특징이다. 그렇다면 스마트 시티는 어떤 방향으로 추진해야 할까.

2000년 초 추진됐던 유비쿼터스 시티Ubiquitous city의 실패 이유는 지나치게 기술 중심으로 접근했다는 지적이 많다. 스마트 시티 개발은 사람을 중심에 둬야 한다. 기술은 수단이다. 기술이 사람에게 어떤 의미가 있고 어떤

---

28 첨단 IT 인프라와 유비쿼터스 정보기술을 갖춘 도시를 말한다. 모든 정보시스템이 무선 네트워크나 RFID 태그 등을 통해 연결되어 원스톱 행정서비스, 자동화한 교통·방범·방재 시스템, 주거공간의 홈 네트워크화 등의 서비스가 가능해진다.

영향을 미치는지 고민해야 한다. 궁극적으로 도시가 해야 할 일은 도시 안에 사는 사람들의 행복과 삶의 질을 높이는 일이다.

　IoT나 AI 기술은 도시를 더 똑똑하게 만들 수 있다. 도시에 사는 사람들의 행동을 데이터화하고 그 데이터를 AI가 분석해 그들에게 실제 필요한 맞춤형 예측 서비스를 통해 개인 삶의 질을 높일 수 있어야 한다. 예를 들면, AI 헬스케어와 접목해 노인과 환자를 실시간 모니터링을 해서 응급 상황에서 원격 진료를 할 수 있다.

　사람을 이해하고 사람의 행복을 위한 서비스를 발굴해야 한다. 스마트 시티의 최종 목적은 사람들이 편리하고 안전한 삶을 누릴 수 있는 도시여야 한다.

 문제 1　　국내의 스마트 시티 개발 사례를 찾아보세요.

 문제 2　　국내·외 관광객이 편리하게 국내 관광지를 여행할 수 있는 스마트 시티U-city를
　　　　　　설계해 보세요.

research question
연구문제

🎤 **문제 1**   유비쿼터스 환경은 관광산업에 많은 영향을 줄 것으로 판단됩니다. 이러한 이유를 설명하세요.

🎤 **문제 2**   유비쿼터스 컴퓨팅이 지향하고자 하는 5C와 5Any에 대하여 관광산업의 한 사례와 연결하여 설명하세요.

🎤 **문제 3**   유비쿼터스 환경의 관광도시에서 일어날 수 있는 일들을 관광객 입장에서 설명하세요.

🎤 **문제 4**   유비쿼터스 환경에서 관광 비즈니스가 변화될 것으로 생각된다면, 어떻게 변화될 것인지에 대하여 제시하세요.

🎤 **문제 5**   마크 와이저가 제시한 유비쿼터스라는 용어에 왜 많은 사람들이 관심을 가지고 있는지에 대하여 논하세요.

🎤 **문제 6**   항공산업이 유비쿼터스 환경으로 전환될 경우에 일어날 수 있는 현상들을 상상하여 설명하세요.

Team-based

토론 문제

백신여권 Vaccine Passport

미국과 영국, 유럽 연합이 코로나 바이러스 백신 접종을 받은 이들이 자유롭게 해외를 여행하고 식당과 술집 등과 같은 장소에 출입할 수 있도록 허가하는 새로운 인증 시스템을 도입할지를 놓고 고심하고 있다. 경제가 관광산업에 크게 의존하고 있는 국가들은 유럽연합 국가들에게 백신 접종 증명서를 채택할 것을 촉구했지만, 다른 많은 국가들은 훨씬 더 많은 문제를 일으킬 수 있는 이 시스템을 시행하는 것에 대해 우려를 표명했다.

여러 국가들은 소지자의 접종 상태를 확인하는 디지털 여권을 소지하는 것이 전염병의 대유행으로 심각한 타격을 입은 국가들의 경제 회복을 촉진하는 데 도움이 될 수 있다고 희망하고 있다. 그리스, 오스트리아, 스페인 등 관광산업이 주로 경제를 지탱하고 있는 국가들은 이 블록에서 자유롭게 여행을 할 수 있도록 하는 유럽 전역의 백신 접종 증명서를 신속히 채택할 것을 요구해 왔다.

팬데믹 동안 어려운 시기를 맞고 있는 항공업계도 '백신여권'을 뒷받침하는 입법을 추진하고 있다. 그러나 보건당국과 인권 단체들은 코로나 바이러스 백신여권에 대한 요구에 반대하며 정책 담당자들에게 간청해 왔다. 핵심우려 사항은 COVID-19 백신의 성능이 여전히 불확실한 때에 라이선스가 의도치 않게 안전에 대한 잘못된 보증을 전할 수 있다는 것이다. 프랑스와 독일은 사람이 바이러스를 옮기거나 전파하는 것을 막는 백신의 효과에 대한 자료가 불완전한 상태에서 이러한 인증시스템을 시행하는 것은 시기상조라고 주장해 왔다. 이 문제는 백신의 효과가 덜할 수도 있고 전염성이 더 강한 영국, 남아프리카, 브라질 변종의 급속한 확산으로 더욱 복잡해지고 있으며,

출처: https://time.com/5944165/vaccine-passports-europe/

🎵 백신여권

미래에 발생할 수도 있는 돌연변이의 가능성조차 고려하지 않고 있다. 게다가, 접종된 소수는 외국 여행을 즐길 수 있게 하는 반면, 대다수는 여전히 제한을 받고 있기 때문에 인증시스템이 차별적일 것이라는 우려가 있다.

예방 접종의 우선순위가 아닌 청년도 차별을 받을 수 있는 사람들 중 하나이다. 하지만 가장 중요한 것은 백신에 대한 접근성 수준이 다른 고소득 국가와 저소득 국가 간의 격차를 넓힌다는 것이다. 이코노미스트 인텔리전스 유닛이 발간한 보고서에 따르면, 2022년 중반까지 선진국들의 성인 인구 대부분이 백신을 접종할 것으로 예상된다. 이와는 대조적으로, 이 일정은 많은 중산층 국가에서는 2023년 초로, 심지어 일부 저소득 국가에서는 2024년까지로 늘어난다.

예방 접종 여권은 본인이 코로나 바이러스 면역력을 가지고 있다는 것을 증명할 수 있는 사람들이 정상 생활로 다시 돌아갈 수 있게끔 보장하지만, 다른 사람들은 극소수의 사람들이 이용하는 편리한 서비스를 받지 못할 것이다.

🎤 문제 1   여권에 대한 예방 접종 증명서가 허용되어야 한다는 생각에 대해 찬·반 토론을 해 보세요.

🎤 문제 2   예방 접종 여권이 현실적으로 통과될 것이라고 생각하는지에 대해 토론해 보세요.

🎤 문제 3   백신여권의 문제점은 무엇이라고 생각하는지에 대해 토론해 보세요.

 참고문헌

· "국가융합기술발전계획", 한국융합기술진흥원, 2008.11.
· 권오병·취근호·김지훈·정기욱, "U-City 요구분석 단계에서 유비쿼터스공간 서비스 인식을
위한 분석방법론 개발", 한국정보시스템학회 학술대회 논문집, 349-358, 2005
· 김광현·연상호, "모바일 RFID 기술을 통한 유비쿼터스 구현", 한국콘텐츠학회종합학술대회
논문집, 9(1), 151-152, 2011
· 김재석, 디지털 관광론, 새로미, 2008
· 선수균, "유비쿼터스 환경에서 효율적인 U-스마트 관광정보시스템 제안", 디지털융복합연구,
11(3), 407-413, 2013
· 이서우·이종권, "유비쿼터스 컴퓨팅 시대를 위한 상황인식 처리기술", 정보과학회지, 24(10),
16-24, 2006
· 이정우·이혜정·김태성, "도시의 미래: 유비쿼터스 도시 통합 서비스 운영 플랫폼 개발 과정
과 의미", 한국경영정보학회 학술대회 논문집, 1, 2012
· 이호영·유지연, "유비쿼터스 통신환경의 사회문화적 영향 연구, 정보통신정책 연구, 2004", 정
보통신부·한국정보사회진흥원, 정보화통계집 29, 2007.

· "123만 수원시민, 스마트 도시로 출발", 중도일보, 2021.3.9.
· "COVID-19 시대 의료분야 RFID 기술 활용 트렌드", KOTRA 해외시장 뉴스, 2020
· "RFID 수하물 추적 시스템 전 세계 도입 준비 완료", IATA 보도자료, 2019.6.2.
· "가장 안전하고 쾌적한 피서 즐기러 오세요", 조선일보, 2010. 6.21.
· "네팔에서도 인공지능 기술 활용 UBT 평가방식 전환 시작", 한국경제, 2020.12.30.
· "동방항공 중국첫 수하물 추적 시스템 가동", 비아이뉴스, 2019.1.29.
· "인공지능이 만드는 사람 중심의 스마트 시티", 한국경제, 2020.11.18. 발췌 수정

· http://www.ct.or.kr/ct/welcome.jsp, 한국융합기술진흥원
· https://digitaltransformation.co.kr
· https://en.wikipedia.org/wiki/Radio-frequency_identification
· https://ko.wikipedia.org, 위키백과
· https://m.blog.naver.com/PostView.nhn?blogId=kkpa1002&logNo=20137173957&
proxyReferer=https:%2F%2Fwww.google.com%2F

· https://terms.naver.com/, 손에 잡히는 IT 시사용어
· https://time.com/5944165/vaccine-passports-europe/
· https://www.darwinrecruitment.com/blog/2018/10/ubiquitous-computing-examples
· https://www.donga.com/news/Economy/article/all/20030126/7906030/1
· https://www.indiamart.com/proddetail/wireless-bluetooth-rfid-reader-20785605033.
  html
· https://www.monitis.com/blog/top-7-things-you-need-to-know-about-ubiquitous-
  computing/
· https://www.nipa.kr, 정보통신 산업진흥원
· https://www.rfidhy.com/how-to-choose-rfid-tags-for-business/

· Devrient, G., In your pockets: smartcards, IEEE Spectroum, 34(2), 47-53, 1997
· Hacking Exposed Linux: Linux Security Secrets & Solutions (third ed.), McGraw-Hill
  Osborne Media, 298, 2008
· Kazda, Caves, Airport Design and Operation, Amsterdam Pergamon, 2000
· Knels et.al., Guidelines for the use of RFID technology in transfusion medicine, Na-
  tional Library of Medicine, 98, 1-24, 2010
· Landt, Jerry, Shrouds of Time: The history of RFID, AIM, Inc., 2001 Clarinox Technol-
  ogies Pty Ltd, Real Time Location Systems, 2010
· "Vaccine Passports", Teen Times Headline News, 1022

4차 산업시대의
관광정보론

웹의 발전과
관광

Chapter 11. 웹의 발전과 관광

정/리/노/트

단서

· 질문 1

· 질문 2

· 토의문제 제시 1

· 토의문제 제시 2

Case Study

Summary

Key Words

예습

복습

참고: cornell note

웹의 진화

웹의 아버지는 영국 출신의 컴퓨터 프로그래머 팀 버너스리Tim Berners-Lee이다. 학창 시절부터 그는 하이퍼링크hyperlink♀29를 통해 정보를 공유하는 세상을 꿈꿨다. 1984년 유럽 입자물리학 연구소 CERN에서 일하게 된 그는 하이퍼링크를 이용하면 연구 과학 자들이 정보를 더 쉽게 공유할 수 있을 것이라고 생각하였다. 양성자 가속기 작업 프로 젝트를 정리하는 프로그램인 '인콰이어'Enquire를 만들면서 그는 여기에 하이퍼링크 기 능을 담는다. 인콰이어는 브라우저 개념을 담은 인류 최초의 소프트웨어였다. 1989년 그는 다른 나라 컴퓨터와 데이터를 공유하는 '글로벌 하이퍼텍스트' 개념을 제시한다. 이듬해 그는 세계 최초의 웹브라우저를 개발했는데 그 이름을 '월드와이드웹'WWW: World Wide Web으로 정하였다.

그해 12월 그는 최초의 웹 주소인 'info.cern.ch'를 만든 뒤 여러 시스템을 통해 이 주소에 접속하는 데 성공, 마침내 웹 시대를 열었다. 팀은 1991년 월드와이드웹 아이디 어를 공개한다. 월드와이드웹은 여러 학자들과 프로그래머들의 참여를 이끌어내며 인 터넷 주소 체계인 URL 등으로 발전했다. 웹의 태동은 웹 1.0시대, 웹 2.0시대, 웹 3.0시 대로 발전하였고, 웹 4.0시대로 향하고 있다.

1 웹 1.0시대

웹 1.0시대는 1990년대 인터넷이 등장하면서 하이퍼텍스트 위주의 웹 환경에서 인터 넷을 이용하였다. 텍스트와 링크가 주된 형태였고 음악이나 동영상 등의 멀티미디어의 사용은 극도로 제한되어 있었다. 웹사이트에서는 웹사이트 운영자가 보여주는 것 이외 에는 접할 수 없었고 동적인 데이터를 제공하는 서비스도 없었다. 그렇기 때문에 방문 자들의 참가를 통해 자료를 수집하는 일도 없었다. 컴퓨터가 아직 느렸고 하드디스크

♀ 29 하이퍼링크hyperlink: 특정 단어나 문자·정보를 다른 데이터와 연결시켜 놓은 것이다.

의 저장 공간도 충분치 않았으며 네트워크의 대역폭도 작았으므로 동영상이나 플래시 같이 현란한 웹사이트는 리소스를 낭비하는 것으로 여겨졌던 시대이다.

2 웹 2.0시대

웹 2.0이라는 개념을 처음 제안한 것은 O'Reilly media의 데일 도허티(Dale Dougherty)이다. 데일 도허티는 닷컴 붕괴 이후 생존한 회사들의 공통점을 표현하는 개념으로 웹 2.0을 제안했다. 당시에는 정확한 개념 정의가 없었기에 마케팅 용어와 비교되는 경우가 많았지만, 웹 2.0이라는 개념은 빠른 속도로 전 세계적인 관심을 얻게 되었다.

웹 2.0시대의 소비자를 다음과 같이 분류할 수 있다.

1. 아날로그 소비자 사용하고 있는 디지털 기기가 3개 이하, 인터넷이 끊겨도 크게 불편하지 않고 디지털 기기나 서비스는 대중화되어야 구입한다.
2. 디지털 소비자 1.0 디지털 기기 및 서비스 사용에 익숙하다. 인터넷을 사용하지만 주로 정보 검색만 한다.
3. 디지털 소비자 2.0 모든 생활이 디지털 기기와 인터넷 중심으로 되어 있다. 웹 2.0 시대의 참여, 공유, 개방을 실천한다.

소비자들을 디지털화 정도에 따라 아날로그 소비자, 디지털 소비자 1.0세대, 디지털 소비자 2.0세대로 분리한다. 전체 인구의 15.8%를 차지하는 디지털 소비자 2.0세대는 다음과 같은 특징을 가지고 있다.

1. 디지털 기기와 서비스가 없는 생활은 상상도 할 수 없고, 디지털의 장점을 일상생활에 적극 활용하며, 의견이나 생각을 인터넷에 올려 공유하는 사람으로 규정한다.
2. 관심사나 주장을 직접 콘텐츠로 제작해 주위에 개방하고 널리 공유하는 '창조형 소비자'로서, 휴대폰 메신저 등 디지털 기기를 통해 가족끼리 더 자주 대화를 나누면서 세대 차이를 극복한다.
3. 소비의 경우 남보다 더욱더 신속하게 자주 제품을 구입하고 제품에 대한 의견을 공유한다.

아날로그 소비자는 디지털 기기가 3개 이하이고 인터넷이 끊겨도 불편하지 않은 소비자이다. 디지털 1.0세대는 디지털 소비자 2.0이 올린 글이나 정보를 이용하는 소비자로 볼 수 있다. 웹 2.0시대에서는 주류가 디지털 1.0세대로 볼 수 있으나, 이들에게 많은 영향을 주는 것은 기존의 전문가나 마케터가 아닌 그들과 동일한 위치에 있는 소비자 중에서 디지털 2.0세대로 볼 수 있다.

웹 2.0시대를 대표하는 기업 중 하나인 구글google은 웹에서 현재 가장 많은 영향력이 있는 웹사이트가 되었다. 한편, 스티브 잡스가 개발한 아이팟은 전 세계의 MP3 시장을 장악하면서 음악 사이트인 아이튠즈가 음악 유통시장을 재편하였고, 이베이ebay는 분유 판매로 시작하여 비행기까지 파는 미국의 최대 경매 사이트로 성장했다. 이러한 변화를 웹 2.0시대에서 나타나는 대표적인 현상으로 해석하고 있다.

웹 2.0은 구글, 아마존, 이베이 등과 같이 닷컴 버블 붕괴에서 살아남은 인터넷 기업들의 특징을 묶어 개념화한 것으로 특정한 기술을 지칭하는 것이 아니라 인터넷을 이용하는 사용자들의 참여와 공유 그리고 개방형 서비스라는 특징을 대변하는 트렌드를 의미한다. 웹 2.0은 윈도우와 같은 특정 운영체계에 종속되지 않고, 웹이 지원되는 곳이면 어디에서든 동일한 서비스를 받을 수 있게 된다.

웹 2.0 서비스 환경에서는 어떤 대가도 없이 재미와 가치, 의식만으로도 사용자들이 자료생성 과정에서 자발적으로 참여하고 유통되는 콘텐츠에 대해서도 이용자가 직접 가치를 부여한다. 사용자들에게 더욱 편리하고 직관적인 서비스를 제공하며, 소수의 전문지식보다는 '위키피디아wikipedia 사전처럼 다수의 이용자에 의해 정보나 지식의 가치를 인정하는 집단지성[30]을 활용한다. 여기서 집단지성이란 웹에 참여하고 협업하는 과정에서 공동의 목표를 위해 합리적 사고를 도출하고 문제해결과 의사결정을 내리며 창조적인 아이디어를 만들어 나가는 인지적 단위로 활동하는 구성원들로 이루어진 능력을 말한다.

---

[30] 집단지성은 정보와 인식을 공유하고, 나아가 새로운 지식을 생산하는 것으로 이러한 사용자 정보들이 데이터베이스화 되고 있는 것이다. 인터넷 사용자 수가 급격히 늘어나면서 사용자 스스로가 웹에 계속해서 데이터를 만들고 이를 잘 이용하는 것으로 해석할 수 있다.

웹 2.0에서는 가장 영향력이 있던 TV와 신문 그리고 라디오 같은 미디어들이 웹과 충돌하였고, 미디어에서도 매스미디어에서 1 대 1 미디어로 전환하는 시대가 되었다.

웹 2.0의 변화를 살펴보면 다음과 같다.

① 경제를 보는 시각이 달라졌다. 롱테일 법칙[31]은 웹 2.0시대의 대표적인 마케팅 개념으로 등장하였다.

② 인간 행동이 변화되었다. 집단이성과 대중의 지혜가 웹을 통하여 형성되고 있다. 웹을 통해 정보를 생성하고, 공유하여 집단적이고 동질적인 이성을 가지게 되었다.

③ 서비스 산업으로의 변화이다. 3차 산업에서도 상당부분 웹이 차지하는 비중이 확대되고 있다. 1, 2차 산업에서 생산된 물품도 웹에서 새롭게 유통부분을 차지하는 모습이 이에 해당된다고 볼 수 있다.

④ 기업 핵심 역량의 변화이다. 사용자들이 참여하는 형태가 웹을 중심으로 변화되었다. 기업뿐만 아니라 사용자들도 정보 축적이 가능하게 되었다.

⑤ 기술의 변화이다. 웹 1.0시대의 기술들을 재발견하고, 재구성하였다.

인터넷을 사용하면서 '예전보다 빨라졌다', '검색결과가 정확해졌다', '사용하기 편해졌다'라고 느끼는 것이 웹의 변화가 나타나고 있다는 것을 의미한다. 웹은 계속적으로 진화하고 있다. 웹 2.0시대의 대표적인 마케팅의 법칙은 롱테일이다. 정보량이 늘어나 웹에 참가하는 사용자 수가 늘어나면 현실세계에서 볼 수 없는 재미있는 현상들이 나타난다. IT 강국인 한국은 이미 웹 2.0에 영향을 받았다. 그 예로 네이버를 꼽을 수 있는데, 네이버는 젊은 세대들의 의사소통 전달에 결정적인 역할을 하고 있다.

---

31 현실세계의 파레토 법칙2:8 법칙은 잘 팔리는 순으로 20%에 해당하는 상품이 매출의 80%를 차지한다는 것이다. 그러나 롱테일 법칙은 오히려 잘 팔리는 순으로 20%에 해당하는 상품의 총매출보다 그 외 80%의 상품의 총매출이 훨씬 더 크다는 것이다. 상위 20% 머리보다 그 외 80% 꼬리의 매출이 더 크다는 것이다.

※ 표 11-1_ 웹 1.0, 웹 2.0, 웹 3.0의 비교

구분	웹 1.0	웹 2.0	웹 3.0
시기	1990 ~ 2000	2000 ~ 2010	2010 ~ 2020
키워드	접속 Access	참여와 공유	상황인식 context
콘텐츠 이용형태	생산자가 이용자에게 일방적으로 콘텐츠 제공 → 이용자는 콘텐츠 소비자	이용자는 콘텐츠의 생산자이자 소비자이며 유통자	지능화된 웹이 이용자가 원하는 콘텐츠를 제공 → 개인별 맞춤 서비스 제공
검색	검색엔진 내부에서만 가능	여러 사이트에 있는 자료의 개방 Open API	사용자 맞춤형 검색
정보이용자	인간	인간	인간, 컴퓨터(기계)
기반기술	브라우저, 웹저장	브로드밴드, 서버관리	시멘틱 기술, 클라우드 컴퓨팅, 상황인식
대응단말	PC	주로 PC(모바일 단말 일부 포함)	PC 모바일 단말, 시계와 같은 액세서리 등 다양

출처: EIC, 2007

③ 웹 3.0시대

웹 2.0시대는 인터넷을 통해 사회 문화와 경제뿐 아니라 정치, 인간관계까지도 일일이 영향을 받고 있으며 다양한 현상을 경험하고, 사회 변화를 거치고 있으나 문제는 이런 현상을 통해 우리가 공유하는 정보는 기하급수적으로 늘어나고, 네트워크는 복잡해지고 있다는 것이다. 즉, 웹 2.0시대의 단기간 내에 기하급수적으로 늘어가는 정보와 콘텐츠는 유저들로 하여금 이를 손쉽게 선별할 수 있는 기능이 필요해졌다. 이러한 단점을 보완하여 웹 2.0은 웹 3.0으로 진화해왔다.

일반적으로 웹 3.0시대라 하면 2010년 이후부터 현재까지를 가리킨다. 이 새로운 시대의 변화는 소셜 네트워크 방식이 출현하면서 시작되었다. 웹 3.0이란 용어는 2006년 뉴욕 타임즈의 존 마코프John Markoff 기자가 처음 사용한 이후 논쟁의 중심에 서게 되었다. 웹 3.0을 선도하는 기술들의 특징을 보았을 때, '개인화'와 '지능화', '상황인식' 등으로 의견이 수렴되고 있어, 웹의 진화방향을 예측할 수 있다. 웹 3.0이란 지능화된 웹이 시멘틱semantic 기술을 이용해서 상황인식을 통해 이용자에게 맞춤형 콘텐츠 및 서비스

를 제공하는 것이기 때문이다. 웹 3.0시대에는 지능형 웹이 이용자가 원하는 정보, 직관적인 경험을 제공하게 된다.

웹 3.0은 웹 2.0에 시멘틱 웹이 통합된 개념으로 '공유', '참여', '개방'에서 '개인화', '지능화'라는 단어로 축약되고 있으며, 개인이 중심에 서서 모든 것을 판단하고 추론하는 것으로의 웹의 개발이나 활용의 방향이 진행되고 있는 것이다. 웹 3.0의 기본이 되는 것은 컴퓨터가 정보자원의 뜻을 이해하고, 논리적인 추론까지 할 수 있는 차세대 지능형 웹인 시멘틱 웹Semantic Web이다. 시멘틱 웹에서는 에이전트라는 용어의 정의로서 인간 생각을 대신해주는 로봇Robot이 있다. 이 로봇을 정의된 기계어의 문법언어으로 기존 정보를 재가공하여 만들어진 콘텐츠를 인간과 동일하게 인식하는 정보를 만들고 이러한 언어로 순식간에 수많은 정보 중 필요한 것을 골라 상황에 맞는 의미로 바꾸어 버리는 것이다. 웹 2.0은 수많은 정보를 링크가 많이 된 순으로 나열시켜 주는 것이었다면, 웹 3.0은 현재 상황을 인식하여 수많은 내용 중 필요한 내용을 재배치하여 문맥Context을 제공하여 준다.

웹 2.0에서는 '바이든'이라고 검색어를 입력하면 내용에 관계없이 검색순위가 많은 순으로 보여주지만, 웹 3.0에서는 검색순위 기준으로는 무슨 내용으로 검색이 되고 있고, 기타 동명이인의 사람의 경우는 누가 있다거나 주별, 연간별 검색 추이도 보여준다. 추가로 '지도'라는 2차 검색어를 입력하면 현재의 지지도가 높아지거나 낮아지는 이유, 앞으로의 전망까지도 에이전트의 성능에 따라 모든 주어진 정보를 검색, 재가공하여 사용자의 의도에 근접하게 제공하여 준다. 여기서 중요한 점은 '상황인식'이 가능하다.

QR code, 증강현실, 모바일 쿠폰, 실시간 피드백과 같은 기능들은 사용자의 선택적 수요에 따라 적용될 수 있는 웹 3.0시대의 아이콘들이다. 실시간 피드백이 가능하도록 도와준 것은 초고속 무선 네트워크이며 이 기술은 4G LTE로 대표될 수 있다. 웹 3.0은 한마디로 인공지능을 가지며 개인의 성향과 맞춤형 수요를 모두 파악하여 단순한 정보의 검색이 아니라 실시간의 상담과 피드백이 가능한 환경을 말하며, 개개인이 가진 스마트폰 단말기나 태블릿은 모두 가상공간이 클라우드로 연결되어 무한대의 정보와 지식을 공유할 수 있게 되었다.

웹 2.0시대의 포털이 폐쇄형이었다면, 웹 3.0시대의 포털은 확장형 플랫폼이라고 할 수 있다. 소셜 미디어의 대명사가 되어버린 페이스북이 그 대표적 사례라고 할 수 있는데, 페이스북에는 세상에 존재하는 거의 모든 사물, 상품, 서비스에 대한 평가에 대해 유저가 '좋아요Like' 버튼을 누를 수 있는 기능이 있다. 웹 2.0시대에 네이버에 상품문의를 했을 경우, 집단지성이 상세하고 친절한 설명을 달아줄 가능성도 있지만 업자들의 의도된 설명과 구매유도를 배제할 수 없었다. 즉, 실제 사용자들의 경험들이나 선호도가 반영되었다고 보기 힘들다는 문제를 안고 있다는 것이다. 페이스북의 '좋아요' 페이지의 경우, 나의 지인들 중에 몇 명이나 이 상품 혹은 서비스를 '좋아요' 버튼으로 의견을 피력했는지 파악할 수 있다는 장점이 있다. 다시 말해, 본인이 가장 신뢰할 수 있는 지인들에게 레퍼런스할 수 있는 기능이 생긴 것이다. 페이스북은 한 걸음 더 나아가 MS사의 Bing 검색 결과와 제휴를 하여 페이스북에 없던 단 한 가지 기능인 검색엔진 부분을 보완했다. 웹 3.0시대의 플랫폼 중 저장 공간 문제와 효율성 문제 등을 해결한 대안은 클라우드Cloud라고 할 수 있다. 어떠한 디바이스로 촬영한 사진이나 동영상도 모두 공유할 수 있는 클라우드 서비스가 개인 사용자에게 모두 제공되고 있다. 클라우드 덕분에 기업도 고비용의 서버를 구축할 필요가 줄어들었음은 물론 개인 사용자는 이전 세대에서 상상할 수 없는 편의성을 저비용으로 누리게 되었다.

웹의 진화 과정을 정리해보면, 웹 1.0시대는 신문이나 방송 시청처럼 일방적인 콘텐츠를 받는 것이었고, 웹 2.0시대는 '공유', '참여', '개방'의 플랫폼 기반으로 정보를 같이 제작 공유한다는 것이었으나, 웹 3.0시대는 이런 정보를 개인별로 상황에 맞게 생성, 가공해주는 맞춤형 서비스 플랫폼이다.

많은 전문가들은 향후 컴퓨터의 모든 운영체제가 웹으로 구성되는 시기가 도래하면 이를 웹 4.0시대의 시작이라 명명해야 할 것으로 의견을 모으고 있다. 웹 1.0시대에는 정보가 연결되는 개념이었고, 웹 2.0시대는 소셜 웹이 등장하여 공유의 개념이 확대되었으며, 웹 3.0시대에는 시멘틱 웹의 등장으로 정보가 연결되는 것에서 벗어나 데이터와 지식들이 의미를 기반으로 연결되는 시대가 되었다. 향후 도래할 웹 4.0시대는 한 단계 발전된 지능 수준으로 모든 것이 연결된 운영체제를 기반으로 유비쿼터스 웹이 될 것으로 보인다. 세스 고딘Seth Godin은 웹 4.0시대 환경의 조건으로 다음 세 가지를 제시한 바 있었다. ① 편재성Ubiquity으로서 시간과 장소의 제약을 받지 않고 접속할 수 있음을 말하고, ② 사용자 식별성Identity으로서 사용자의 컨텍스트Context를 파악하여 제공하는 컨시어지 수준의 서비스를 의미하며, ③ 다른 사용자와의 지속적인 연결성Connection을 조건으로 꼽았다. 이미 편재성과 사용자 식별성 그리고 연결성은 어느 수준에 도달해 있는데, 이것을 얼마나 더 보완하느냐의 여부가 웹 4.0시대로 넘어가는 계기가 될 것이다.

2 웹 마케팅

지금까지의 마케팅은 상품판매가 공급자의 논리로 모든 과정이 주도됐다. 그러나 웹의 등장으로 공급자의 논리는 크게 영향을 미치지 못하고 있다. 결국 기업을 이끌 수 있는 마케팅은 매우 한정적일 수밖에 없다. 이러한 이유로 웹 마케팅이 중요하다. 웹 마케팅의 5가지 단계를 살펴보면 다음과 같다.

① 1단계　웹사이트 홍보PPC 광고📍32, 제휴광고, 메일 매거진 광고, RSS 광고📍33, TV, 신문, 잡지, 블로그, 배너 등

② 2단계　소비자 광고사용성, 소비자 이익 제공, 블로그 활용 등

③ 3단계　구매성립메일 매거진, RSS 피드보내기, 커뮤니티 활용 등

④ 4단계　단골육성포인트 프로그램, 회원캠페인, 블로그의 양방향 커뮤니케이션 등

⑤ 5단계　입소문 효과커뮤니티 활용, 친구 소개 등

1 메일 마케팅

메일 마케팅의 형태는 메일광고, 자사 회원용 메일매거진 두 가지로 구분한다. 메일은

📍32 PPC 광고는 소비자가 검색 사이트에서 입력한 키워드에 따라 검색 결과 페이지나 일반 웹 페이지에 표시되는 광고를 뜻한다. 소비자가 광고를 한 번 클릭할 때마다 요금이 부과되는 점에서 Pay Per Click 광고라고 한다.

📍33 RSS 광고는 블로그나 뉴스의 기사를 요약해서 표시하는 RSS 리더에 싣는 광고를 말한다.

싼 비용으로 반응을 빨리 얻는 능동적 판매 촉진 수단이며, 발송자와 발송수가 늘어나 이전처럼 효과는 크지 않지만 고객과의 커뮤니케이션 수단으로서는 여전히 유용하다. 최근에 메일에 허락받는 일을 '옵트 인opt-in'이라고 한다. 이는 무조건 발송하는 것이 아니라 사전에 반드시 소비자에게 수신 허락을 받아야 한다. 이는 메일뿐만 아니라 웹 마케팅에 모두 해당하는 기본 원칙이다. 반대로 소비자가 거부의사를 표시하는 것을 '옵트 아웃opt-out'이라고 한다. 〈표 11-2〉는 메일광고의 장점과 단점을 비교하였다.

표 11-2_ 메일광고의 장점과 단점

구분	장점	단점
메일발송	다이렉트 메일이나 배너 광고에 비해 제작, 배송비용이 압도적으로 싸다.	대량으로 발송되는 메일광고는 스팸 메일로 간주될 위험이 있다.
제작	자사에서 텍스트 원고를 작성하면 제작에서 발주까지 걸리는 기간을 단축할 수 있다.	발송 후 콘텐츠에 오류가 발생할 경우에도 회수가 불가능하다.
대상	발송 범위를 좁히기 쉽다.	소비자가 성별 등의 속성을 속일 가능성이 있다.
효율	발송 후 약 48시간 이내에 반응을 얻어낼 수 있다.	개봉률이 점점 떨어지고 있다.
홍보	인센티브를 제시하면 클릭률이 높아진다.	인센티브에만 눈길을 주는 소비자는 정작 광고 내용에는 무관심한 경우도 있다.

출처: 다나카 야유미(2007), 내용 일부를 재편집

2 블로그 마케팅

1) 블로그의 정의 및 특징

미디어위키Mediawiki에 의하면 블로그는 '개인의 생각, 의견, 하이퍼링크hyperlink 그리고 콘텐츠로 구성된 온라인의 웹사이트'라고 정의내릴 수 있다. 웹 로그web log에서 나온 말인 '블로그blog'는 블로그 도구를 사용하여 작성하는 웹사이트를 말한다. 로그는 액세스 로그와 같은 말로, 항해일지를 의미한다. 다시 말해 블로그는 웹상에 나날의 일들을 기록하는 일지로 보면 된다. 원래 블로그는 개인의 일기사이트로 인식되어 있다. 하지만 블로그의 이점이 널리 알려지면서 신제품의 프로모션, 음악 축제의 현장 보고, 음식점의 추천 메뉴 등 비즈니스에 다양하게 활용되고 있다.

블로그는 일반적으로 개인에 의해 운영되며 이렇게 운영하는 사람을 블로거_{blogger}라고 하며 블로거는 논편, 사건의 기록 그리고 그래픽이나 비디오와 같은 자료들에 대한 기록을 한다. 블로그라는 용어는 블로그를 유지하고 블로그에 콘텐츠를 추가한다는 의미의 동사로 사용되기도 한다.

휴위트_{Hewitt}에 의하면 블로그는 정치에 대한 의견을 목적으로 1999년 처음으로 소개되었고 그로 인해 많은 정치후보들을 위한 정치모금 캠페인에서 많이 사용되었다. 이러한 블로그는 유권자들에게 거대한 영향을 미쳤으며 이러한 블로그를 '폴리블로그_{poliblog}'라고 한다.

웹 2.0의 대표매체인 블로그는 '일기처럼 정기적으로 업데이트되는 짧은 글로 이루어진 웹 페이지_{web page}를 뜻하며 블로그의 가장 큰 장점은 사용자가 정보 생산자가 되어 자신이 관심 있는 다양한 형태의 콘텐츠를 직접 생산하여 전달할 수 있다는 점이다. 즉, 1인 미디어로서 UCC_{User Created Contents}를 중심으로 자신이 원하는 동영상, 사진, 음악, 자료, 정보 등 다양한 형태의 콘텐츠를 스스로 만들거나 편집 등의 과정을 통해서 특정 사람 혹은 불특정 다수에게 자신만의 독특한 생각이나 주장 등을 제시하여 전달할 수 있다. 또한, 블로그는 고유의 주소 URL_{Uniform Resource Locator}, 코멘트_{comment}, 어떠한 홈페이지와도 교류가 가능하도록 하여 본인의 글을 올릴 수 있는 트랙백_{track back} 기능, 다른 블로그 사이트 사용자 간 제한 없이 활동할 수 있는 퍼머링크_{permanent link} 기능, 타 블로그에 올라온 글들을 실시간으로 본인의 블로그에 수집할 수 있는 RSS_{Really Simple Syndication} 기능 등의 특징이 있다. 블로그의 가장 큰 특징은 사용자 각각이 자신의 공간을 소유한 상태에서 인적 네트워크가 사용자들 간에 느슨하게 연결되어 있어, 사용자들은 서비스 공급자 측에서 제공하는 여러 가지 기능을 사용하여 인적 네트워크를 자신의 의도에 따라 강하게, 혹은 느슨하게 조정할 수 있다는 점이다. 그러나 이러한 블로그들 간의 상호작용은 한 서비스 공급자의 서비스 범위 내에서만 연결 가능하고, 서로 다른 서비스 공급자의 서비스를 사용하는 두 블로그 사이의 상호작용은 기본적으로 제한되어 있다. 따라서 사용자들은 한 서비스 공급자의 범주 내에서 자신들의 블로그를 통해 친구 그룹과 느슨한 형태의 온라인 커뮤니티를 형성하게 된다. 이러한 형태의 온라인 커뮤니티의 특성을 지닌 블로그는 한 웹사이트에 모여서 그 웹사이트 내에서 상호 교류하는 온라인 커뮤니티와는 분명한 차이점이 있다. 블로그는 자신만의 공간이기도 하지만 동시에 상호 교류의 장이며, 기존의 온라인 커뮤니티의 개념을 대체해가고 있다. 결국 미래의 온라인 커뮤니티의 대부분은 블로그 형태로 전환될 것으로 예상된다.

이러한 블로그의 특징으로 인하여 블로그 서비스를 제공하는 인터넷 사이트의 입장에서는 블로그 제공 서비스를 사용하는 고객의 잠재된 니즈needs를 파악하거나 새로운 사업, 아이디어, 제품의 테스트를 수행할 수 있는 공간으로 활용할 수 있게 되었다. 또한, 블로그 서비스를 사용하는 사용자들을 통해 인터넷 사이트가 원하는 다양한 형태의 메시지를 광범위하게 전달할 수 있게 되었다.

2) 관광 블로그

블로그의 내용인 콘텐츠의 성향을 보면, '테크놀로지', '여행', '음악', '게임' 등에 관심이 높은 것으로 나타났다. 블로그는 기존의 웹사이트에 비해 장점이 매우 많다.

❶ 간단히 정보를 내보낼 수 있어 신속한 보도가 가능하며, 운영비가 저렴하다.
❷ 검색엔진의 검색결과에서 상위에 표시되기 쉽다.
❸ 소비자와 활발하게 커뮤니케이션을 할 수 있다.
❹ 코멘트나 트랙백의 기능 덕분에 소비자 간의 입소문 효과를 기대할 수 있다.
❺ RSS 피드를 통해 메일처럼 능동적으로 정보를 내보낼 수 있다.

관광경험을 해본 블로그를 관광 블로그라고 한다. 관광 블로그는 일반적으로 관광객들이 자신들의 관광에 대한 경험을 기술하는 온라인 다이어리다. 블로그들은 또한, 관광에 대한 해설, 사건, 사진, 비디오 영상들이 포함되기도 한다. 가장 명백한 형태의 관광 블로그는 자신의 이야기나 추천을 책으로 출판한 작가들이 온라인상에서 관광 다이어리 정리, 혹은 관광 다이어리나 상품 리뷰 형태로 구성된 것이다.

관광산업에서도 블로그를 사용한 인터넷 마케팅의 중요성을 인식하고 있으며 특히, 블로그가 제공하는 사진의 이미지는 경험의 기억을 기록하고 잠재관광객들에게 사진을 통하여 사전정보를 제공함으로써 잠재관광객과 관광지를 연결하는 커뮤니케이션

도구로 사용될 수 있다. 블로그는 시간순으로 정리된 최근 자료, 제목과 본문을 동시에 제시해주는 동시성, 그리고 1인 미디어로서의 기능 등 '형식적 특징'과 최신 정보의 제공, 생생한 사실과 느낌의 전달, 편집과정을 거친 정리된 정보, 그리고 자유로운 주제와 형식 등의 '내용적 특징'을 가지고 있으며 기존의 정보전달을 목적으로 사용한 타 매체에 비해 기능적인 면에서 우위가 될 수 있음을 예측할 수 있다.

관광서비스는 대표적인 서비스 재화로 공간적인 이동을 전제로 한다는 점에서 다른 서비스에 비해 사전 경험이 어렵다는 특징이 있다. 또한, 관광서비스의 대표적인 경험재로 관광객은 자신의 여행이 끝난 후에도 관광경험을 공유하기 위해 사진, 수기 등 다양한 매체를 활용하여 자신의 경험을 대중화하기 위해 노력하며, 이 과정 역시 관광경험의 일부로 간주된다.

관광 블로그는 정보제공자가 관광서비스의 공급자_{제품판매자}가 아닌 일반 관광객이라는 점에서 잠재관광객들의 신뢰성을 확보할 수 있다는 장점을 갖는다. 정보제공자가 일반인이고 특정 목적이 전제되어 있지 않다는 점에서 정보사용자들이 동질성과 친밀성을 부여할 수 있고, 정보에 대한 의구심보다는 취미공유, 다른 사람의 의견을 알 수 있다는 목적으로 방문하여, 정보제공자의 경험에 쉽게 공감할 수 있는 장점이 있다. 이러한 협력적 필터링_{collaborative filtering}은 블로그가 다른 인터넷 매체보다 더 효과적일 수 있다. 즉, 블로그는 다른 인터넷 매체보다 정보의 공유와 참여가 더 쉽게 이루어질 수 있다. 블로그의 운영자는 자신의 블로그에 남긴 글에 대해 적극적으로 대응하는 경향을 보이며, 정보사용자의 참여는 1차적인 경험에 바탕을 둔 답변을 신속하게 확보할 수 있다는 장점을 갖는 것이다. 블로그는 제작자의 솔직한 대화체의 커뮤니케이션으로 구성되고, 2차원적인 사진과 텍스트 그리고 3차원적인 영상과 소리 등을 결합시켜 효과적이고 재미있게 관련 정보를 전달한다. 이러한 흥미, 만족의 기능은 관광정보의 전달에 있어 더 큰 효과를 기대할 수 있다.

이렇듯 블로그는 기존 소수의 전문가들 중심의 정보생산이 이들에 필적할 만한 전문적인 지식과 정보를 가지고 있는 비전문가들에 의해 다양한 분야에서 미처 생각지 못한 부분까지 정보가 교환되고 있다. 특히 사업, 언론, 교육, 정치 분야에서 블로그 활동은 매우 급격하게 성장해왔으며, 비슷한 속도로 관광 관련 블로그도 성장하고 있다. 이에 따라 관광업계 내에서도 관광 블로그가 새로운 주요 관광 마케팅 커뮤니케이션 수단으로 주목받게 되었다.

블로그의 이용자 수는 계속적으로 증가하고 있다. 국민여행 실태 및 2015년 트렌드 조사에 따르면 해외여행 시 가장 많이 사용하는 정보 원천으로 '인터넷 블로그 및 커뮤니티68.7%'가 1위를 차지하였으며, '여행사, 온라인 사이트40.8%'가 2위, '친구 등 지인40.7%'이 3위를 차지하였다. 2017년 국민여행 실태조사에 의하면, 해외여행 시 활용하는 정보원 중 '인터넷 블로그'가 전체의 51.8%로 포털사이트에 이어 2위를 차지하였다.

관광객들의 블로그 및 인터넷 커뮤니티에 대한 적극적인 이용은 기존 지인들의 경험에 의한 구전 WOMWord Of Mouth에 대한 의존성이 인터넷상에서 다른 관광객의 경험을 통해 얻는 eWOMElectronic Word Of Mouth에 대한 의존성으로 변화되었음 의미한다.

수백만 명의 사람들이 온라인상에서 관광경험을 공유하기 위해서 관광 블로그 사이트에 가입하고 있으며, 그들의 관광경험에 대한 이야기, 사건, 동영상 등을 올릴 수 있게 하였다. 이에 따라 관광 블로거들은 관광 소비에 대한 표현으로 여겨질 수 있으며, 블로그 활동은 관광상품의 생산과 소비의 프로세스로 진화되고 있다.

출처: https://korean.visitkorea.or.kr/main/main.do#home

그림 11-1_ 구석구석 웹사이트

관광분야에서는 네이버 블로그인 한국관광공사의 '대한민국의 구석구석'을 대표적인 사례로 볼 수 있다. 구석구석은 기존의 웹사이트에서 벗어나 새로운 정보서비스를 시도하여 크게 호응을 받고 있다. 구석구석 캠페인은 관광브랜드를 개발하여 무형의 관광자원에 대한 소비자 체험을 가시화하였다. 감성적이고 의문형 헤드라인을 활용한 창조성(creative)은 소비자를 광고에 적극적으로 관여시키는 역할을 하였다. 이렇듯 관광 웹사이트도 새로운 트렌드의 변화에 적응하고 있다. 이러한 구석구석 캠페인은 국내 관광산업 발전에 밑거름이 될 수 있다.

3 웹 커뮤니티

소비자가 만든 정보가 소비자를 움직이는 시대가 왔다. 소비자는 일방적인 기업의 광고보다는 소비자가 만든 정보를 더 신뢰하고 자신의 경험과 지식을 공유하는 경향이 강해졌다. 이렇게 모여 만든 소비자의 정보인 'CGM(Comsumer Generated Media: 소비자가 만들어 낸 미디어)'에 관심이 모이고 있다. CGM은 콘텐츠 자체가 '소비자의 글'로 구성되는 미디어라는 의미이다. 소비자가 평가하는 리뷰 사이트, 개인 블로그, 게시판, 채팅, 코멘트가 이에 해당된다. CGM의 인기는 인터넷의 매력이 역시 시간과 공간을 뛰어넘어 사람과 사람을 이어주는 것임을 증명하고 있다.

웹이 등장하기 이전부터 '입소문'의 위력은 인정받았지만 사람과 사람이 직접 만나야 한다거나 지역성이라는 한정적인 틀에서 벗어날 수 없었다. 그러나 웹상에서는 이러한 틀이 사라져 정보가 굉장히 빠른 속도로 널리 전달되는 데다 누구든지 정보를 볼 수 있게 되었다. 게시판이든 블로그든 적극적으로 참여하는 일부 소비자의 뒤에는 정보를 읽기만 하는 소비자가 몇 백, 몇 천 배나 존재한다. 소비자가 생산하는 정보뿐만 아니라 그 정보가 영향을 미치는 범위도 확대되었다.

약 64만 명의 회원을 보유한 '내일로, 기차여행 커뮤니티 바이트레인'은 국내 여행 최대 커뮤니티이다. 네이버의 여행 카페이며 그 모체는 98년 하이텔에서 개설된 기차 여행 모임이다. 네이버로 옮긴 이후로 네이버 베스트 카페에 여러 번 들어갔으며 코레일과 코레일 관광개발의 노력이 가미되면서 지속적으로 성장해 나갔다. '내일로, 기차여행

출처: https://cafe.naver.com/hkct

그림 11-2_ 바이트레인

커뮤니티 바이트레인'의 게시 글은 주로 기차여행, 제주도 여행에 관한 내용들이 많다. 이용자 수는 국내여행 관련 카페 중 1위이다. 이렇듯 웹 커뮤니티의 규모가 커지면서 '내일로, 기차여행 커뮤니티 바이트레인'은 동호회가 아닌 일종의 사업체로서 활동하고 있다.

여행 커뮤니티인 '야놀자'는 모텔을 '노는 공간'으로 부상시켜 숙박업계 지형도를 바꿨다. 모텔 객실 내부 사진을 공개하고, 소비자들이 게임기 등 부대시설 정보와 이용 후기를 볼 수 있게 했다. 신개념 모텔인 '코텔KOTEL'에서 휴가를 보내는 '코캉스'란 신조어가 만들어진 계기다. 2011년 가맹점 사업을 시작했고, 2015년엔 스마트폰 기반 앱 서비

스로 진화했다. 이젠 숙박을 비롯해 교통, 레저, 먹거리, 쇼핑 등을 아우르는 종합 여가 플랫폼으로 커졌다.

COVID-19로 여행 플랫폼 야놀자의 실패를 모두가 예상할 때 야놀자는 반전을 준비하고 있었다. 단순 여행상품과 놀이 패키지를 중개하는 앱을 넘어서는 '넥스트 플랜'이다. 특히 최근에는 '테크 올인Tech All-in' 비전을 선포하며 기술 역량을 강화하고 있다. 연구개발 및 기술투자로 야놀자는 이미 데이터, 클라우드, 인공지능Artificial Intelligence 등의 영역을 아우르는 종합 정보기술 업체로 발돋움하고 있다.

여행가 플랫폼에서 빅테크 기업으로, 하지만 야놀자의 진가는 기업 간 거래 B2B 영역에 있다. 야놀자는 2017년 호텔 자산관리시스템 PMS 사업을 시작했다. PMS는 숙박예약, 식당예약, 음식주문 등 호텔 내에서 벌어지는 모든 일을 비대면으로 디지털화해 처리하는 시스템이다. PMS는 야놀자의 여행 숙박 플랫폼으로서의 노하우를 살릴 수 있었던 사업이었다. 현재 야놀자는 세계 2위 PMS 업체다. 세계 2만 3,000개2020년 기준 숙박시설에 예약, 체크인 등 호텔 업무를 할 수 있는 소프트웨어를 공급하고 있다. 1위는 오라클로 숙박시설 3만 8,000개를 PMS 파트너로 두고 있다. 야놀자가 바짝 뒤쫓고 있다. 신속하게 서비스를 이용할 수 있는 클라우드 방식에선 야놀자가 오라클에 훨씬 기술력이 앞서고 있기 때문에 야놀자는 현재 급격하게 성장하는 PMS 시장에서 오라클을 넘어선 1위 사업자가 될 가능성이 높다.

4 모바일 마케팅

이전의 신문, TV, 라디오, 잡지 등의 매스미디어mass media에서는 대량의 정보를 불특정 다수에게 간접적 또는 일방적으로 전달하는 데만 그쳤다. 과거의 소비자는 매스미디어가 제공하는 한정된 정보에 따라 대량 생산과 대량 판매라는 마케팅 관점의 일반적 틀에서 수동적인 소비행태를 보이며, 삶의 질보다는 물질적 충족에 만족하는 수준이었다. 그로 인하여 소비자들이 할 수 있는 것은 단지 정보를 수용하는 것뿐이었으며 매스미디어를 통한 일방적인 광고와 홍보가 절대적이었다. 그러나 정보기술이 발전하면서 소비자는 정보를 일방적으로 받는 것이 아닌 원하는 정보를 언제 어디서나 소비자가 선호하는 시점에 제공받기 시작하였다.

최근 글로벌 대기업들이 개인화 및 소비자 중심을 목표로 기술 투자를 하고 있고 총 마케팅 비용 중 디지털 마케팅에 대한 투자액이 크게 증가하고 있는 추세이다. 이러한 변화를 가져와 준 것은 스마트폰을 포함한 PMP, 내비게이션 등의 모바일 기기라 할 수 있다.

웹 3.0시대를 기반으로 활성화된 스마트폰으로 인하여 모바일 마케팅이 활성화되었다. 모바일 마케팅이란 스마트폰 등의 휴대전화 기기를 통해 마케팅을 하는 것을 의미한다. 모바일 마케팅은 다양한 활동들이 있는데 타 웹사이트의 콘텐츠 내에 삽입된 비주얼 광고의 노출을 위한 모바일 광고, 단문 메시지를 이용한 활동, 위치기반 모바일 마케팅, 모바일 애플리케이션을 이용한 마케팅, 모바일 검색 마케팅, 웹사이트 검색, 이메일상의 온라인 마케팅 등이 있다.

모바일 마케팅에서는 스마트폰의 중요한 콘텐츠인 애플리케이션이라는 매체를 도입하여 다양한 상점 정보 및 위치 검색 LBS Location Based Service 등 개인이 필요한 정보를 실시간으로 얻을 수 있도록 개발되어진 맞춤형 콘텐츠 사용이 증가하였고, 스마트 기기를 이용하여 상품 검색 및 결제가 가능해졌다. 또한, 스마트폰 도입과 애플리케이션 시장의 발달로 소비자 정보의 수집이 수월해짐에 따라 맞춤 정보를 필요로 하는 개인화 마케팅의 적용이 가능해졌다. 관광산업 호텔, 외식 등에서는 특히 다양하고 전문화된 개개인에 맞는 독특한 서비스를 소비자에게 제공해야 하므로 1:1 소비자 맞춤 차별화를 위해 개인화 마케팅을 통해 소비자들의 만족도를 높이고 있다.

한편, 대표적인 모바일 온라인 여행사 중 하나인 익스피디아 expedia의 조사에 따르면 모바일 기기로 여행 관련 상품을 예약한 경험을 한 소비자는 약 79.9%로 나타나 많은 사람들이 모바일 여행상품을 이용하고 있다는 것을 알 수 있다. 따라서 전문 여행사들은 모바일 활용의 비중이 늘어나는 것과 같이 변화하는 트렌드에 맞추어 여행상품을 제작하는 단계에서부터 많은 소비자들이 선호하는 여행지를 상품으로 개발하기 위하여 실시간으로 파악하고 이를 상품에 반영하려는 시도를 하고 있다.

이와 같이 모바일 여행상품 앱에서 여행정보를 얻고자 하는 사용자들은 지속적으로 증가하고 있음에 따라 앞으로 앱을 통하여 여행상품 서비스의 구매 또한, 꾸준히 증가함으로써 결국 모바일 마케팅은 여행상품 판매자들의 경쟁력의 원천으로 자리를 잡게

될 것이다. 또한, 현재 통신사들은 모바일 여행정보 DB~data base~를 구축하여 위치를 기반으로 하는 여행정보를 제공하고 있고, 여행지의 정확한 위치 값과 자동차 내비게이션의 길 찾기 서비스를 이용해 내비게이션 시장을 확대해서 여행전문 전자지도 서비스를 실시하고 있다. 이에 따라 여행시장은 더욱 확대되어 다양해질 것으로 예상된다.

3 UGC

관광상품은 실제로 상품을 구매하고 관광지를 방문하기 전까지는 상품의 품질을 판단하기 어렵기 때문에 구전정보를 통한 간접경험이 관광객의 구매 의사결정에 큰 영향을 미친다. 과거 구전정보는 오프라인상에서 지인과의 대면 커뮤니케이션을 통해 전달됐지만, 최근 정보통신기술의 발전으로 인해 온라인 채널이 기존 경로를 대체함에 따라 온라인 구전정보의 중요성이 강조되고 있다. 이런 흐름에 따라 관광 관련 정부 부처나 기업들도 관광객의 긍정적 의사결정을 유도하기 위해 온라인상의 구전정보 관리에 힘쓰고 있으며, 더욱 향상된 관광 경험 제공을 위해 사용자 중심 콘텐츠 UGC~User Generated Contents~를 적용한 정보 제공 채널 개발에 노력을 기울이고 있다. UGC란 일반인들이 자신의 생각, 사진, 동영상 등을 유튜브~YouTube~, 블로그~Blog~, 위키피디아~Wikipedia~ 등과 같은 웹사이트의 특성에 맞게 변형, 창작하여 게시한 콘텐츠를 의미한다. 오늘날 관광객은 실제 방문객의 의견이 공유되는 UGC형 온라인 구전정보 탐색을 가장 효율적인 방법으로 인식하고 있으며, 이에 따라 관광객의 구매 의사결정에 있어 UGC형 정보 공유 사이트와 구전정보가 중요한 역할을 수행하고 있다.

1 UCC와 관광

UGC에 해당하는 UCC~User Created Contents~는 누구나 만들 수 있다. 나의 생각, 자신의 콘텐츠, 자신의 현상을 웹에 업로드하여 프로듀서의 역량을 과시하게 된다. 이들이 바로 프로슈머[34]이다.

프로슈머에 대하여 기업은 제품을 만드는 데 참여하는 소비자로 보고 있다. 디지털 프로슈머로는 웹을 이용하여 직접 콘텐츠를 만들고 유통시키는 사람들로 볼 수 있는데, 이들을 가리켜 밈프족[35]이라는 신조어도 나왔다. 이들은 디지털 시대에서 청중이기보다는 주연 배우로 살기를 원하며, UCC 등은 그들의 욕구를 충족시키는 도구로 사용한다.

UCC에 대한 개념도 초창기에는 네티즌이 생산한 콘텐츠로 미니 홈피와 블로그 등 1인 미디어와 게시판, 이미지, 지식검색 등 여러 가지 개념으로 보았다. 최근 UCC는 주로 동영상 UCC를 의미할 정도로 동영상이 미디어 영역에서 중심이 되고 있다. 또한, UCC는 앞으로 인터넷에서 가장 각광받는 분야이며, 앞으로도 계속 성장할 인터넷 비즈니스 모델이다.

이러한 UCC는 관광지의 추억들과 관광객으로 하여금 기억하기 위해 혹은 주변 준거집단에 알리기 위해 다양한 형태로 정보를 만들게 된다. 이러한 정보들을 한 곳으로 모아 재구축하여 다시 제3의 고객들에게 서비스를 제공하는 것이다. 이를 위해 UCC가 관광정보시스템에 중심적인 역할로써 구축되어야 한다. 관광객들은 관광지에서 경험한 편의시설 혹은 관광시설, 음식, 문화 등 생생한 이야기들을 콘텐츠로 제작한 후 관광정보시스템의 데이터베이스에 축적한다. 축적된 콘텐츠는 네트워크를 통하여 관광객이 원할 때 언제 어디서든 서비스를 받을 수 있다.

2 소셜 미디어와 관광

UGC는 제작자 개인의 만족을 넘어 웹사이트에서의 공유를 통해 대중에게 인정받고

---

[34] 프로슈머Prosumer는 생산자Product와 소비자Consumer의 합성어이다. 앨빈 토플러의 '제3의 물결'에서 처음 사용하여 기획, 개발, 디자인 등 출시 전에 이루어지는 일련의 생산과정에까지 직접 또는 간접적인 영향을 미치는 전문적이고 생산적인 소비자로 볼 수 있다.

[35] 밈프족Making Myself in Motion Picture은, MMP로서 본인들이 직접 제작하여 올린 동영상 UCC가 다른 사람들에게 주목받고 인정받는데서 재미를 느끼는 집단이다.

있으며, 더 나아가 인터넷 커뮤니티 구축 활성화에도 공헌을 하고 있다. 특히, 관광지와 관련된 온라인 구전정보 중에서도 UGC형 온라인 구전정보 탐색이 해당 관광지 정보를 직접 찾는 것보다 더 효율적인 방법으로 인식됨으로써 UGC형 온라인 구전정보가 관광객의 구매 의사결정에 중요한 역할을 할 수 있다. 이에 따라 UGC형 온라인 구전정보는 관광 소비자의 구매 의사결정에 영향을 미치는 중요한 마케팅 수단으로 인식되고 있다. UGC형 온라인 사이트 중 하나인 소셜 미디어는 웹 기반의 확장된 네트워크 안에서 쌍방향으로 상호작용할 수 있는 개방형 커뮤니티라는 점이 가장 핵심적인 특징이다.

1) 소셜 미디어의 이해

웹 기술의 발달의 한 축인 소셜 미디어란 용어를 최초로 사용한 사람은 가이드와이어 그룹Guidewire Group의 창시자이다. 소셜 미디어Social Media 혹은 SNSSocial Network Service라는 용어로도 불린다. 소셜 미디어는 현 사회에서 가장 중요한 키워드가 되고 있다. 소셜 미디어는 개개인의 주관적인 생각 또는 경험을 바탕으로 한 정보를 공유하고 재가공하는 등 '참여, 소통, 공유'를 기반으로 하는 뉴 미디어를 의미한다. 소셜 미디어의 등장은 단순히 인터넷을 바탕으로 한 커뮤니케이션 도구라는 개념을 벗어나 이용자 간의 상호작용을 통해 새로운 소통의 패러다임을 정립해 나가고 있다.

소셜 미디어 콘텐츠에는 개인정보, 문서, 비디오 및 사진이 포함된다. 사용자는 웹 기반 소프트웨어 또는 애플리케이션을 통해 컴퓨터, 태블릿 또는 스마트폰을 통해 소셜 미디어에 참여한다.

가장 큰 소셜 미디어 네트워크에는 페이스북Facebook, 인스타그램Instagram 등이 있다. 소셜 미디어는 일반적으로 사용자 생성 콘텐츠와 개인화된 프로필을 특징으로 한다. 소셜 미디어는 친구 및 가족과 상호작용하는 방법으로 시작되었지만, 나중에 인기 있는 새로운 커뮤니케이션 방법을 활용하여 고객에게 다가가려는 기업에서 채택했다. 소셜 미디어의 힘은 지구상의 누구와도, 또는 동시에 많은 사람들과 정보를 연결하고 공유할 수 있는 능력이다.

출처: www.pixabay.com

🌙 그림 11-3_ 관광에서의 소셜 미디어 영향

전 세계적으로 38억 명이 넘는 소셜 미디어 사용자가 있다. 소셜 미디어는 틱톡TikTok 및 클럽하우스Clubhouse와 같은 새로운 앱이 매년 출시되고 페이스북Facebook, 유투브You-Tube, 트위터Twitter 및 인스타그램Instagram과 같은 기존 소셜 미디어의 대열에 합류하면서 끊임없이 변화하고 끊임없이 진화하는 분야다.

소셜 미디어는 다양한 기술 기반 활동의 형태를 취할 수 있다. 이러한 활동에는 사진 공유, 블로깅, 소셜 게임, 소셜 네트워크, 비디오 공유, 비즈니스 네트워크, 가상세계, 리뷰 등이 포함된다. 정부와 정치인조차도 소셜 미디어를 사용하여 유권자와 소통한다.

개인의 경우 소셜 미디어는 친구 및 대가족과 연락을 유지하는 데 사용된다. 어떤 사람들은 다양한 소셜 미디어 응용 프로그램을 사용하여 직업 기회를 연결하고, 같은 관심사를 가진 전 세계 사람들을 찾고, 생각, 느낌, 통찰력 및 감정을 공유한다. 이러한 활동에 참여하는 사람들은 가상 소셜 미디어의 일부이다.

소셜 미디어에는 긍정적인 면이 있지만 많은 사람들이 플랫폼을 지적하고 과용을 중독에 비유하여 부정적인 기능이 있다. 일부 경쟁은 부주의, 스트레스 및 질투에 기여하

며, 과도한 소셜 미디어 사용은 우울증을 유발하고, 많은 경우 소셜 미디어는 오해의 소지가 있는 정보와 거짓의 통로가 될 수 있다. 그럼에도 불구하고 소셜 미디어는 우리 모두가 온라인에서 서로 상호작용하는 방식을 변화시켰다. 실시간으로 세상에서 일어나는 일을 발견하고, 서로 연결하고, 장거리 친구와 연락을 유지하고, 손끝에서 끝없는 양의 정보에 액세스할 수 있는 기능을 제공한다. 여러 면에서 소셜 미디어는 많은 사람들이 온라인에서 다른 사람들과 공통점을 찾는 데 도움이 되었고 세상을 더 친근하게 보이게 만들었다.

2) 소셜 커머스

기업에게 소셜 미디어는 없어서는 안 될 도구이다. 회사는 플랫폼을 사용하여 고객을 찾고 참여하고, 광고 및 판촉을 통해 판매를 촉진하고, 소비자 동향을 측정하고, 고객 서비스 또는 지원을 제공한다.

소셜 미디어의 확산은 상업활동에까지 확대되었다. 기업들이 소셜 미디어를 활용하고 있으며 소셜 미디어와 전자상거래가 합쳐진 소셜 커머스Social Commerce가 탄생되었다. 기업들은 사내 소통 및 홍보 채널과 마케팅 도구로 소셜 미디어를 활용하고 있다. 소셜 미디어의 장점인 신속하고 광범위한 확산성을 살려서 상업활동의 활용범위는 확대 추세에 있다. 특히 기업들은 기존의 소비자 조사를 대신해 저비용, 즉시성 등의 장점을 가진 소셜 모니터링과 소셜 분석을 적극 활용하는 추세다. 그 결과 소비자와의 일방향 소통을 지양하고 소비자의 최접점에서 상품 서비스 개선사항을 적극 수렴하는 등 양방향 소통 노력이 활발하다.

소셜 커머스는 상거래에 소셜 네트워크를 활용하는 것을 총칭하는 개념이다. 소셜 커머스가 성장한 것은 소셜 네트워크를 활용하기 때문이다. 즉, 소셜 네트워크의 이용자를 잠재고객으로 유도할 수 있으며 이들이 가진 강한 인적 접속력을 이용하여 신뢰성을 높이고 상품 구매로 연결시킬 가능성을 높여주기 때문이다.

비즈니스를 돕는 소셜 미디어의 역할은 중요하다. 고객과의 커뮤니케이션을 용이하게 하여 전자상거래 사이트에서 사회적 상호작용의 융합을 가능하게 한다. 정보 수집 능력은 마케팅 활동과 시장 조사에 집중하는 데 도움이 된다. 타깃 고객에게 시기적절하고 독점적인 판매 및 쿠폰을 배포할 수 있으므로 제품 및 서비스 홍보에 도움이 된다. 또한, 소셜 미디어는 소셜 미디어와 연결된 로열티 프로그램을 통해 고객 관계를 구축하는 데 도움이 될 수 있다.

3) 소셜 미디어와 관광

소셜 미디어는 삶과 사회의 모든 측면, 모든 산업 분야에서 점점 더 중요한 역할을 하고 있지만, 관광분야에서는 특히 중심적인 역할을 한다. 관광객은 결정을 내리거나 최소한 정보를 제공하기 위해 항상 개인 정보 소스⑩ 입소문에 크게 의존해 왔다.

〈그림 11-4〉는 eWOM 영향에 관한 그림이다. 소셜 미디어는 전자 구전eWOMelectronic Word Of Mouth을 가능하게 하고, 이는 비동기식, 다대다이며 개인의 사회적 서클에 국한되지 않는다는 점에서 전통적인 구전과 다르다. 소셜 미디어는 구전 eWOM의 생성 및 광범위한 공유를 위한 공간을 제공할 뿐만 아니라 멀티미디어 콘텐츠의 간편한 업로드 및 배포를 지원하고 정보 출처에 대한 중요한 신호⑩ 프로필 사진. 활동 통계를 제공함으로써 콘텐츠를 더욱 풍부하게 한다.

소셜 미디어를 통해 관광객은 특정 명소와 관련하여 업로드된 사진을 검색하거나 최근 날짜를 기준으로 호텔 리뷰를 필터링할 수 있다. 관광객은 여행을 조사하고 여행에 대한 정보에 입각한 결정을 내리고 특정 호텔, 레스토랑 또는 항공사에 대한 개인적인 경험을 공유하기 위해 소셜 미디어 사이트에 참여한다. 특히 트립어드바이저TripAdvisor는 관광산업계에 광범위한 영향을 미쳤다. 월간 순 방문자 수는 5천만 명이며, 이들은 자신이 가장 신뢰하는 다른 관광객과 휴가 여행자로부터 여행 정보와 소언을 적극직으로 찾고 있다. 또한 관광객들은 검색, 구성, 공유 등 관광객의 여행이야기와 경험을 블로그 및 마이크로 블로그⑩ 블로거(Blogger), 트위터(Twitter), 온라인 커뮤니티⑩ 페이스북(Facebook), 트립어드바이저(TripAdvisor), 미디어 공유 사이트⑩ 플릭커(Flicker), 유투브(Youtube), 소셜 북마크 사이트⑩ 딜리셔스(Delicious), 사회적 지식 공유 사이트⑩ 위키트래블(Wikitravel) 등에서 많은 사람들과 공유한다. 관광객의 사진, 비디오 및 댓글을 공유할 수 있는 기능이 있기 때문에 관광 기업은 잠재고객의 참여, 고객 유치, 마케팅 등의 영역에서 소셜 미디어를 활용할 수 있다. 소셜

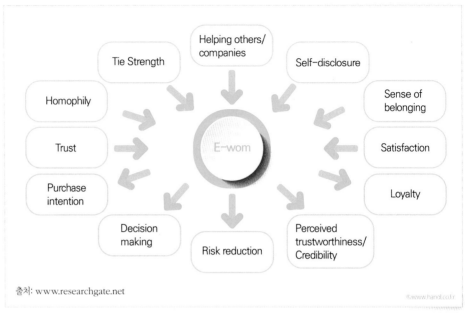

출처: www.researchgate.net

◡ 그림 11-4_ e-WOM의 영향

미디어를 통해 관광기업은 고객 관계를 깊이 있고 집중적으로 고객을 유치하고, 유용한 콘텐츠 제공, 소셜 상호작용을 통해 고객 참여, 다른 고객과의 관계 구축을 통해 회원 확보 등 전례 없는 기회를 가질 수 있다. 또한, 온라인 커뮤니티 댓글 분석을 통해 소비자 선호도 분석을 할 수 있다.

소셜 미디어는 이제 여행자를 위한 정보원으로서 중요한 역할을 하고 있다. 소셜 미디어 플랫폼의 검색 엔진 친화적인 특성 때문에 여행자가 온라인에서 정보를 검색할 때 소셜 미디어 관련 정보 소스를 찾을 가능성이 더 높다. 모바일 장치를 통해 소셜 미디어에 점점 더 많이 액세스하기 때문에 소셜 미디어의 이러한 정보 제공 역할은 이제 여행 중 여행 단계까지 확장되며, 이는 여행 중에 결정을 안내하거나 해석을 제공하기 위해 소셜 미디어가 점점 더 많이 사용된다는 것을 의미한다. 따라서 관광객이 어디로 가는지 뿐만 아니라 목적지를 경험하는 방식에도 영향을 미친다.

소셜 미디어는 엔터테인먼트 역할도 한다. 소셜 미디어의 여행 콘텐츠가 백일몽을 조장하고, 환상을 자극하며, 향수를 불러일으키고, 소비자를 이국적인 지역으로 이동시키

출처: www.tripadvisor.com

🌙 그림 11-5_ TripAdvisor 웹사이트

는 방법을 설명한다. 소셜 미디어 콘텐츠의 풍부함과 개인적인 관련성 때문에 대리 경험을 할 수 있다. 이러한 의미에서 소셜 미디어는 대리 경험을 제공하지만, 즉각적인 탈출 욕구를 사실상 충족시킬 수도 있다. 그러나 다른 사람이 게시한 여행 관련 콘텐츠를 소비하는 것도 '페이스북 선망'으로 이어질 수 있다. 또한 소셜 미디어 사용자는 다른 사람을 돕거나 사랑하는 사람과 경험을 공유하기 위해 종종 여행 관련 콘텐츠를 게시하지만, 그 과정에서 많은 즐거움을 얻는다고 한다. 이러한 공유가 즐거움을 줄 뿐만 아니라 과거 여행 경험에 대한 보다 긍정적인 평가로 이어져 중요한 심리적 기능을 수행한다는 것을 보여준다. 소셜 미디어의 엔터테인먼트 역할은 꿈꾸는 것부터 계획/예약, 소비 및 회상까지 여행 경험의 모든 단계에 걸쳐 확장될 수 있다.

　소셜 미디어는 새로운 형태의 사교성을 촉진한다. 첫째, 집과의 연결을 유지하는 것을 가능하게 한다. 둘째, 소셜 미디어는 또한 여행을 실시간으로 기록하고 다른 사람들과 대화에 참여함으로써 여행할 때 다른 사람들을 상징적으로 데려갈 수 있게 하여 오락과 사회 및 안전 목적을 제공한다. 셋째, 여행하는 동안 다른 사람들과 연결할 수 있다. 여기서 다른 사람들은 다른 여행자 또는 현지인이 될 수 있다.

　빠르게 성장하는 소셜 미디어가 제공할 수 있는 잠재적인 이점으로 인해 수많은 호

텔 및 관광 비즈니스가 소셜 미디어를 기업 운영에 활용하고 있다. 실제로 소셜 미디어에 의해 생성된 UGC는 텍스트, 이미지, 오디오 및 비디오를 포함한 다양한 형식에 의해 여행 경험과 관점을 공유하고 소셜 미디어에서 사용할 수 있는 정보는 전 세계 사람들의 협업 지식으로 구성되며 관광객에게 더 많은 것을 제공하는 데 효과적이다. 소셜 미디어의 UGC로 인해 관광객은 관광상품에 대한 포괄적인 지식을 얻을 수 있고, 기업은 고객에 대해 심층적으로 분석할 수 있다.

News! 식탁에서 만나는 사람, 세상 - 에어비앤비 쿠킹 체험

출처: www.mk.co.kr

🎵 에어비앤비 쿠킹 체험1

식탁에서 만나게 되는 것은 단순히 한 끼 배를 채울 음식만이 아니다. 현지의 제철 식재료와 요리법, 음식을 먹는 순서와 방법을 통해 그 지역의 기후와 식생, 식문화까지 접하게 된다.

함께 앉아 나누는 대화에서는 요리해 준 사람의 인생 한 토막을 듣는다. 그렇게 식탁에 둘러앉아 넓은 세상을, 한 사람이 간직한 깊이를 알게 된다.

한국관광공사의 소셜 미디어 빅데이터 분석 보고서에 따르면 맛집 투어, 카페 투어 등 음식을 주제로 한 관광 비율이 2015년 이후 매년 10%포인트 이상 증가하고 있다.

2015년 13.2%에 불과했던 음식 관광 비율은 2017년엔 34.7%로 늘어, 야외 활동24.3%, 테마 여행15.6%, 자연&풍경13.8%, 휴식&휴양11.6% 등을 앞섰다.

'맛집', '카페' 외에 '음식', '식당', '먹방', '요리' 등의 단어도 검색에서 꾸준히 높은 언급량을 기록하고 있다. 맛집 투어, 카페 투어가 단순히 맛있다고 소문난 식당과 예쁜 전망을 가진 카페를 찾아다니는 것이라면, 현지인과 함께 시장에서 장을 보고 그의 부엌에서 요리를 배우는 쿠킹 클래스는 태국이나 베트남 등지에서 인기를 끈 지 오래다. 한국에도 태국 요리 전문점, 베트남 요리 전문점이 많지만, 현지의 재료로 직접 만들어 먹는 요리와는 다를 수밖에 없다.

숙박 공유에서 시작해 현지인이 이끄는 각종 체험 활동으로 범위를 넓힌 에어비앤비는 지난해 12월 '쿠킹 체험'을 별도의 카테고리로 만들었다.

숙박을 예약하는 사람의 73%가 주방을 가장 좋아하는 편의시설로 꼽고, 식음료 체험이 160% 이상 성장할 정도로 여행에서 음식, 특히 음식을

직접 만들거나 나누어 먹는 일이 차지하는 비중이 점점 늘고 있기 때문이다.

현재 쿠킹 체험에서는 세계 75개국에서 3천 가지 이상의 레시피를 만날 수 있다. 단순히 요리법을 알려주는 것을 넘어, 호스트가 가진 고유한 이야기와 게스트와 나누는 교감에 방점을 찍고 있다.

이탈리아의 한 작은 마을에서 손녀가 소개하는 할머니의 수제 파스타 만드는 법을 직접 보고 배우고 맛보는 일, 리스본에서 드래그퀸여장하는 남성 소수자과 함께 포르투갈 요리를 만들며 그와 이야기를 나누는 일, 뉴욕의 이민자 가정에서 우즈베키스탄 전통 요리를 접하는 일은 단순히 즐거운 여행이 될 수도, 세상을 보는 눈의 넓이와 깊이의 차원이 달라지는 경험이 될 수도 있다.

해외에서 먼저 쿠킹 클래스와 소셜 다이닝을 경험한 세대는 국내에서 증가하는 1인 가구의 주축이기도 하다.

서울과 제주를 비롯한 전국 각지에서도 가정에서 만드는 집밥은 물론, 요리책 출판사가 제주 고유의 식재료를 활용하는 쿠킹 클래스를 운영하기도 한다. 갖가지 색과 모양을 내는 비법을 알려주는 '아트 김밥' 만들기나 전통 시장에서 장을 보는 코스가 포함된 요리 교실, 셰프와 함께 만드는 비건 요리·디저트 등 다양한 클래스를 찾아볼 수 있다.

출처: www.mk.co.kr

🍳 에어비앤비 쿠킹 체험2

기업 사례 & 실습

탐앤탐스는 어떻게 트위터 사태를 막았나?

몇 해 전 프랜차이즈 커피숍인 탐앤탐스가 자사의 트위터 계정에서 겪었던 상황은 많은 사람들에게 시사점을 전해준다. SNS상에서 예상치 못하게 발생한 위기를 어떻게 잘 대처하고 극복했는지에 대해서 잠깐 살펴보자.

직원이 탐앤탐스의 공식 트위터 계정에 올린 글이 사람들에게 논란거리가 되면서부터 사건이 시작된다. 인터넷을 통한 브랜드 관리에 적극적이었던 탐앤탐스의 트위터 계정은 적지 않은 사람들과 팔로잉 관계를 맺고 있었기 때문에 문제의 글이 순식간에 트위터 전체로 퍼지기 시작하였다.

놀랍게도 이 사실을 접한 탐앤탐스의 상급 책임자가 망설이지 않고 진심이 담긴 공식 사과의 글을 올렸다. 사건 발생 불과 20분 만의 일이다. 그러나 원래 긍정적인 소문보다는 부정적인 소식이 더 빠르게 전파되기 때문에 탐앤탐스의 공식 사과가 있었지만, 발 빠른 인터넷 매체들이 이 문제를 보도하면서 다시 문제가 커지기 시작했다.

상황을 지속해서 주시하고 있던 탐앤탐스는 다시 한번 책임자가 사죄의 의미로 절하는 장면을 블로그상에 올리며 두 번째로 회사 차원의 공식 사과문을 발표한다. 그렇게 해서 탐앤탐스는 사태 발생 후 채 24시간이 못 돼 가까스로 진화에 성공하게 된다.

탐앤탐스의 트위터 사태 사례는 모바일 환경이 갖고 있는 극적인 양면성에 대해서 어떻게 효과적으로 대비할 수 있느냐에 대한 좋은 시사점을 전해준다. 탐앤탐스의 사례가 주는 또 다른 시사점은 커뮤니케이션 채널에 관해 고민해야 한다는 것이다. 기업과 브랜드가 고객과 대중들에게 전달하고자 하는 메시지를 그 채널의 특성과 채널 이용자의 성향에 맞추지 않으면 안 된다는 것이다. 인스타그램에서 행하는 광고와 트위터에서 하는 광고는 달라야 한다. 각각의 채널이 갖고 있는 성격과 주 이용계층의 특징이 서로 다르기 때문이다.

탐앤탐스 트위터 사태에서 책임자가 자필로 쓴 사과문과 바닥에 엎드려 사죄의 절을 하는 사진 자료가 올라온 것은 트위터가 아니라 네이버에 개설했던 회사의 공식 블로그에서였다. 트위터의 특징이 140자 이하의 단문 위주의 서비스였기 때문에 진지한 반성과 사과의 모습을 보여주기에는 적합하지 않은 채널이었던 셈이다. 당시에 탐앤탐스가 인스타그램에 계정을 운영하고 있었고, 요즘처럼 인스타그램의 인기가 높은 상황이었다면 네이버 블로그보다는 인스타그램을 통해서 자필 사과문과 사죄 동영상을 올렸을 것이다.

인스타그램과 같이 소셜 미디어는 향후 가장 중요한 커뮤니케이션의 수단이 되리라 예측할 수 있으며, 또한 텍스트의 시대가 가고 이미지와 동영상이 주목받는 시대가 도래할 것이다.

 위와 같은 소셜 미디어 관련해서 이슈가 될 수 있는 사례를 찾아 토론해 보세요.

 소셜 미디어의 가장 대표적인 페이스북의 성공요인을 제시해 보세요.

research question
연구문제

🎤 **문제 1** 탐앤탐스 사례를 통한 시사점은 무엇인가요?

🎤 **문제 2** 기업에서 소셜 미디어를 관리할 수 있는 방안을 제시해 보세요.

토론 문제

소셜 미디어 영향력

소셜 미디어는 '개인 미디어'로 불리며 사적 영역에서 이용되는 매체다. 맛있는 음식을 먹고 공유하고, 좋은 여행지를 소개하는 콘텐츠가 넘쳐난다. 패션, 레저, 자기계발 같은 방면에서도 소셜 미디어가 축적해가는 콘텐츠의 양은 어마어마하다. 전혀 모르는 사람들이 소셜 미디어를 통해 서로 연결되고, 같은 취미나 취향을 공유하고 배우거나 가르치기도 한다. 그렇게 철저히 개인적 영역에서 이용되는 소셜 미디어가 사회적 이슈를 퍼뜨리고 공유하고 생각이 같은 사람들을 모으는 '네트워크'로 기능할 때, 그 위력은 상상을 초월할 정도로 강력해질 수 있다.

월드컵 응원 축제 같은 긍정적인 이슈로 소셜 미디어 네트워크가 활용되기도 하지만, 사회문제들의 경우 대부분 '사회적 분노'가 폭발하거나 이에 동참하면서 소셜 미디어를 통한 집단의 힘이 위력을 발휘한다. 그러다 보니 몇몇 국가에서는 인터넷이나 소셜 미디어를 차단하려는 시도까지 벌어지고 있다. 그러나 물리적 장벽도 모든 사람을 막지 못하는 마당에 모바일 기기를 이용한 소셜 미디어, 메일, 인터넷을 모두 차단할 방법은 없다.

'공유할 만한 가치'가 있는 정보라면 단 한 사람의 목소리가 순식간에 전 세계로 퍼져나갈 수 있는 소셜 미디어의 힘은 때로 강력한 사회적 힘의 매개체로 사용된다.

• NO 재팬 운동

한국에서 '안사고, 안가고, 안입는' 일본 제품 불매운동이 시작된 건 2019년 7월이다. 일본의 경제 무역 보복 조치에 분노한 시민들의 자발적 참여로 확산된 "'No 재팬' 운동은 잠시 끓다가 시들해질 것이다."라는 예상을 깨고 몇 달째 지속되었다.

일본 맥주의 수입량은 수직 하강했고, 사케와 골프채 등도 일본산 제품의 수입이 크게 감소했다. 일본 여행객도 큰 폭으로 감소했다. 일본 정부 관광국 JNTO의 방일 한국 여행객 집계에 따르면 2019년 9월 20만 1,200명의 한국인이 방문해 2018년 9월 47만 9,733명보다 무려 58.1퍼센트나 줄어든 것으로 나타났다.[36] 항공사들은 한일 운항 편수를 줄였다. 한국 관광객이 주 수입원이던 일본의 지방 도시들은 정부에 대책을 촉구하는 상황에까지 이르렀다.

이렇게 'No 재팬' 운동이 광범위하게 확산된 것은 기본적으로 일본에 대한 국민 정서에 기반한 것으로 이해해야 한다. 그러나 강력한 동기가 있더라도 지속성을 담보하는 건 쉽지 않다. 소셜 미디어를 통해 서로 인증하고, 공유하고, 동기를 부여하는 노력이 지속되었기에 중앙의 지휘나 통제가 없는데도 지속적인 힘을 유지할 수 있었다.

36 "일본 여행 불매운동 더 거세졌다", 연합뉴스, 2019.10.16.

• 소셜 미디어의 순기능을 보여준 트래시 태그 운동

소셜 미디어를 적극적으로 이용하려는 움직임도 활발하다. 미국의 아웃도어 의류회사 UCO의 황무지 보호 캠페인에서 시작된 뒤 전 세계로 확산된 '트래시 태그 #trashtag' 운동이 그 효시다.

2015년 미국 시사주간지 <타임>에 소개된 트래시 태그 운동은 국가라는 울타리를 넘어 꾸준하게 확산되고 있다. 최근 부산 금정구, 서울 관악구, 속초시, 부천시 등 한국에서도 '트래시 태그 챌린지' 운동이 확산되고 있으며 이는 소셜 미디어의 순기능을 보여준다.

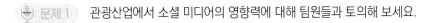

문제 1 관광산업에서 소셜 미디어의 영향력에 대해 팀원들과 토의해 보세요.

문제 2 소셜 미디어의 순기능과 역기능에 대해 팀원들과 토의해 보세요.

문제 3 소셜 미디어를 통하여 지역관광에 도움을 줄 수 있다면 어떤 것들이 있는지 사례를 중심으로 토의해 보세요.

참고문헌

· 강옥결, "웹 3.0 환경하에서 검색엔진 사이트의 경쟁력 유지 가능성에관한 연구", 영남대학교 석사학위논문, 2014

· 강태중 · 황장선 · 이문석, "한국형 블로그에 대한 사용자의 지각된 상호 작용성 수준이 사이트태도와 블로그사용 정도에 미치는 영향", 한국광고학보, 8(3), 7-36, 2006

· 김대호 외, 소셜 미디어, 커뮤니케이션북스, 2012

· 김상균, 메타버스, 플랜비디자인, 2020

· 김승주, "여행 파워블로그의 정보속성과 평판이 관광객의 정보수용의도에 미치는 영향", 경희대학교 대학원 석사학위논문, 2016

· 김재석, 디지털 관광론, 새로미, 2008

· 김현지 · 리시유안 · 정남호, "UGC 애플리케이션의 사이트와 정보 특성, 동질성이 관광목적지 방문의도에 미치는 영향", 관광연구, 35(8), 대한관광경영학회, 1-23, 2020

· 김효숙, "국내 소셜커머스 시장동향 및 마케팅 발전 방향", 단국대학교 경영대학원 석사학위논문, 2011

· 다나카 아유미, Web2.0, Marketing Book, 길벗, 2007

· 박진원, "지역광고의 모바일 마케팅 활성화 방안", 호서대학교 글로벌 창업대학원, 석사학위논문, 9-10, 2008

· 유혜림 · 송인국, "웹 서비스 형태 변화에 따른 소셜 네트워크 서비스의 진화", 인터넷정보학회지, 11(3), 52-62, 2010

· 이상일 · 최승범 · 박창수, 소셜임팩트, 한국경제신문(출판), 2020

· 이응재, "UCC와 개인미디어: 웹 2.0으로 여는 개인 미디어 시대", 2006, 한국지역정보개발원, 20-25, 2006

· 정진수, 인스타그램으로 SNS 마케팅을 선점하라, 나비의 활주로, 2016

· 최미선, "모바일관광 애플리케이션이 지각된 유용성과 지속적 사용의도에 미치는 영향", 관광레저연구, 207-223, 2016

· 한국관광공사, "2017년 국민여행 실태조사", 문화체육관광부, 2018

· 한지성 · 김민형 · 황영현, "여행블로그 구성요소가 이용자의 정보탐색 의도와 정보 신뢰도에 미치는 영향", MICE 관광연구, 19(2), 79-94, 2019

· 홍정훈, "개인행동특성이 모바일 애플리케이션구매의도에 미치는 영향에 관한 연구", 한성대학교 대학원, 석사학위논문, 2015, 2

· EIC, 웹 2.0의 진화, 웹 3.0과 기업 전략, 2007

· Gantulga, G., "모바일 여행상품 서비스품질이 고객만족 및 재이용 의도에 미치는 영향", 가천대학교 박사학위논문, 2020

· "이수진, '야놀자', 세계 1위 놀이 플랫폼 될 것", 한국경제, 2021.7.15.

· "여행플랫폼 '야놀자', 손정의 펀드서 2조 유치", 동아일보, 2021.7.16.

· http://terms.naver.com, 네이버 용어사전

· http://www.expedia.com, 익스피디아

· http://www.google.com image

· https://cafe.naver.com/hkct, 바이트레인

· https://www.investopedia.com/terms/s/social-media.asp

· https://www.researchgate.net/figure/Main-review-generating-factors-and-eWOM-impacts_fig2_333904938

· www.mediawiki.com, 백과사전

· www.pixabay.com

· www.researchgate.net

· www.tripadvisor.com, 트립어드바이저

· Aral, S., The Hype Machine, Currency, 2020

· Blood, R., The weblog handbook: practical advice on creating and maintaining your blog, Perseus Books Group, 2003

· Fesenmaier, D. R., Gretzel, U., Hwang, Y-H. and Wang, Y., "Travel and touris", In H. Bidgoli(ed.). The Internet Encyclopedia, 459-475, 2003

· Gretzel, U., Tourism and Social Media, USC Center of Public Relations, 2018

· Hewitt, H., Blog: understanding the information reformation, Nelson Books, 2005

· Hwang, Y. H. and Fesenmaier, D. R., "Collaborative filtering: Strategies for travel destination bundling", Proceedings of the Annual Conference of the International Federation of Information Technology and Tourism, 161-175, 2001

· Leung, D, Hoof, H. V., and Buhalis, D, Social Media In Tourism and Hospitality: A Literature Review, Journal of Travel & Tourism Marketing, 30, 3-22, 2013

· Lin, Y. S and Huang, J. Y., "Internet blogs as a tourism marketing medium: A case study", Journal of Business Research, 59, 1201-1205, 2006

4차 산업시대의
관광정보론

뉴노멀 시대와
관광

Chapter 12. 뉴노멀 시대와 관광

정/리/노/트

단서

· 질문 1

· 질문 2

· 토의문제 제시 1

· 토의문제 제시 2

Key Words

예습

복습

Case Study

Summary

참고: cornell note

1 뉴노멀 시대

2016년 미래전략 뉴노멀 시대의 성장전략 보고서에서 "미래가 어떤 형태로 우리에게 다가올지는 아무도 모른다. 하지만 예측을 통하여 미래의 변화 방향은 감지할 수 있다. 미래에 대한 예측 없이 미래를 준비하기는 어려운 일이다."라고 하였다. 이후, 2020년 COVID-19로 인하여 뉴노멀new normal 시대가 10년 후 다가올 시대를 5년으로 단축하게 했다. 많은 전문가가 위드with COVID-19의 라이프스타일이 미래의 뉴노멀 시대의 모습과 유사하다고 주장하였다.

뉴노멀은 2008년 글로벌 금융위기 이후 새롭게 나타난 세계 경제의 질서를 통칭하는 말로, IT 거품이 붕괴한 2003년 이후 미국의 벤처투자가인 로저 맥나미Roger McNamee가 처음 사용하였다. 이 용어가 처음 나왔을 때는 큰 주목을 받지 못하였으나, 2008년 글로벌 금융위기를 거치면서 세계 최대 채권 운용회사 핌코PIMCO의 최고경영자 모하마드 엘 에리언Mohamed A. El-Erian이 그의 저서 『새로운 부의 탄생When Markets Collide』 2008에서 저성장, 규제 강화, 소비 위축, 미국 시장의 영향력 감소 등을 위기 이후의 '뉴노멀' 현상으로 지목하면서 널리 알려졌다.

이러한 이유로 뉴노멀은 장기 저성장 국면을 설명하는 새로운 경제 질서를 일컫는 용어이며, 일반적으로는 시대 변화에 따라 새롭게 부상하는 표준을 뜻하는 이 단어는 과거를 반성하고 새로운 질서를 모색하는 시점에 자주 등장해 왔다.

뉴욕타임스의 한 칼럼니스트는 앞으로의 사회를 B.C.와 A.C., 즉, before corona와 after corona 시대로 구분해야 할 수도 있다고 기술하였다. 2008년 미국의 서브프라임 모기지 사태에서 비롯된 글로벌 금융위기가 전 세계 경제에 영향을 미쳐 저성장, 저금리, 저물가의 시대가 뉴노멀 1.0이다. 이후, COVID-19 바이러스 확산이 전 세계 경제에 영향을 미쳐 뉴노멀 2.0시대가 열릴 것이라는 주장도 있다. 뉴노멀 2.0시대는 COVID-19 바이러스가 확산하기 이전의 정상적인 일상으로 되돌아갈 수 없을 것이라는 불안하고 부정적인 의미를 내포하고 있다. 뉴노멀 2.0시대의 인간의 삶은 사회적 거리두기가 당연시되고, 해외여행이 어려워지며, COVID-19 바이러스 감염 위험을 항상 안고 살아가는 사회가 될 수도 있을 것이다.

COVID-19로 인하여 뉴노멀에 관한 논의가 많아지기 시작하였고, COVID-19 이후의 시대를 뉴노멀 시대라고 주장하기 시작하였다. 관광활동에서 기본적인 대면 서비스가 많은 비중을 차지한다. 그러나 COVID-19로 인하여 대면 업무 비중이 높은 서비스업의 증가 폭이 크게 둔화가 되거나 감소 폭이 확대되는 경향이 있다.

더욱이 COVID-19는 전 세계에 급속도로 퍼져, 감염자와 사망자가 나날이 기하급수적으로 늘어나고 정치, 경제, 사회 등 인류의 삶 전반에 막대한 영향을 미치고 있다. COVID-19 감염 확산을 억제하기 위해 강력한 '사회적 거리두기'를 시행함에 따라 비대면 문화가 경제, 사회 등 전 분야로 급속하게 확산하고 있다. 바이러스 감염 공포는 아이러니하게도 우리가 막연하게 머리로만 상상했던 미래를 급속히 앞당겼다. 노동과 교육을 우선으로 의료·소비·문화·산업을 비롯한 사회 전 분야에서 기존 획일적 관행이 완전히 깨졌다. 우리 사회 중추 세대가 빠르게 교체될 것이란 분석도 설득력 있게 다가온다. 디지털이 몸에 밴 밀레니얼 1980년대 중반부터 2000년대 초생 세대가 바라던 세상이 순식간에 눈앞에 펼쳐졌다. 포스트 코로나, 'COVID-19 뉴노멀'에 민첩하게 적응해야 하는 이유도 여기에 있다.

COVID-19 이후 사회경제의 변화 중 관광산업에 미치는 정보기술 과 관련된 영향을 정리하면 다음과 같다.

① 5세대 네트워크 등 정보통신기술 기반 4차 산업혁명이 가속화될 것이다.
② 비대면, 온라인 기술의 급속한 적용과 확장으로 대면 서비스와 관련된 관광서비스는 점차 줄어들고, 온라인 쇼핑·교육·문화, 재택근무, 화상회의 등 비대면 사회 및 경제로 전환되고, 젊은층 전유물이 중장년층에게도 확산, 개인 생활이 디지털화될 것이다. 대중 밀집의 체육관, 호텔, 극장, 박물관 등 문화 및 여가 서비스산업이 변화될 것이다.
③ 비대면 사회의 소외와 격차로 계층별 디지털 정보격차 digital divide 에 따른 불이익이 발생한다. 세상은 점점 편리해지나 그래서 더 불편한 사람들은 증가할 것이다.

또한, COVID-19로 관광사업자뿐만 아니라 관광객에게 부정적인 영향을 주었다. 예를 들어, 사회적 피로 누적과 코로나 블루가 나타나 코로나 사태로 국민 10명 중 2명이

자료: 정초시(2020). COVID-19 넥스트 노멀 시대, 그리고 충북의 대응방향

주변 관심이 필요할 정도로 불안과 우울 경험을 하고 있다. 또한, 국내 대다수가 자유롭게 해외여행을 할 수 있는 환경에서 사회적 대립과 갈등 심화가 되면서 외국인 혐오, 사회불안, 세대 및 계층 갈등 등으로 국가 간의 자유로운 여행이 점차 어려울 것이다.

Tourism Zero인·아웃 바운드 전년 동기 대비 99% 감소로 국제여행 자유화가 되려면 오랜 시간이 필요할 것이다. 향후, V자 반등보다 U자 회복, L자 관광산업 자체가 침체될 우려가 있다. 또한, 점염병 등 위기의 발생 빈도 확대가 과거보다 더 자주 발생할 가능성이 높다.

COVID-19 이후 변화 트렌드는 위의 그림과 같다.37 여기서 언택트Untact 서비스 확대와 4차 산업혁명 기술의 본격 적용을 통한 디지털 경제로의 전환의 현상은, 앞서 각 장에서 논의한 내용들이다.

사회적 거리두기의 극복 대안으로 과학기술을 이용한 사회·경제활동이 확대될 것이다. 4차 산업혁명의 가속화로 DNA 기술, IoT, AR-VR 기술, 자율주행 자동차, 안면인식 기술 등이 곧 일상화될 것이며, 화상회의, 재택근무 등 언택트Untact 사회기술 사용이 확

---

37 정초시2020. COVID-19 넥스트 노멀 시대, 그리고 충북의 대응방향

대될 것이다. 기업들은 많은 비용이 지출되는 대형 빌딩을 소유하는 대신, 컴퓨터 작업과 동영상 기술을 이용한 작업환경을 조성하고, 도심 외 지역으로 사무실을 이전할 가능성이 있다.

 2   뉴노멀 시대와 관광

관광정보의 민감성 확대 및 비대면 서비스 중심 스마트 관광 소비 및 서비스 확대에 따른 관광지 정보에 관해 민감하게 반응하며, 청결도와 안전도에 대한 개인의 위생과 안전이 관광지 선택의 핵심적인 요인으로 작용한다. O.T.A 중심의 온라인 서비스 확장 및 애플리케이션을 활용한 기술의 도입이 가속화될 것이다. 관광객과 관광공급자 욕구의 미래변화에 맞춰 스마트 시대에 대응하는 커리큘럼 및 AI. 기반의 관광 인프라가 새롭게 구상될 것이다.

지속적인 언택트 상황에 따라 오프라인 관광사업이 축소되지만, 점차 O.T.A 중심 스마트 서비스가 확장될 것이다. 단체 패키지 관광보다 FIT 시장 및 가족 위주의 개별단위 관광 욕구가 높아질 것으로 예상하며, 일반여행사는 대면을 통한 서비스 외에 온라인 플랫폼 연계를 통한 개별화된 맞춤형 서비스 제공에 주력할 것으로 예상한다. 애플리케이션을 이용한 주문, 서빙, 로봇 등 기술발전 및 관광산업 도입이 가속화될 것이다.

COVID-19의 영향으로 여행의 선택폭이 좁아지면서 안전하고 특별한 경험을 추구하는 여행객이 증가하는 경향이 뚜렷하게 나타나게 되며, 다양한 형태의 새로운 관광상품이 정보기술의 기반에서 탄생할 것이다. 특히, 호텔업계는 익스피디아, 야놀자 등과 같은 언택트에 강한 플랫폼만 살아남게 되면서, 관광산업의 디지털 트랜스포메이션이 가속화될 것이다. 예를 들어, 위생과 안전을 중시하는 관광환경 속에서 스마트 관광은 더욱 발전되고, 비대면 관광서비스의 중요성이 증대되면서 실감형 관광 콘텐츠를 개발하는 기업이 전통적인 대면 서비스를 하는 기업보다 더 많은 고용과 시장이 확대될 것이다.

이에 대표적인 랜선 투어, IATA 트래블 패스 등이 새로운 관광에 따른 현상이다.

1 랜선 투어_{여행}

랜선_{Lan: Local area network Cable}은 '인터넷 연결선'이라는 뜻으로, 랜선 투어_{Lan Travel}는 인 터넷으로 여행을 한다는 의미이다. 즉, 온라인 공간 속에서 세계 각국을 여행한다는 뜻 이다. 다른 말로 방구석 투어라고 한다. COVID-19로 많은 여행사가 일손을 놓을 때, 마이리얼트립_{여행사}은 랜선 투어를 유료화하여 제공하기 시작하면서, 이후 랜선 투어가 전방위적으로 확대되었다.

'1만 원 내고 프랑스 갔다 왔다. 인기상품된 방구석 랜선 여행'은 온라인여행 플랫폼 마이리얼트립에서 유료로 제공하였다. 이 상품에서 "프로방스 햇살 너무 좋네요.", "고 흐 그림이 직접 보는 것보다 더 생생해요.", "프랑스 여행하는데 미국 팝송이 나오는 건 좀 아닌 것 같네요." 28일 오후 9시. 한 유튜브 채널에 접속한 사람들이 남긴 멘트다. 목 적지는 남프랑스. 여행사 가이드가 실시간으로 영상과 사진을 곁들여 진짜 여행하듯 안 내했고, 아를·엑상프로방스·니스 등 프랑스 남부 도시를 1시간 30분 동안 진행하 였다.

이후, 마이리얼트립의 랜선 투어 상품은 175개나 되었다_{2021-07-11 기준}. 이중 파리의 베 르사유 궁전 오디오 가이드 투어가 89,500원으로 처음 시작한 9,900원에서 거의 10배 가격으로 상승하였다.

175개의 투어 · 티켓　　· 추천순　· 판매량순　· 낮은 가격순　· **높은 가격순**　· 평점 높은 순　· 신상품순

투어 · 파리
파리: 베르사유 궁전 오디오 가이드 투어 (우선 입장권)
Tripadvisor Experiences
⬡ 후기 이벤트
89,500원　　⚡즉시확정

투어 · 로마
로마 출발 : 티볼리 하드리아누스 빌라 & 빌라 데스테 투어
Tripadvisor Experiences
★★★★★ 1
82,400원　　⚡즉시확정

투어 · 로마
로마: 고대 로마와 콜로세움 반나절 워킹 투어 (우선 입장 가능)
Tripadvisor Experiences
★★★★★ 3
69,600원　　⚡즉시확정

투어 · 서울
[Live : 랜선클래스] 정보경 셰프의 나폴리 미식 여행
GuideLive가이드라이브♟
★★★★★ 3
45,000원 37,000원

투어 · 파리
공인가이드의 베르사유궁전 패스트트랙 오디오 콘서트 투어 (프...
아르누보 투어
⬡ 후기 이벤트
35,000원

투어 · 서울
[현지 Live 랜선투어] 로컬 인사이트 투어: 연희연남동 편
GuideLive가이드라이브♟
⬡ 후기 이벤트
30,000원

투어 · 경기도
[랜선클래스] 드로잉릴리쌤의 < 자기캐릭터로 일상툰그리기> ...
드로잉릴리쌤
★★★★★ 1
30,000원

투어 · 제네바
[랜선 라이브투어] 청명하고 맑은 국제도시 스위스 제네바 1.5시...
Jay (장재용)
⬡ 후기 이벤트
22,900원

투어 · 파리
[랜선투어] 이선아 프랑스 정부 국가공인가이드의 어린이 루브...
이선아
★★★★★ 19
20,000원

자료: https://www.myrealtrip.com/

　　COVID-19가 1년 이상 지속하면서, 한국관광공사는 인바운드 여행사와 체험 프로그램 운영사를 대상으로 인바운드 랜선 여행상품을 공모해 지원하는 사업을 하였다. 코로나로 침체한 여행업계의 신규 수익 창출 모델을 개발하고 코로나 이후 국제 관광 시장을 선점하기 위한 사업이다. 이렇듯 랜선 투어가 여행 콘텐츠로 자리 잡는 모양새다.

출처: 삼성 Gear VR

마이리얼트립의 랜선 투어 이용객은 2만5,000명을 돌파했으며, 랜선 투어와 숙박을 곁들인 호텔 패키지와 신상 크루즈 가상 투어도 등장했다. 관광청들의 랜선 투어를 통한 지역 홍보 활동도 활발하다. COVID-19 장기화 속에서 랜선 투어로 여행 욕구를 자극하는 움직임은 당분간 계속될 전망이다.

출처: https://gothru.co/

한편, 에어비앤비도 온라인 체험을 오픈했다. 여행지에서 할 수 있는 '체험'이 여행의 주요 기준으로 떠오른 만큼 각국의 문화를 담은 다양한 체험을 제공하고 있다. 각국 관광청들은 영상매체를 통해서 '잊지 말아달라'는 뉘앙스의 랜선 투어를 출시하고 있다. 여행 욕구를 자극하고 미래 수요를 확보하기 위함이다.

랜선 투어는 VR 기술을 적용하여 현장감을 높일 수 있다. 오프라인 여행을 온라인 환경에 담아내는 것은 여행업계에도 새로운 도전이었다. 전문 PD를 붙여 영상의 연출력과 영상미를 높이고, 스토리텔링 형식으로 투어 체험자들의 흥미를 이끌려는 시도도 이어졌다. 그렇지만 실제 여행지가 주는 '현장성' 측면에선 이용자의 오감을 충분히 자극하지 못하는 한계가 있다. 여행업계는 부족한 현장감을 가상현실VR 등의 최신 기술을 접목 중이다.

2 IATA 트래블 패스

IATA 트래블 패스Travel PASS는 여행객 개인의 건강정보를 담은 디지털 인증서로 IATA가 2020년 COVID-19 사태로 인한 글로벌 이동 제한을 해소하기 위해 개발하고 있는 프로젝트로 항공여행을 하는 승객이 각 국가에 입국하기 위해 필요한 COVID-19 검사

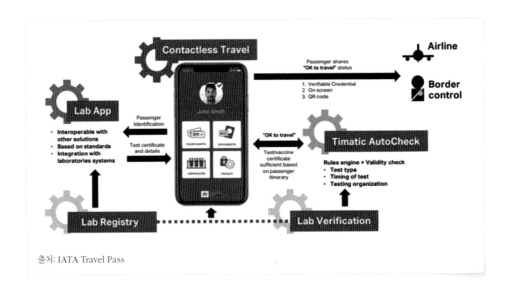

출처: IATA Travel Pass

결과를 휴대전화에 설치된 애플리케이션을 통해 한 번에 확인할 수 있도록 한 일종의 '디지털 증명서'다. IATA는 향후 트래블 패스에 COVID-19 백신 접종 증명 정보까지 포함할 예정이다. 향후 스마트폰 앱아이폰, 안드로이드 형태로 적용된다.

이 디지털 앱을 통해 백신 접종 여부, 바이러스 음성 여부 등을 입국할 시 즉시 확인할 수 있으므로 14일 격리 등의 추가 조치 없이도 입국 후 자유로운 활동을 가능하게 한다. 백신 미접종이나 양성 등으로 판단되는 경우 격리나 치료 등의 절차를 진행할 수 있어 전수 혹은 무작위 검사 등으로 인한 인력, 비용 낭비를 크게 줄일 수 있다.

IATA 운영 중인 각국의 출입국규정시스템 TIMATIC TIM Automatic [38]을 이용해 입국 시 검역 조건을 확인해 여행객에게 백신 접종 조건 등을 알려주고 여행객은 그에 따라 백신 접종 혹은 음성 확인서 발급 등을 진행해 디지털 정보화한다. 특정 국가 입국 시 IATA 트래블 패스상의 데이터를 통해 자유로운 출입국이 가능해진다.

다른 면역 여권과 비교하면 실증과정을 신속히 거치면서 보급률이 급속히 확대됐다. 2021년 5월부터 싱가포르는 트래블 패스 소지자의 무격리 입국을 허용하는 등 전 국가와 항공사에 적용되기 시작하였다. 2021년 3월 대한항공이 포스트 COVID-19 시대의 안전하고 편리한 항공여행을 대비해, IATA가 주도적으로 추진 중인 트래블 패스 안착에 적극적으로 협조하기 시작했다.

출처: IATA TIMATIC

[38] 각국의 출입국 기준과 조건을 담은 TIM을 디지털화한 전자시스템이다. 전 세계 대부분 항공사가 이 시스템을 이용해 각국의 출입국 규정을 확인해 탑승객의 여행 여부를 판단한다.

News! "항공 앱 줄고 숙박 앱 늘었다"… 인크로스, 코로나 시대 여행 플랫폼 이용 추이 분석

SK그룹의 디지털 광고 전문기업 인크로스에 따르면 COVID-19 확산 이후 항공편을 이용해야 하는 해외여행이 제한되며 항공 앱 이용은 전반적으로 감소했다. 국내 지역을 중심으로 '한 달 살기', '워케이션Workation' 등의 새로운 여행 트렌드가 등장하면서 숙박·여행정보 앱 이용자 수는 오히려 팬데믹 이전보다 더욱 증가한 것으로 나타났다.

2021년 기준 가장 많이 이용한 숙박·여행정보 앱은 야놀자, 여기어때, 에어비앤비, 아고다, 스카이스캐너 순으로 집계되었고, 점차 증가하는 것을 확인할 수 있었다.

이와 반대로, COVID-19가 전국적으로 대규모 유행하며 항공 앱 순 이용자 수가 감소하는 추세이다. 최근 백신 접종률이 높아지고 정부에서 COVID-19 방역 우수국가 간 관광을 허용하는 '트래블 버블Travel Bubble' 정책의 추진으로 조금이나마 증가할 것으로 예상한다.

기업 사례 & 실습

'IATA 트래블 패스' 코로나 시대의 디지털 여권

국제항공운송협회IATA와 에미레이트항공이 파트너십을 맺고 'IATA 트래블 패스'를 4월부터 시범 운영한다.

IATA 트래블 패스는 COVID-19 검사 결과, 백신 접종 여부 등을 디지털 문서로 저장하고, 세계 각국 정부의 입국 요건, COVID-19 검사 시설 등의 다양한 정보를 확인할 수 있는 모바일 앱이다. 승객은 각국 여행 요건에 부합하는지 증명하는 '디지털 여권'으로서 앱을 활용할 수 있다. 또 앱을 통해 코로나 검사 및 백신 접종 증명서를 관계 당국 및 항공사와 공유함으로써 여행 과정의 불편함을 최소화한다.

에미레이트항공은 정식 도입에 앞서 COVID-19 PCR 검사의 유효성 검증을 위한 1단계 시범운영을 4월부터 시작한다. 두바이에서 출발하는 에미레이트항공의 승객들은 IATA 트래블 패스를 통해 공항에 도착하기 전부터 COVID-19 검사 결과를 항공사와 직접 공유할 수 있으며, 세부 정보는 체크인 시스템에 자동으로 입력된다. 트래블 패스를 통해 IATA, 항공사 관계자 간 정보 공유가 가능해 승객에게 더 나은 여행 경험을 제공할 수 있게 된다.

에미레이트항공 아델 알 레다Adel Al Redha COO는 "에미레이트항공이 IATA와 협력해 각국 정부에서 요구하는 정보를 항공사 시스템에 효율적이고 안전하게 전송하는 혁신적인 디지털 솔루션을 도입해 항공여행의 편의성을 높일 것"이라고 밝혔다.

IATA 닉 카린Nick Careen 공항·승객·화물 및 보안 담당 수석 부사장은 "에미레이트항공과의 협력을 통한 다양한 피드백은 트래블 패스 개선에 중요한 역할을 할 것"이라며, "트래블 패스가 각국의 COVID-19 검사 또는 백신 접종 요건 등 다양한 정보를 담을 수 있도록 기능 개선에 더욱 노력하겠다."고 밝혔다.

출처: 여행신문(http://www.traveltimes.co.kr)

문제 1 IATA 트래블 패스가 백신 여권의 세계 표준이 될까요?

문제 2 COVID-19로 인하여 지금까지 없었던 새로운 여행이나 관광 현상으로 어떠한 기업이 탄생하거나 비즈니스 모델이 만들어질까요?

research question

연구문제

🎤 **문제 1**　뉴노멀 시대에 나타난 새로운 관광 서비스에서 나타나는 사례를 설명하세요.

🎤 **문제 2**　COVID-19로 인하여 나타난 새로운 관광 비즈니스 모델을 선택하고, 그 사례를 설명하세요.

🎤 **문제 3**　포스트 COVID-19의 나타나는 변화로 관광객의 관광 트렌드에 관하여 설명하세요.

🎤 **문제 4**　랜선 투어 여행상품을 경험하고 이에 관한 장단점을 설명하세요.

🎤 **문제 5**　IATA 트래블 패스를 적용한 항공사를 선택한 후, 해당 항공사의 적용 사례를 설명하세요.

토론 문제

국내 관광지와 랜선 투어 상품 개발

경북문화 관광공사가 디지털 채널을 통해 전 세계 관광객들에게 경북관광을 소개하고 있다. 경북관광의 재도약을 위해 역량 있는 여행사와 국외전담여행사로 선정, 다양한 디지털 마케팅을 진행 중이다.

공사는 경북 각 지역의 매력을 온라인으로 즐길 수 있는 랜선 투어온라인 가상여행 상품이 코로나로 인한 관광산업의 위기를 반전시킬 원동력이 되고 있다고 밝혔다.

경주 유네스코 랜선 투어·영덕 해안도로

자료: 랜선투어 '경주 유네스코'편. /경북문화관광공사 제공

트레킹 랜선 투어 등 브이로그 형식의 랜선 투어 상품은 물론, 고객에게 체험 키트를 제공, 라이브로 소통하는 온라인 클래스 상품 등 13건 이상의 다양한 상품이 각국 관광객들에게 경북의 매력을 알리고 있다. 각국에서 랜선 투어에 참가한 관광객들은 "This trip was so much fun and the places were beautiful. I wanna go there now매우 재미있는 여행이었고, 장소도 너무 예쁘다. 지금 당장 떠나고 싶다.", "It was so green, can't wait to go hiking there.정말 싱그러운 풍경이다. 이곳을 등산하는 날이 기다려진다." 등의 댓글을 달며 긍정적인 반응을 보였다.

 문제 1 랜선 투어의 이용자를 국내 여행자에서 외국인 관광객으로 확대하여 프로그램을 개발하고 있습니다. 특히, 앞선 사례에서 각 지방자치단체 또는 공사에서 주관하여 관련 기업여행사에 지원하고 있습니다. 이런 경우, 외국인 관광객 관점에서 랜선 투어에 관한 평가가 어떻게 될 것인가에 관한 토론해 보세요.

 문제 2 렌선 투어는 COVID-19로 인하여 만들어진 상품 중 하나입니다. 기존 관광지와의 동영상이나, 유튜브 영상과는 차이가 있을 것입니다. 과연 "포스트 COVID-19 시기에도 랜선 투어가 여행상품으로써 존재할 것인가? 아니면 더 활성화될 것인가"에 관한 관점에서 토론해 보세요.

참고문헌

· 권혁범, [COVID-19 뉴노멀 시대 대응] "'COVID-19 뉴노멀(New Normal)' 시대: 발빠른 대응이 지역사회의 효율 높인다", 부산연구원, 2020
· 김영남 외, "뉴노멀(New Normal) 2.0 시대의 관광: COVID-19 유행 기간 제주 방문관광객 IPA 결과를 중심으로", MICE관광연구, 20(2), 143-162, 2020
· 김진석, "COVID19 이후의 "뉴노멀, 사회정책의 방향 – 사회서비스를 중심으로", 2020
· 미래창조과학부, "뉴노멀 시대의 성장전략(미래전략보고서)", 2016
· 정초시, "COVID-19 넥스트 노멀시대, 그리고 충북의 대응방향", 2020
· 한국관광공사, "포스트 코로나 시대의 관광개발과 전망", 2020

· "1만 원 내고 프랑스 갔다 왔다, 인기상품 된 '방구석 랜선 여행'", 중앙일보, 2020.7.31.
· "COVID-19에도 여행은 간다 '랜선' 투어 GO!", 고대신문, 2020.7.26.
· "'IATA 트래블 패스' 코로나 시대의 디지털 여권", 여행신문, 2021.1.27.
· "랜선 '경북여행' 다양한 상품 만든다, 경북매일, 2021.7.5.
· "항공 앱 줄고 숙박 앱 늘었다'… 인크로스, 코로나 시대 여행 플랫폼 이용 추이 분석", brandbrief, 2021.6.30.

· http://www.brandbrief.co.kr/
· http://www.traveltimes.co.kr
· https://gothru.co/
· https://www.iata.org/
· https://www.myrealtrip.com/

· El-Erian, M. A., PERSPECTIVES: The New Normal 2.0. The Journal of Portfolio
· Friedman, T. L., Our new historical Divide: B.C. and A.C.—The World before Corona and the World After. The New York Times. https://www.nytimes.com/2020/03/17/opinion/coronavirus-trends.htm, 2020
· Management, published online May 23, 2020
· Miller, R., New Normal 2.0 for U.S. Economy Looks Awful, Long, Perilous. Bloomberg. https://www.newsbreak.com/news/0P2dU6Un/new-normal-20-for-us-economy-looks-awful-long-and-perilous, 2020

4차 산업시대의
관광정보론

저자 소개

┃노 영

- 현재 나사렛대학교 항공호텔관광경영학과 교수/ 경영학 박사, 관광학박사
- AI-Biz A to Z(2022, 공저, 박영사), e-biz + U(2008, 공저, 이프레스)

┃김재석

- 한국아야타교육센터(주) 대표/관광학박사
- 세종사이버대학교 호텔관광경영학부 겸임교수
- 디지털관광론(2008, 새로미), 관광경영정보의 이해(2007, 공저, 대왕사)

4차 산업시대의 **관광정보론**

초판 1쇄 인쇄 2023년 1월 10일
초판 1쇄 발행 2023년 1월 15일

저 자	노영 · 김재석
펴낸이	임순재
펴낸곳	(주)한올출판사
등 록	제11-403호
주 소	서울시 마포구 모래내로 83(성산동 한올빌딩 3층)
전 화	(02) 376-4298(대표)
팩 스	(02) 302-8073
홈페이지	www.hanol.co.kr
e-메일	hanol@hanol.co.kr
ISBN	**979-11-6647-283-1**

4차 산업시대의
관광정보론